Research on China Social Sciences No·1 2013

中国社会科学研究论丛

2013卷第1辑

主编　刘邦凡　徐　敏

中国出版集团

世界图书出版公司

广州·上海·西安·北京

图书在版编目（CIP）数据

中国社会科学研究论丛 . 2013 卷 . 第 1 辑 / 刘邦凡 , 徐敏主编 . —广州 :
世界图书出版广东有限公司 ,2013.11
　ISBN　978-7-5100-7088-4

　Ⅰ . ① 中… 　Ⅱ . ① 刘… ② 徐… 　Ⅲ . ① 社会科学—中国—文集
Ⅳ . ① C53

　中国版本图书馆 CIP 数据核字（2013）第 253861 号

中国社会科学研究论丛 2013 卷第 1 辑

策　　划　武汉中图图书出版有限公司
责任编辑　孔令钢
出版发行　世界图书出版广东有限公司
地　　址　广州市新港西路大江冲 25 号
http:// www.gdst.com.cn
印　　刷　虎彩印艺股份有限公司
规　　格　889mm×1194mm　1/16
印　　张　14.5
字　　数　435 千
版　　次　2013 年 11 月第 1 版　2014 年 6 月第 2 次印刷
ISBN　978-7-5100-7088-4/C・0027
定　　价　45.00 元

秦皇岛市博士专家联谊会哲学社会科学分会
燕山大学哲学与社会发展文科梯队

《中国社会科学研究论丛》
编辑委员会

学术委员会主任：孟令臣

学术委员会副主任：李茂然　王金玲　李文生

学术委员会成员（以汉语拼音为序）：李茂然　李文生　刘邦凡　刘　舸
　　　　　　　　孟令臣　潘中立　秦学武　王金玲　殷玉栋　赵连忠

常任主编：刘邦凡

本辑主编：刘邦凡　徐　敏

本辑副主编：徐　水　焦　铜　赵清泉

本辑执行编辑：王　娟　詹国辉

《中国社会科学研究论丛》编辑部

地址：河北省秦皇岛市燕山大学人文馆 101 室

邮编：066004

投稿邮箱：ysdxwenfa@163.com

电话：0335-8070994　　传真：0335-8047122

目　录

法学研究

社会学研究

经济学研究

文学与文化研究

教育研究

活动动态与研究动态

《中国社会科学》1980—1999年发文分析

刘邦凡[①]

摘要：《中国社会科学》所载论文集，体现了中国当代哲学、人文社会科学的学术水平，我们就1980—1999年《中国社会科学》发文数量和作者情况做了统计与分析，既从特定角度反映了《中国社会科学》二十年来的成绩，也在一定程度上反映了中国当代哲学、人文社会科学的研究状况。

关键词：《中国社会科学》 期刊 论文 作者

一、引 论

（一）问题的提出

（1）从1978年中国实行改革开放政策以来至1999年，凡二十余年，中国的变化与发展是空前的，这不仅表现在社会经济等物质方面，而且表现在科学文化等精神方面。从怎样的角度去把握与分析中国改革开放二十年（本文写于2000年前后，未发表）来的文化与科学的内涵与规律，一直是许多学者思考的问题，尤其在社会科学方面，中国自1949年建国以后到改革开放时（1978），由于政治意识形态及众多主客观原因，一直与西方资本主义社会的社会科学界保持一定的距离，使中国社会科学研究对西方当代社会经济、文化的研究重视不够。自从1978年中国实行改革开放以来，社会科学学术开放的力度和学术成就无疑是十分巨大的，但这个"巨大"以及"巨大"所带来的变化与发展到底有多大或多少，缺乏定量的分析，这不仅造成西方社会科学家对中国的社会科学研究存在较大偏见，而且使西方社会科学家对中国社会科学研究状况缺乏应有的了解，中国社会科学界与西方社会科学界相互之间缺乏必要的沟通与了解。

（2）关于如何评价社会科学学术期刊，尽管不是一个新兴的课题，但在中国对于社会科学学术期刊的评价一直是做得不够的，没有形成一个具有操作性的评价指标，各级各类社会科学学术期刊的价值没得到应有的评估与认识，从而在一定程度上影响了中国社会科学的繁荣和学术质量的提高。

（二）研究内容

基于以上的考虑，本文作者决定选择一种能较充分代表中国改革开放二十年来社会科学研究状况的期刊——《中国社会科学》（以下简称"《社科》"）作为材料，采用定量统计与比较分析的方法，主要从以下几个方面来审视中国社会科学研究状况：①《社科》论文的发文标准是什么，审稿方式、方法是什么；②《社科》期刊或论文的权威性、普遍性、学术性、时限性、民族性等；③《社科》研究论文数量总体与

[①] 作者简介：刘邦凡（1967— ），男，重庆市涪陵区人，汉族，博士，燕山大学文法学院教授，东北大学博士生导师，主要从事公共管理、哲学、政治学等研究。

学科分布状况；④《社科》研究论文作者状况及其与论文数量的关系；⑤《社科》研究论文的读者状况。

1. 以《社科》作为研究材料的条件与价值

《社科》是由中国社会科学院主办的，中国哲学社会科学界最知名的学术期刊，1999 年它就获得"中国社会科学院优秀期刊奖"；1998 年中华人民共和国新闻出版署首次评选国家重点期刊以来，连续两次被评选为 1998—2001 年度全国社会科学百种重点期刊；并且于 1999 年获中国期刊最高奖——"全国优秀期刊奖"。

同时，《社科》自 1980 年创刊以来，一直坚守很高的学术品位，被公认为中国哲学、人文社会科学综合学术带头刊物，其学术质量被公认为能代表性地反映中国改革开放二十多年来哲学、人文社会科学研究的发展水平。事实上，《社科》所发论文已成为衡量中国社会科学论文质量的标准和评价中国社会科学工作者学术水平的最权威、最具代表性的"硬件"，同时，《社科》无可置疑地为养育中国当代社会科学研究学术带头人做出了巨大贡献，成为造就一大批中国当代社会科学研究学术带头人的摇篮。因此，研究《社科》，其意义是十分明显的：不仅有助于人们对《社科》有进一步认识，对《社科》载文及其相关信息有更全面的认识，而且有助于人们对中国改革开放二十年来哲学、人文社会科学研究有进一步认识。

2. 研究过程

收集了所有《社科》自 1980 年第 1 期至 1999 年第 6 期共 120 份杂志，首先采用 $y = a_1 + a_2 + a_3 + \cdots + a_n$ 进行数量统计，然后采用 $y = f(x_1, x_2, x_3, \cdots, x_n)$ 因果函数进行因果分析。

从 2000 年 6 月开始收集相关研究材料，发放调查问卷并收集整理，到 2000 年 9 月底结束，2000 年 10—12 月进行数量统计，2001 年 1—3 月进行因果分析与撰写报告。

二、报　告

（一）《社科》发文研究

1. 总体情况

（1）数量。1980—1999 年《社科》共发论文 2 514 篇[①]，其中，原发论文[②] 1 705 篇，占 67.82%；书评（图书评介）645 篇，占 25.66%；一级论文 2 350 篇，占 93.48%；读者评议（包括读者来信）143 篇，占 5.68%；作者答辩 21 篇，占 0.84%。

《社科》1 705 篇原发论文中，哲学类 412 篇，占 24.16%；经济学类 475 篇，占 27.86%；历史学类 130 篇，占 7.62%；语言学、文字学、文艺学（三者简称"语言文学"）类 276 篇，占 16.19%，其中语言文字学类 36 篇，占 2.11%，文艺学类 240 篇，占 14.08%；法学类 134 篇，占 7.86%；社会科学总论与社会学（包括民族学、人类学）类 203 篇，占 11.91%，其中社会学类 122 篇，占 7.16%，民族学类 42 篇，占 2.46%，人类学类 7 篇，占 0.41%；文化学（包括人类文化学）与教育学、心理学类 51 篇，占 2.99%，其中教育学类 21 篇，占 1.23%，心理学类 9 篇，占 0.53%，文化学（包括人类文化学）类 21 篇，占 1.23%；其

---

① 包括原发论文、读者评议、读者来信、作者答辩、学术报道、研究综述、书评或图书评介等，不包括《社科》20 世纪 80 年代所转载的其他刊物已发表的论文摘要。

② 指首次在《社科》上发表的符合学术要求的论文及学术动态、学术报道、研究综述、研究述评等，不包括读者评议、作者答辩、书评（图书评介）等。本文作者把学术期刊所发表的论文分为三级：一级论文包括原发论文及书评（图书评介）；二级论文指读者评议（读者来信）；三级论文指作者答辩。

他 24 篇，占 1.41%，其中政治学类 11 篇，占 0.65%，发展学类 3 篇，占 0.18%，科技史类 3 篇，占 0.18%，科学社会主义类 2 篇，新闻学类 2 篇，翻译学类 2 篇，各占 0.12%。

《社科》所发论文中，属于学术报道、学术动态、研究综述的论文 102 篇，占总数 2 514 篇的 4%，其中：哲学类 22 篇，占 102 篇的 21.57%；经济类 35 篇，占 102 篇的 34.31%；语言、文字、文艺类 11 篇，占 102 篇的 10.78%；法学类 12 篇，占 102 篇的 11.76%；社会学类 9 篇，占 102 篇的 8.82%；历史学类 6 篇，占 102 篇的 5.88%；教育学类 2 篇，占 102 篇的 1.96%；其他 5 篇，占 102 篇的 4.90%。

《社科》所发"读者评议、读者来信"164 篇，占总数 2 514 篇的 6.52%，其中：哲学类 49 篇，占 29.88%；经济类 45 篇，占 27.44%；历史类 15 篇，占 9.15%；文学、文艺、语言类 10 篇，占 6.10%；其他 45 篇，占 27.44%。

《社科》所发书评（图书评介）645 篇，占 25.66%，其中：哲学类 167 篇，占 25.89%；历史学类 59 篇，占 9.15%；经济学类 93 篇，占 14.42%；社会学类 17 篇，占 2.64%；语言、文学、艺术类 61 篇，占 9.46%；法学类 11 篇，占 1.71%；教育学类 8 篇，占 1.24%；其他 229 篇，主要是新兴的交叉性学科以及社会科学总论的图书的评介，占 35.50%。

（2）分析。《社科》所载原发论文平均合著率（人）[①] 21.20%，平均合著率（篇）[②] 15.75%；而国外社会科学各学科论文的合著率（篇）达 25.26%，可见中国社会科学研究者合作程度和合作倾向是不高的。

《社科》所载原发论文的年篇数二十年基本稳定在 80—90 篇，而二级论文逐渐减少，三级论文相对增加；读者反应度 [③] 8.39，逐年下降；而作者反应度达 14.69，逐年有所增大。这说明，《社科》前十年十分注重读者的反应，后十年十分注重作者反应的特点，同时或者反映了中国社会科学论文读者群改革开放以来的前十年大于后十年，或者反映了《社科》所载论文的学术水平近十年比改革开放初期有所提高，一般非专业学术工作者逐渐从《社科》读者群中离去。本文作者实际调查也表明，1980—1989 年这十年，一些国家机关企事业单位（特别是县级图书馆、中小学校）也常常订阅《社科》杂志，而自 20 世纪 90 年代以后，订阅《社科》的单位已基本上局限于大专院校及社会科学研究专门机构以及社会科学专业学术科学工作者。从 1990 年以后《社科》的作者反应度大大高于 1989 年前十年，这说明《社科》的作者较以前更加关注自己的学术成果或学术思想是否被认同。

从数量总体上看，《社科》基本上是一种以经济社会和哲学为主线索的综合性杂志。《社科》原发论文数量学科排名是经济（学）占第一位，其后依次是哲学、语言文艺学、社会学（包括民族学、人类学等）、法学。这一方面反映了《社科》杂志的编辑方针是较注重采用社会、经济、哲学等方面文章，另一方面也实际反映了中国近二十年社会科学研究的重点及学科分布。哲学、经济学、历史学、文艺学等学科被《社科》重视程度是基本稳定不变的，社会学、语言学、法学等学科被《社科》越来越重视，

---

① 合著率（人），是本文作者提出的概念，其意义是：一篇文章至少应有一位著者，有多少篇文章至少就有多少位著者，这称为文章著者的至少数量，而一篇文章实际可能有多位著者，多篇文章的实际著者数等于每篇文章作者数之和，则实际的著者数减去文章著者的至少数量与文章数量的百分比，称为合著率（人）。合著率（人）反映著者从事科学研究的合作倾向，合著率（人）越高，则从事该门学科研究的著者合作倾向越高。例如，哲学文章的合著率（人）是 12.62%，即 12.62% 哲学研究者有合作倾向，而经济学文章的合著率（人）是 44.27%，则说明哲学研究者合作倾向低于经济学研究者的合作倾向。此处的平均合著率（人）指哲学、经济学、法学、历史学、语言文学、文字学、文艺学、教育学、社会学、民族学、人类学的合著率（人）之平均值。

② 合著率（篇）指的是合著的文章数量与文章总数的百分比，例如，《社科》中哲学文章的合著率（篇）是 5.57%，则说明《社科》中有 5.57% 的文章是合著的。同时，合著率（篇）也反映学科的综合性及研究的难易程度，以及著者的合作能力，还能揭示学科之间、著者之间的相互关系。此处的平均合著率（篇）指哲学、经济学、法学、历史学、语言文学、文字学、文艺学、教育学、社会学、民族学、人类学的合著率（篇）之平均值。

③ "读者反应度"和"作者反应度"是本文作者提出的两个概念，前者指"读者评议"篇数除以原发论文的篇数再乘以 100；后者指"作者答辩"篇数除以"读者评议"篇数再乘以 100。对于一种学术期刊，读者反应度和作者反应度不但反映出这种期刊、杂志社或编辑者对于所发论文的社会效应和价值的重视，也反映出这种期刊杂志的编辑方针、价值倾向（是注重价值中立、还是注重价值倚重），同时反映出了这种杂志的读者数量、读者质量和作者水平。（见附录）

而《社科》所发教育学、文化学方面的论文近十年是有所减少的。因此，总体上看，《社科》核心学科包括经济学、哲学、语言文艺学、法学、历史学、社会学、民族学、社会科学总论、教育学；《社科》非核心学科包括心理学、文化学、政治学、人类学、中国特色社会主义理论、文化人类学、美学、发展学、科学技术史、科学社会主义、宗教学、翻译学、新闻学、情报学、编辑学等。

表1　《社科》原发论文数量统计

学科/年份	哲学	历史学	经济学	教育学	社会学	文艺学	语言学	民族学	法学	文化学	政治学	人类学	科技史	心理学	总论	合计
1980	20	18	24	3	0	10	1	4	1	0	0	0	2	0	0	83
1981	21	17	33	1	3	12	2	5	1	0	0	0	0	0	0	95
1982	15	6	25	1	4	15	1	3	7	1	0	0	0	0	2	80
1983	18	4	25	3	2	18	0	4	5	0	0	0	1	0	2	82
1984	16	2	22	0	4	8	1	4	5	0	1	0	0	0	0	63
1985	19	4	25	2	4	15	1	4	9	1	0	0	0	2	2	88
1986	22	3	27	2	8	18	0	0	4	1	1	2	0	1	1	90
1987	23	3	26	0	4	14	0	3	6	4	3	0	0	3	1	90
1988	17	2	34	2	11	14	2	0	5	2	0	3	1新	0	1	94
1989	22	8	22	0	7	11	0	2	9	2	0	0	1社	0	3	87
1990	26	6	15	2	7	9	1	0	10	2	3发	0	1社	1	1	84
1991	30	4	18	4	7	12	3	3	6	0	1	0	0	0	0	88
1992	21	8	24	0	8	10	3	1	11	0	0	1人	1翻	0	0	88
1993	22	5	24	0	11	13	3	1	8	0	1	0	0	0	0	88
1994	19	10	25	1	4	9	2	0	8	0	3	1	0	0	2	84
1995	20	7	24	0	10	10	2	3	6	0	0	0	0	0	2	84
1996	22	7	21	0	7	12	5	2	10	0	0	0	0	0	0	87
1997	22	7	20	0	5	9	4	1	7	0	0	6人	0	0	7	86
1998	21	6	22	0	10	12	2	3	6	0	2	0	0	0	0	84
1999	16	5	19	0	6	9	3	1	10	0	0	0	0	0	11	80
总计	412	130	475	21	122	240	36	44	134	13	11	13	3	9	34	1705
%	24.16	7.62	27.86	1.23	7.16	14.08	2.11	2.46	7.86	0.76	0.65	0.76	0.18	0.53	1.99	100

（注：表1的统计以《社科》每年的总目划分为准；表1数值栏中单个汉字指学科，"3发"指发展学3篇，"1新"指新闻学1篇，"1社"指科学社会主义1篇，"1翻"指翻译学1篇，"1人"指人类学1篇）

表2　《社科》论文数量统计

类别/年份	原发论文	读者评议	作者答辩	图书评介	总计
1980	83	18	0	20	121
1981	95	23	0	29	147
1982	80	20	3	19	122
1983	82	16	1	19	118

续表 2

年份 \ 类别	原发论文	读者评议	作者答辩	图书评介	总计
1984	63	16	1	29	109
1985	88	2	2	35	127
1986	90	10	1	22	123
1987	90	10	1	33	134
1988	94	3	2	33	132
1989	87	2	1	39	129
1990	84	6	2	39	131
1991	88	1	1	42	132
1992	88	5	0	46	139
1993	88	3	3	39	133
1994	84	3	0	39	126
1995	84	1	0	32	117
1996	87	0	1	32	120
1997	86	1	1	40	128
1998	84	1	1	36	122
1999	80	2	0	22	104
总计	1 705	143	21	645	2 514
%	67.82	5.69	0.84	25.66	100

表 3　三级论文数量及反应度统计

年度	原发论文	读者评议（读者反应度）	作者答辩（作者反应度）
1980—1984	403	93（23.08）	5（5.38）
1985—1989	449	27（6.01）	7（25.93）
1990—1994	432	18（4.17）	6（33.33）
1995—1999	421	5（1.19）	3（60）
1980—1999	1 705	143（8.39）	21（14.69）

表 4　非核心学科论文数量统计

年度	美学	文化学	政治学	心理学	文化人类学	人类学	宗教学	发展学	翻译学	新闻学	科学社会主义	中特理论	科技史	总计	所有论文总数	百分比（%）
1980—1984	2	1	1	0	0	0	0	0	0	0	0	0	3	7	403	1.74
1985—1989	0	10	4	6	5	0	1	0	0	1	1	0	0	29	449	6.46
1990—1994	3	2	2	0	0	2	0	3	1	0	1	0	0	14	432	3.24
1995—1999	0	0	5	9	0	6	0	0	0	0	0	7	0	27	421	6.41
1980—1999	5	13	12	15	5	8	1	3	1	1	2	7	3	77	1 705	4.51
%	6.5	16.9	15.6	19.5	6.5	10.4	1.3	3.9	1.3	1.3	2.6	9.1	3.9	100		

（注：表 4 的统计以《社科》每年的总目划分为准）

表 5　核心学科论文数量统计

年度	哲学	历史学	经济学	教育学	社会学	文艺学	语言学	民族学	法学	社科总论	总计	所有论文总数	百分比（%）
1980—1984	90	47	129	8	13	63	5	20	19	4	398	403	98.76
1985—1989	103	20	134	6	34	72	3	9	33	8	422	449	93.99
1990—1994	118	33	106	7	37	53	12	5	43	1	415	432	96.06
1995—1999	101	30	106	0	38	52	16	8	39	21	411	421	97.62
1980—1999	412	130	475	21	122	240	36	42	134	34	1 646	1 705	96.54
%	25.03	6.26	28.86	1.28	7.41	14.58	2.19	2.55	8.14	2.07	100		

（注：表 5 中的"哲学"一栏包括宗教、美学等）

2. 分类情况

（1）哲学。《社科》所发哲学类文章（包括论文、读者评议、学术报道、研究综述、书评、读者来信等，下文的"文章"均与此相同）610 篇，占总数的 23.9%，作者 496 人，人均 1.23 篇；著者数 687 人次（每篇论文著者个数的累加），合著率（人）12.62%，合著率（篇）5.57%。在哲学类原发论文 390 篇中，马列哲学 31 篇，占 7.95%；外国哲学 53 篇，占 13.59%；中国传统哲学 67 篇，占 17.18%；自然辩证法或科技哲学 46 篇，占 11.79%；哲学理论 112 篇，占 28.72%；逻辑学、思维科学 28 篇，占 7.18%；其他（主要是美学、伦理学、宗教学等）43 篇，占 11.03%。从数量上看，《社科》是比较注重哲学理论和中国哲学研究方面的论文的。

表 6　哲学分类统计

年度		总计	马列哲学	哲学理论	中国哲学	外国哲学	科技哲学	思维逻辑	美学、伦理、宗教
1980—1989	数量	193	19	63	36	28	16	16	5
	%	100	9.84	32.64	18.65	14.51	8.29	8.29	2.59
1990—1999	数量	197	12	49	31	25	30	12	38
	%	100	6.09	24.87	15.74	12.69	15.23	6.09	19.29
1980—1999	数量	390	31	112	67	53	46	28	43
	%	100	7.95	28.72	17.18	13.59	11.79	7.18	11.03

（2）历史学。《社科》所发历史学类文章 193 篇，占总数的 7.68%，作者 186 人，人均 1.04 篇；著者数 202 人次，合著率（人）4.66%，合著率（篇）2.07%。《社科》所发历史学原发论文 130 篇，其中历史学理论 13 篇，占 10%；历史考古 8 篇，占 8.15%；历史研究方法论 2 篇，占 1.54%；中国史研究 94 篇，占 72.31%；世界史（外国史）研究 13 篇，占 10%。中国史研究中，古代史 45 篇，占 34.62%；现代史 49 篇，占 37.69%。

表 7　历史学分类统计

年度		总计	历史学理论	世界史	考古	中国古代史	中国近现代史	历史研究方法
1980—1989	数量	67	8	2	5	27	24	1
	%	100	11.94	2.99	7.46	40.30	35.82	1.49
1990—1999	数量	63	5	11	3	18	25	1
	%	100	7.94	17.46	4.76	28.57	39.68	1.59
1980—1999	数量	130	13	13	8	45	49	2
	%	100	10	10	8.15	34.62	37.69	1.54

（3）经济学。《社科》所发经济（学）类文章 637 篇，占总数的 25.34%，作者 599 人，人均 1.06 篇；著者数 919 人次，合著率（人）44.27%，合著率（篇）18.37%。其中原发论文 483 篇，这其中：资本论、政治经济学 88 篇，占 18.22%；世界经济研究 23 篇，占 4.76%；经济史研究 15 篇，占 3.11%；经济理论、经济思想及新兴经济学分支探讨 62 篇，占 12.84%；部门经济研究 111 篇，占 22.98%；财政、金融、贸易研究 49 篇，占 10.14%；中国经济建设及改革 131 篇，占 27.12%；经济研究方法论 4 篇，占 0.83%。

表 8　经济学分类统计

年度	总计		资本论、政治经济学	世界经济	经济史	经济理论、经济思想、经济学分支	部门经济	财政、金融、贸易	中国经济建设及改革	经济研究方法论
1980—1989	数量	263	51	11	6	39	59	23	72	2
	%	100	19.39	4.18	2.28	14.83	22.43	8.75	27.38	0.76
1990—1999	数量	220	37	12	9	23	52	26	59	2
	%	100	16.82	5.45	4.09	10.45	23.63	11.82	26.82	0.91
1980—1999	数量	483	88	23	15	62	111	49	131	4
	%	100	18.22	4.76	3.11	12.84	22.98	10.14	27.12	0.83

（4）教育学、心理学。《社科》所发教育学文章 31 篇（其中原发论文 25 篇），占总数的 1.23%，作者 30 人，人均 1.03 篇；著者数 35 人次，合著率（人）12.90%，合著率（篇）6.45%。这些教育学文章主要发表在《社科》20 世纪 90 年代以前，从 20 世纪 90 年代以后《社科》基本上未发表有关教育（学）的论文。《社科》所发心理学的文章 17 篇（其中原发论文 9 篇），占总数的 0.67%，这些文章集中在 1985—1990 年和 1994 年这几年中，其他年份《社科》未发表心理学论文。

表 9　文化教育分类统计

年度	总计		教育学	文化学	文化人类学	文化建设	方法论
1980—1989	数量	38	14	13	5	6	0
	%	100	36.84	34.21	13.15	15.79	0
1990—1999	数量	31	11	8	0	11	1
	%	100	35.48	25.80	0	28.94	2.63
1980—1999	数量	69	25	21	5	17	1
	%	100	36.23	55.26	7.25	24.63	1.45

（5）社会学、民族学、人类学。《社科》所发社会学、民族学、人类学文章 212 篇，占总数的 8.43%，作者 218 人，人均 0.97 篇；著者数 293 人次，合著率（人）38.21%，合著率（篇）16.98%。《社科》所载社会学类原发论文 164 篇，其中：社会实践 64 篇，占 39.02%；社会学理论研究 25 篇，占 15.24%；民族学 34 篇，占 20.73%；人类学 10 篇，占 6.10%；人口学 25 篇，占 15.24%；社会研究方法论 6 篇，占 3.66%。

表 10 社会学分类统计

年度		总计	社会实践	社会学理论	民族学	人类学	人口学	社会研究方法
1980—1989	数量	76	26	17	22	3	7	1
	%	100	34.21	22.37	28.95	3.95	9.21	1.32
1990—1999	数量	88	38	8	12	7	18	5
	%	100	43.18	9.09	13.64	7.95	20.45	5.68
1980—1999	数量	164	64	25	34	10	25	6
	%	100	39.02	15.24	20.73	6.10	15.24	3.66

（6）文学、语言学、文字学、文艺学。《社科》所发文学、语言学、文字学文章 188 篇，占总数的 7.37%；著者数 218 人次，合著率（人）15.96%，合著率（篇）6.38%。其中有关文学理论、文学史的文章 135 篇，占 71.81%；语言文字类文章 45 篇，占 23.94%；其他（少数民族语言研究等）8 篇，占 4.26%。《社科》所发文艺学文章（其中包括一些涉及文学理论的论文）178 篇，占总数的 6.97%，著者数 194 人次，合著率（人）8.99%，合著率（篇）4.49%。其中，关于文艺理论与方法的论文 61 篇，占 34.27%；文艺评论 110 篇，占 62.92%；其他 7 篇，占 3.93%。如果不重复统计，《社科》所发语言、文艺学类原发论文 276 篇，其中：语言文字研究 39 篇，占 14.13%；文艺思想与文艺批评研究 51 篇，占 18.49%；中国古代文学研究 96 篇，占 34.78%；中国现代文学研究 67 篇，占 24.28%；戏剧研究 18 篇，占 6.52%；文艺学方法论 5 篇，占 1.81%。

表 11 文学与语言分类统计

年度		总计	语言文字	文艺思想与文艺批评	中国古代文学	中国现代文学	戏剧	方法论
1980—1989	数量	143	10	30	46	44	8	5
	%	100	7.00	20.98	32.17	30.77	5.59	3.50
1990—1999	数量	133	29	21	50	23	10	0
	%	100	21.80	15.79	37.59	17.29	6.99	0
1980—1999	数量	276	39	51	96	67	18	5
	%	100	14.13	18.49	34.78	24.28	6.52	1.81

（7）法学。《社科》所发法学类文章 150 篇，占总数的 5.97%，作者 165 人，人均 9.09 篇；著者数 198 人次，合著率（人）32%，合著率（篇）14.67%。其中，法学理论、法制史论文 84 篇，占 56%；关于法制实践的论文或报告 59 篇，占 39.33%；涉及中国法制和中国法学的论文 91 篇，占 60.67%；涉及国外法制或国外法学的论文 26 篇，占 17.33%。《社科》所载法学类（包括"政治"或"政治学"）原发论文 177 篇，其中：政治学理论研究 12 篇，占 6.78%；法学理论 26 篇，占 14.69%；政治实践研究 30 篇，占 16.95%；法制建设研究 60 篇，占 33.90%；法制史研究 23 篇，占 12.99%；国际法研究 24 篇，占 13.56%；法学研究方法论 2 篇，占 1.13%。

表12　法学分类统计

年度	总计		政治学理论	法学理论	政治实践	法制建设	法制史	国际法	法学方法
1980—1989	数量	69	5	10	12	21	14	6	1
	%	100	7.25	14.49	17.39	30.43	20.29	8.70	1.45
1990—1999	数量	108	7	16	18	39	9	18	1
	%	100	6.48	14.81	16.67	36.11	8.33	16.67	0.93
1980—1999	数量	177	12	26	30	60	23	24	2
	%	100	6.78	14.69	16.95	33.90	12.99	13.56	1.13

（8）非核心学科。《社科》非核心学科包括心理学等13个学科，共发原发论文77篇，占原发论文总数1 705篇的4.51%。《社科》在1980、1992等年份发表了3篇新闻学论文，在1984、1985、1990等年份发表了发展学论文7篇，在1992年等年份发表了翻译学论文2篇，在1984、1996、1999等年份还发表了有关图书、情报学和编辑学论文6篇。

3. 基本特征

（1）《社科》发文数量依次排名的学科是经济学（637篇）、哲学（610篇）、语言文学艺术（336篇）、社会学（212篇）、历史学（193篇）、法学（150篇）。

（2）《社科》发表论文的基本学术标准是：论文所属学科在中国是否已成熟或有相当发展。同时，也十分注重发表新兴或交叉性学科的学术论文：改革开放二十年以来在中国发展并成熟的人文社会科学学科在《社科》上都有所体现。

（3）与其他学术刊物相比，《社科》十分注重"图书评介"在研讨学术、传递学术信息中的重要作用，二十年间共发表686篇书评，占《社科》总论文数的四分之一，介绍和评价了近二十年间中国哲学、人文社会科学的优秀学术著作，为推动当代中国哲学、人文社会科学的发展和研究做出了贡献。

（4）《社科》也较注重读者的评议和作者的反应，常设有"读者评议"栏目发表读者之见解，主张学术的论争。

（5）二十年来《社科》十分注重刊物特色的保持，可以说，二十年间《社科》发文的格式没有变化，这在一定程度上为保持《社科》发文的学术质量和学术信誉起到了作用。

（二）《社科》作者研究

1. 总体情况

《社科》发文2 514篇，作者2 062人，人均1.22篇，著者数3 047人次，一人署名文章2 118篇，两人或多人署名文章或以集体、团体、单位署名的文章只占396篇，合著率（人）只有21.20%，合著率（篇）只有15.75%，著者数151人次，占著者总数（3 047）的4.96%。《社科》作者的合作倾向和合作程度都是低于国外的。

《社科》女性作者共67人，占作者总数的3.25%，可见《社科》基本上是以"男性作者"为主的杂志。

《社科》国外作者37人，占作者总数的1.79%，著者数37人次，占著者总数（3 047）的1.21%，可见《社科》基本上是以"中国作者"为主的杂志，即基本上是一个国家性的学术杂志，而世界性程度并不高。

2. 职称与学位情况

《社科》作者的职称分布是：教授占59.45%（这其中13.29%是博士研究生导师），副教授或副研究员占30.36%，讲师或助理研究员或助教占14.43%，其他人员（主要是国家机关干部）占5.61%。也就是说，在《社科》上发文的作者 89.81% 具有高级职称。

《社科》作者的学位分布是：具有博士学位的占 15.92%，在读博士研究生占 6.09%，在读硕士研究生占 1.49%。

本文作者选取了近十年中国社会科学核心期刊、一般省级社会科学核心期刊和高等学校学报（社会科学版）各十种进行统计，结论如下。在这十种核心期刊上发表文章的作者职称分布是：64.62% 具有高级职称（教授、研究员占 26.41%，副教授、副研究员占 38.21%），30.22% 具有中级职称（讲师、助理研究员）；而学位分布是：只有 0.61% 具有博士学位或属于在读博士生。在十种一般省级社会科学期刊上发文的作者中，具有高级职称的只占 39.56%（其中教授或研究员职称的占 11.41%，28.15% 具有副教授或副研究员职称）；具有中级职称的占 54.61%；具有博士学位或属于在读博士生的作者只占 6.57%。在十种高等专科学校学报发文的作者中，具有高级职称的只占 12.78%（其中教授或研究员只占 4.56%；副教授或副研究员或相当职称，如中小学高级教师、高级讲师等占 8.22%）；具有博士学位或属于在读博士研究生的作者只占 1.78%。

由此看来，《社科》作者的职称和学位层次在我国社会科学学术期刊中是遥遥领先的，这在一定程度上反映了《社科》的学术声望和学术质量。另外，从以上统计来看，在我国具有高级职称的社会科学研究人员发文载体多选择核心期刊或国家一级学术期刊，而对一般学术期刊却很少光顾。

3. 女性作者研究

经过对《社科》1990—1999 年十年的女性作者统计表明：①平均年龄 46 岁，与《社科》全体作者的平均年龄相等，这表明《社科》对女性作者并无年龄歧视；②在 37 位女性作者中，18 人（占 48.65%）在高校工作，18 人（占 48.65%）在社会科学专门科研机构工作（其中在中国社会科学院工作的占 12 人），1 人（占 2.70%）在非社会科学研究机构工作（北京友谊宾馆人事部），这与《社科》作者的署名工作单位情况是大体一致的；③有 5 位进入《社科》核心作者行列，占女性作者总数的 13.51%，略低于《社科》核心作者占全体作者的比例；④37 位女性作者研究哲学的有 4 位（占 10.81%），研究社会学的有 15 位（占 40.54%），研究法学的有 6 位（占 16.22%），研究经济（学）的有 3 位（占 8.11%），研究文化教育的有 4 人（占 10.81%），研究语言文字的有 5 人（占 13.51%）；⑤从职称和学位来看，37 位作者高级职称的有 25 人（占 67.57%），低于《社科》全体作者中具有高级职称作者的比例，具有博士学位或属于在读博士研究生的作者 9 人（占 24.32%），高于《社科》全体作者中具有博士学位或属于在读博士研究生的作者所占的比例（22.01%）；⑥女性作者的论文合著率（篇）达 30.19%，远远高于《社科》论文的合著率，这反映了女性作者论文的合作程度大大高于《社科》男性作者论文的合作程度。

由此看来，《社科》对女性作者不存在性别歧视。至于《社科》作者绝大多数是男性，这只能说明，在中国从事社会科学研究的女性是较少的，而且即使她们从事社会科学研究，也大多较关注社会、文化教育、语言文字等方面的问题。

4. 国外作者研究

1990—1999 年这十年，在《社科》上发文的国外作者有 21 位。①《社科》作者总数中，国外作者所占比例是较少的（占 1.98%），这表明《社科》主体上是以中国作者为征稿对象的，但对比中国国内其他一级学术期刊来看，《社科》发表国外作者论文的比例还是较大的。本文作者曾对十种在中国有较大影响的社会科学学术核心期刊近五年的国外作者统计表明，在这十种期刊发文的国外作者与作者总数的比例（平均 0.76%）均比《社科》国外作者与作者总数的比例低，有两种期刊近五年未发表国外作者的论文。②《社科》国外作者平均年龄 51 岁，高于《社科》作者平均年龄。③《社科》国外作者国家分布是：美国 12 人（占 57.14%），日本 4 人（占 19.05%），法国 2 人（占 9.52%），瑞典 1 人，新加坡 1 人，韩国 1 人。④在《社科》上发文的 21 位国外作者中有 13 人是华人，非华人只有 8 人（占 38.10%）。⑤ 21 位外国作者中有 4 人（占 19.05%）是研究哲学的。

表 13　1990—1999 年《社科》女性作者情况

姓　名	出生年份	工作单位	发文期次	发文类别	学历或职称	研究方向	其　他
孙晓玲	1954	西北师范大学学报	96.6	哲学	副编审	非控制理论的哲学	第二作者
徐碧辉	1963	中国社会科学院哲学所	96.6	哲学	副研究员	元美学	
毛怡红	1959	中国社会科学院哲学所	95.3	哲学	哲学博士、副研究员	西方伦理学	
王宏维	1950	华南师范大学哲学管理所	94.3	哲学	哲学博士、副教授	经济转型时期伦理学	
刘　扬	1955	中央财经大学	98.2	社会统计	经济学博士、副教授	统计学	第二作者
张　静	1958	中国人民大学社会学系	90.3	社会学	讲师	中国现代化的迟发展理论	
朱庆芳	1933	中国社会科学院社会学所	92.1	社会学	副研究员	小康社会指标理论	
卢淑华	1936	北京大学社会学系	92.1	社会学	副教授	生活质量指标理论	第一作者
韦鲁英	1964	国家教委教育管理信息中心	92.1	社会学	研究人员	生活质量指标理论	第二作者
王汉生	1948	北京大学社会学系	90.4、94.2	社会学	教师	中国社会结构	一篇是第二作者
折晓叶	1950	中国社会科学院社会所	95.6、96.3	社会学	副研究员	职业声望的社会学测定、中国超级村庄研究	一篇是第一作者
陈婴婴	1952	中国社会科学院社会所	95.6	社会学	副研究员	职业声望的社会学测定	第二作者
李银河	1952	中国社会科学院社会所	90.4、91.3、93.5、95.4	社会学	副研究员	民工流动与农村工业化、独身现象、婚姻问题、村落文化	两篇是第一作者
朱　玲	1951	中国社会科学院经济研究所	99.5	社会学	经济学博士、研究员	中国社会保障制度	
周　弘	1952	中国社会科学院欧洲研究所	96.1	社会学	副研究员、副所长	西方社会保障制度	
徐安琪	1947	上海社会科学院社会学所	98.1	社会学	副研究员	婚姻质量理论	第一作者
冯小双	1951	《社科》编辑部	91.3	社会学	编辑	独身现象	第二作者
张　梅	1966	北京友谊宾馆人事部	93.5	社会学	干部	藏族人口研究	第二作者
况浩林	1932	中央民族学院少数民族经济所	90.3	社会学	副教授	藏区寺庙经济	
尹　艳	1969	中国人民大学法学院	95.3	法学	博士生	民法	第二作者
王晓晔	1948	中国人民大学法学所	96.1	法学	副研究员	反垄断法研究	
成亚平	1954	中国政法大学	96.1	法制史	讲师	中国古代法制与伦理	第二作者

续表 13

姓 名	出生年份	工作单位	发文期次	发文类别	学历或职称	研究方向	其 他
李琼英	1929	中国社会科学院拉美研究所	91.2	国际法	副译审	国际商法	第二作者
石静遐	1970	武汉大学法学院	96.4	国际法	博士生	破产理论与实践及破产法	第二作者
陈仲洵	1966	美国俄勒冈州路易思克拉克大学西北法学院	92.6	国际法	博士生	国际法（多边投资担保）	
叶 坦	1956	中国社会科学院经济所	98.4	经济学	经济学博士、研究员、博导	中国政治思想史	
江小涓	1957	中国社会科学院财贸经济所	99.6、94.5	经济学	经济学博士、研究员	中国当代经济学发展史、"入关"研究	
郝克明	1933	国家教育发展研究中心	91.4	文化教育	教授	农村义务教育	第一作者
孟宪范	1942	《社科》杂志社	95.5	文化教育	副编审	农村女童教育	第一作者
吴利娟	1973	北京大学社会学系	95.5	文化教育	硕士生	农村女童教育	第三作者
綦淑娟	1972	北京大学社会学系	98.3	文化教育	硕士生	农村女童教育	第二作者
丛安妮	1952	财政部财政科学所	91.1	经济学	干部	农业资金问题	第三作者
王 宁	1936	北京师范大学中文系	93.3、93.6、95.2、91.1、97.1、98.2、92.2	语言文学	教授	语言学	一篇是第一作者
吴洁敏	1938	杭州大学、浙江大学外语学院	94.4、99.5	语言文学	教授	语言学	一篇是第二作者
葛晓音	1946	北京大学中文系	92.1、97.3、95.3、99.1	语言文学	教授	文学	一篇是第一作者
户仓英美	1949	日本东京大学文学部	99.1	语言文艺学	教授	文艺学	第二作者
江蓝生	1943	中国社会科学院语言所	99.4	语言文学	教授	语言学	

表 14 1990—1999 年《社科》外国作者发文情况

姓 名	出生年份	工作单位	发文期次	论文类别	学位职称	研究方向	发文排名
成中英	1935	美国夏威夷大学	95.5	哲学	教授	本体诠释学	第一
裴程	1959	巴黎高等实验研究院	90.3	哲学	博士	解释学	
安延明	1955	美国 Amry 大学哲学系	93.1	哲学		解释学	
刘笑敢	1947	新加坡国立大学中文系	96.6	哲学	高级讲师	中国哲学	
布劳（Peter M. Blau）	1918	美国北卡罗兰纳大学社会学系	90.2	社会学	教授	城市社会结构	第三
魏昂德（Anderew G. Walder）	1953	美国哈佛大学社会学系	90.2	社会学	教授	城市社会结构	第四
Jean Philippe BEJA	1949	法国国家科学研究中心国际政治问题研究所	99.6	社会学	教授	非精英移民理论	第二
古斯塔夫森（Gustsfsson. B）	1948	瑞典哥德堡大学	96.6	社会学	副教授	中国贫困问题	第二
金沃泊	1945	美国明尼苏达大学	91.3	社会学	教授	中国人口问题	第二

续表 14

姓　名	出生年份	工作单位	发文期次	发文类别	学历或职称	研究方向	其　他
陈仲洵							
舒尔茨（T. Paul Schultz）	1945	美国耶鲁大学经济增长中心	98.1	社会学	教授	中国人口问题	第二
李　讷	1941	美国加利福尼亚大学圣巴巴拉校区语言学系	92.6	语言文学	教授、博士	语言学	第二
户仓英美	1949	日本东京大学文学部	99.1	语言文学	教授	文艺学	第二
冯胜利	1955	美国堪萨斯大学东亚系	96.1	语言文学	助理教授	语言	
刘　康	1956	美国宾夕法尼亚州立大学比较文学系	94.2	语言文学	副教授	文化理论	
迟田大作	1928	日本创价学会	93.1	文化教育	教授	东亚文明	
季卫东	1957	日本国立神户大学	96.3、94.2、93.1	法学	副教授	法制建设	
王亚新	1954	日本国立香川大学法学院	94.1	法学		民法与经济法	
杨大利	1964	美国芝加哥大学政治科学系	97.1	政治学	助理教授、博士	中国教育财政	
黎汉明	1953	美国迈阿密大学	91.5	经济学	助理教授	劳动力流动与工资分配	第二
丁　炳	1923	韩国光州市朝鲜大学	96.3	经济学	教授	韩国产业经济学	

表 15　1989—1990 年《社科》作者职称及学位情况

		总计	教授	博士生导师	副教授、副研究员	讲师、助理研究员	博士	博士生	硕士生	国家干部
哲　学	数量	197	115	14	71	24	38	14	3	2
	%	100	58.38	7.11	36.04	12.18	19.29	7.11	1.52	1.02
社会学	数量	118	62	4	41	38	12	8	2	8
	%	100	52.54	3.39	34.75	32.20	10.17	6.78	1.69	6.78
经济学	数量	220	155	18	54	17	40	17	4	15
	%	100	70.45	8.18	24.55	7.73	18.18	7.73	1.82	6.82
法　学	数量	108	60	15	38	15	13	11	2	11
	%	100	55.56	13.89	35.19	13.89	12.04	10.19	1.85	10.19
语言文学	数量	133	76	11	37	18	30	3	0	1
	%	100	57.14	8.27	27.82	13.53	22.56	2.26	0	0.75
文化教育	数量	38	15	5	11	6	3	0	2	1
	%	100	39.47	13.16	28.95	15.79	7.89	0	5.26	2.63
历史学	数量	59	36	2	13	8	3	0	0	0
	%	100	61.02	3.39	22.03	13.56	5.08	0	0	0
总　计	数量	873	519	69	265	126	139	53	13	49
	%	100	59.45	7.90	30.36	14.43	15.92	6.07	1.49	5.61

（注：表 15 中"社会学"包括社会统计、人类学、民族学、人口学、统计学等，"法学"包括政治及政治学等，"总计"的数字不包括博士、博士生、硕士生三栏）

5.《社科》核心作者研究

（1）核心作者数量分布。在《社科》上发表哲学类论文作者496位，共发表610篇文章，人均1.23篇。发表2篇论文的作者42位，发表3篇论文的作者32位，发表4篇论文的作者16位，发表5篇论文的作者9位，发表6篇论文的作者3位，有1位作者发表8篇论文，有1位作者发表13篇论文。发表3篇及3篇以上的作者62位，占哲学类作者总数的12.5%，共发表论文244篇，占哲学类论文的40%，人均约4篇。这62位作者，30%自1997年以来在《社科》发表论文，平均年龄59岁，分属28个单位，其中中国社会科学院及所属机构（包括《社科》）有20位作者，其余40位作者中以北京大学、中国人民大学为最多，各占7位和6位。

在《社科》上发表经济类论文的作者599位，共发表637篇文章，人均1.06篇。发表2篇论文的作者56位，发表3篇论文的作者24位，发表4篇论文的作者9位，发表5篇论文的作者4位，发表6篇论文的作者2位，发表11篇论文的作者有1位。发表2篇及2篇以上论文的作者共96位，占经济类作者总数的16.03%，共发表论文271篇，占经济类论文总数的42.5%，人均2.82篇；发表3篇及3篇以上论文的作者共41位，占经济类作者总数的6.84%，共发表论文163篇，占经济类论文总数的25.59%，人均约4篇。这41位作者平均年龄62岁，分属14个不同单位，中国社会科学院及所属机构占20位，中国人民大学占7位，北京大学有2位，详见附表2。发文数量最多的前三位作者是中国人民大学经济系的卫兴华（11篇）、《社科》的晓亮（7篇）、《社科》的韩志国（7篇）、中国社会科学院经济所的戴圆晨（6篇）、中国社会科学院的于光远（6篇）。

在《社科》发表语言学、文字学、文学艺术理论类文章的作者有274位，共发表336篇文章，人均1.23篇。发表2篇论文的作者26位，发表3篇论文的作者5位，发表4篇论文的作者4位，发表6篇论文的作者3位，发表7篇论文的作者1位，发表9篇论文的作者1位，发表10篇论文的作者1位。发表2篇及2篇以上论文的作者40位，占该类作者总数的14.6%，共发表论文123篇，占该类文章总数的36.0%，人均3.08篇；发表3篇及3篇以上文章的作者15位，平均年龄51岁，占作者总数的5.47%，共发表文章75篇，占该类文章总数的22.32%，人均5篇；发表4篇及4篇以上文章的作者10位，占作者总数的3.6%，共发表文章59篇，占文章总数的17.3%，人均5.9篇。发文最多的前五名作者是中国社会科学院文学所的杨义（10篇）、北京师范大学中文系的王宁（9篇）、北京大学中文系的葛晓音（7篇）、北京语言文化大学的韩经太（6篇）、北京大学中文系的袁毓林（6篇）、苏州大学的王锺陵（6篇）。

在《社科》发表历史学文章的作者186位，共发表193篇文章，人均1.04篇。发表2篇文章的作者12位，发表3篇文章的作者3位，发表4篇文章的作者2位，表5篇文章的作者1位。发表2篇或2篇以上文章的作者有21位，占作者总数的11.29%，共发表52篇文章，占文章总数的26.94%，人均2.5篇。20位作者平均年龄56岁，分属10个单位，中国社会科学院及所属机构占10位（占50%），四川大学有2位。发文数量最多的前三名作者是魏良弢（5篇）、罗志田（4篇）、丁伟志（4篇）、宋德金（3篇）、耿云志（3篇）、徐思彦（3篇）、晁富林（3篇）。

在《社科》上发表法学类（包括政治学）论文的作者有165位，共发表150篇论文，人均0.9篇论文。发表2篇论文的作者6位，发表3篇论文的作者有3位，发表4篇论文的作者有5位。发表2篇及2篇以上论文的作者有18位，平均年龄48岁，占作者总数的8.48%，共发表47篇论文，占论文总数的31.33%，人均2.61篇；发表3篇及3篇以上论文的作者有6位，占作者总数的3.6%，共发表论文21篇，占论文总数的14%，人均3.5篇。发表3篇及3篇以上论文的作者是中国社会科学院法学所的林欣（4篇）、北京大学法律系的苏力（4篇）、日本神户大学的季卫东（4篇）、新华社香港分社的王勇（3篇）、武汉大学法学院的黄进（3篇）与肖永平（3篇）、厦门大学的陈安（3篇）和陈振明（3篇）。

在《社科》上发表社会学、民族学、人类学等类论文的作者有218位，共发表论文212篇，人均0.97篇。发表2篇论文的作者20位，发表3篇论文的作者8位，发表4篇论文的作者3位。发表2篇及2

篇以上论文的作者 33 位，平均年龄 51 岁，占作者总数的 14.22%，共发表论文 80 篇，占此类论文总数的 38.97%，人均 2.42 篇；发表 3 篇及 3 篇以上论文的作者 12 位，占作者总数的 5.5%，共发表论文 36 篇，占论文总数的 16.98%，人均 3 篇。发表 4 篇论文的作者是北京大学的费孝通（4 篇）、中国社会科学院社会学所的李银河（4 篇）和李培林（4 篇）。

在《社科》发表文化学论文的作者主要有 11 位，共发表 16 篇论文，人均 1.6 篇，其中赵复兴、庞朴、谷方、刘奔、于幼军各发表 2 篇论文，平均年龄 60 岁。在《社科》上发表教育学、心理学的作者有 35 位，共发表 48 篇论文，人均 1.37 篇。其中，北京师范大学教育系的成有信、北京大学经济系的厉以宁各发表 3 篇有关教育的论文，中国社会科学院的曾昭耀、于光远、李克敬以及中国科学院心理所的潘菽各发表 2 篇论文，附表 7 中的作者平均年龄 63 岁。

在《社科》上发表书评的作者 451 位，共撰写 686 篇书评，人均 1.52 篇。发表 2 篇书评的作者 13 位，发表 3 篇书评的作者 6 位，发表 4 篇书评的作者 3 位，发表 5 篇书评的 1 位，发表 6 篇书评的有 1 位。发表书评最多的前 5 名作者是何祚榕（9 篇）、唐一得（6 篇）、黄森（6 篇）、黄治正（5 篇）、徐思彦（4 篇）、郭齐勇（4 篇）、唐合俭（4 篇）。

20 世纪 90 年代以前的《社科》一般常有"读者评议"，这类栏目共发论文 145 篇，作者 167 位。发表 2 篇及 2 篇以上论文的作者有赵夫青（4 篇）、黄森（2 篇）、卫兴华（2 篇）、黄宜民（2 篇）。

（2）核心作者地域分布。从以下《社科》核心作者地域分布表来看，北京和天津是遥遥领先的，其次是华东地区，然后是华中地区和华南地区，最薄弱的是西北地区，仅仅只有西安市有 4 位哲学核心作者。但各学科的情况有所不同，在京津之后，哲学的排名是华东、西北、东北与华南，经济学的排名是华东、华北，文学艺术的排名是华东、东北，历史学的排名是华中、西南随后，社会学则以华东随后，而法学的排名却是以华中为最，京津、华东随后。

表 16 《社科》核心作者地域分布情况

	哲学	经济学	文学艺术	法学	历史学	社会学	合计
京津	41，66.13	31，75.61	10，66.67	3，23.08	12，60	24，77.42	121，66.48
东北	3，4.84	0，0	1，6.67	0，0	0，0	1，3.23	5，2.75
华北	1，1.61	3，7.32	0，0	0，0	1，5	0，0	5，2.75
华东	8，12.90	4，9.76	4，26.67	3，23.08	1，5	3，9.68	23，12.64
华中	1，1.61	1，2.44	0，0	4，30.77	2，10	1，3.23	9，4.95
华南	3，4.84	1，2.44	0，0	1，7.69	1，5	1，3.23	6，3.30
西南	0，0	1，2.44	0，0	1，7.69	2，10	1，3.23	5，2.75
西北	4，6.45	0，0	0，0	0，0	0，0	0，0	4，2.20
国外	1，1.61	0，0	0，0	1，7.69	1，5	0，0	3，1.65
合计	62，100	41，100	15，100	13，100	20，100	31，100	182，100

（注："京津"指北京和天津两市，第一个数字指人数，第二个数字指百分值）

（3）核心作者的年龄分布。经过统计 135 位《社科》核心作者的年龄，1925 年以前出生的 11 人，占 8.15%；1926—1930 年出生的 13 人，占 9.63%；1930—1935 年出生的 17 人，占 12.59%；1936—1940 年出生的 13 人，占 9.63%；1941—1945 年出生的 18 人，占 13.33%；1946—1950 年出生的 17 人，占 12.59%；1951—1955 年出生的 20 人，占 14.81%；1956—1960 年出生的 18 人，占 13.33%；1961—1966 年出生的 8 人，占 5.93%；每年出生的人数在 6 人以内（只有 1928 年和 1943 年各有 6 人）。由此看来，《社科》核心作者出生年龄并不呈正态分布。截至 2000 年年底，小于 65 岁的有 94 人，占 69.63%；小于 60 岁的有 81 人，占 60%；小于 55 岁的有 63 人，占 46.67%；小于 50 岁的有 46 人，占 34.07%；小于 45 岁的有 26 人，占 19.26%；小于 40 岁的有 8 人，占 5.93%，小于或等于 40 岁的有 13 人，占 9.63%；1940—1966 年出生的有 91 人，占 67.41%。

总体而言，《社科》在 1980—1999 年这二十年，共发表 2 062 位署名作者 2 514 篇论文，人均论文发表量 1.22 篇。发表 2 篇及 2 篇以上论文的作者 336 位（指独立作者或者排名第一、第二、第三的作者，下同），占（作者总人数的）15.89%，共发表论文 965 篇，占（《社科》发文总数的）37.81%，人均发表 2.9 篇；发表 3 篇或 3 篇论文以上的作者 145 位，占 6.86%，共发表论文 583 篇，占 22.84%，人均发表 4 篇；发表 4 篇或 4 篇论文以上的作者 71 位，占 3.36%，共发表论文 361 篇，占 14.15%，人均发表 5.1 篇；发表 5 篇或 5 篇论文以上的作者 33 位，占 1.56%，共发表论文 209 篇，占 8.19%，人均发表 6.3 篇。《社科》的核心作者平均年龄（此处的"年龄"以作者最近一次发文时年龄为统计值）为 54 岁，而《社科》全体作者的平均年龄是 46 岁，约 35% 核心作者的目前（截至 2000 年 12 月）年龄低于或等于 50 岁，约 20% 的核心作者年龄低于或等于 45 岁，约 10% 的核心作者年龄低于或等于 40 岁。由此可见，《社科》核心作者的学术潜力是十分巨大的。

附录：

附表 1　哲学核心作者名录[①]

姓　名	发文篇数	工作单位（最近发文刊期）出生时间[②]	姓　名	发文篇数	工作单位（最近发文刊期）出生时间
何祚榕	13	《社科》杂志社（97.3）29	衣俊卿	3	黑龙江大学（98.1）58
黄　森	8	中国社会科学院（95.6）29	徐宗温	3	中国社会科学院哲学所（97.3）30
鲁品越	6	南京大学哲学系（97.6）49	任继愈	3	北京图书馆（90.2）16
唐一得	6	当代中国出版社（91.2）	房良均	3	天津社会科学院（93.6）39
庞　朴	6	中国社会科学院（98.5）28	王　东	3	北京大学哲学系（90.3）48
方立天	5	中国人民大学哲学系（96.2）33	黎　鸣	3	中国社会科学院社会所（85.2）
于光远	5	中国社会科学院（90.1）15	柳延延	3	上海师范大学（90.3）45
夏甄陶	5	中国人民大学哲学系（99.5）31	湛垦华	3	西安交通大学（90.6）39
李德顺	5	中国社会科学院哲学所（98.6）45	孟宪俊	3	西安冶金建筑学院（90.6）33
柳树滋	5	海南行政学院（95.2）37	张　强	3	西安冶金建筑学院（90.6）52
李醒民	5	中国科学院研究生院（92.6）45	古祖雪	3	中南大学社会科学系（90.6）57
杨国荣	5	华东师范大学哲学系（98.6）57	郭　湛	3	中国人民大学哲学系（92.5）45
王永昌	5	中共中央政策研究室、浙江省委政策研究室（93.4）53	庞元正	3	中央党校（93.6）47
王玉樑	5	陕西社会科学院（99.4）33	卞　敏	3	江苏社会科学院哲学所（93.5）
李树琦	4	中国社会科学出版社（90.6）	查汝强	3	中国社会科学院哲学所（87.3）
单少杰	4	中国人民大学哲学系（95.3）53	朱贻庭	3	华东师范大学哲学系（88.6）
叶秀山	4	中国社会科学院哲学所（99.3）35	范　进	3	中国社会科学院哲学所（95.1）
汤一介	4	北京大学哲学系（98.2）27	张奎良	3	黑龙江大学哲学系（94.6）43
陈　波	4	北京大学哲学系（97.4）57	李曙华	3	华南师范大学哲学所（99.5）49

---

①　发文篇数相同者排名不分先后。

②　此栏内依次填写三个信息：最近在《社科》发文所署工作单位、最近在《社科》发文刊期、出生时间（只写后两位数字）。如某一项未填写，则表明不详。如果作者是女性，则在出生时间数字前写上"女"。以下附表皆参照此格式。

续附表1

姓 名	发文篇数	工作单位（最近发文刊期）出生时间	姓 名	发文篇数	工作单位（最近发文刊期）出生时间
边金魁	4	中国社会科学出版社（92.1）	丁学良	3	哈佛大学（88.1）
万俊人	4	北京大学哲学系（95.3）58	张立文	3	中国人民大学哲学系（95.2）
何作麻	4	中国科学院院士（96.5）27	宋祖良	3	中国社会科学院哲学所（91.4）46
李存山	4	《社科》杂志社（91.6）51	韩 震	3	北京师范大学哲学系（95.2）58
刘 奔	4	《哲学研究》杂志社（97.6）42	唐合俭	3	《社科》杂志社（91.4）
王鹏令	4	中国社会科学院哲学所（86.1）	愈吾金	3	复旦大学哲学系（99.2）48
黄柑森	4	北京大学哲学系（95.3）21	陈孟麟	3	山东经济学院（91.5）24
李泽厚	4	中国社会科学院哲学所（85.1）	孙正聿	3	吉林大学哲学社会学院（96.3）46
胡 绳	4	中国社会科学院（99.3）18	景天魁	3	中国社会科学院社会所（96.3）43
张岱年	4	北京大学哲学系（94.1）09	李 琮	3	中国社会科学院世界经济与政治所（98.1）28
陆剑杰	4	南京市委党校（96.5）35	吴元樑	3	中国社会科学院哲学所（98.4）38
杨 耕	3	中国人民大学哲学系（96.1）56	林定夷	3	中山大学哲学系（98.3）36

附表2　经济学核心作者名录

姓 名	发文篇数	工作单位（最近发文刊期）出生时间	姓 名	发文篇数	工作单位（最近发文刊期）出生时间
卫兴华	11	中国人民大学经系（98.2）25	汤在新	3	武汉大学经济学院（94.6）31
晓 亮	7	《社科》杂志社（98.1）	周叔莲	3	中国社会科学院工业经济所（98.6）29
戴园晨	6	中国社会科学院经济所（99.1）26	胡乃武	3	中国人民大学经济所（95.2）34
于光远	6	中国社会科学院（89.3）	金 碚	3	中国人民大学经系（88.2）
厉以宁	5	北京大学经济学院（91.4）30	张朝尊	3	中国人民大学（92.4）24
刘国光	5	中国社会科学院（86.6）	宋养琰	3	中国社会科学院经济所（93.1）26
李 琮	5	中国社会科学院世界经济与政治所(98.1)28	沈立人	3	江苏社会科学院（95.2）
吴易风	5	中国人民大学经系（99.1）32	杨承训	3	河南社会科学院经济所（91.6）35
李京文	4	中国社会科学院数量经济与技术经济所（97.1）33	李光远	3	《红旗》杂志社（94.6）26
刘诗白	4	西南财经大学（99.6）25	蔺子荣	3	山东大学经济学院（95.1）38
吴宣恭	4	厦门大学经济系（98.5）30	杨坚白	3	中国社会科学院经济所（88.3）
解德源	4	外交学院一系（91.2）34	骆耕漠	3	中国社会科学院经济所（86.1）
林子力	4	中国社会科学院（83.4）	孙冶方	3	中国社会科学院经济所（83.3）
田江海	4	中国社会科学院经济所（83.1）	宦 乡	3	北京大学（84.4）
张曙光	4	河南大学（96.4）37	查汝强	3	中国社会科学院哲学所（87.3）
赵剑英	4	中国社会科学院（99.2）	胡 钧	3	中国人民大学经系（94.3）28
何 伟	4	中国人民大学经系（98.1）	张泽厚	3	中国社会科学院经济所（82.6）
姜波克	3	复旦大学经济学院（98.3）54	蔡 昉	3	中国社会科学院人口所（99.5）56
江小涓	3	中国社会科学院财贸经济所(99.6)女 57	陈 征	3	福建师范大学（96.6）28
刘志彪	3	南京大学经济系（95.4）59	王梦奎	3	国务院研究室（96.1）38
朱 玲	3	中国社会科学院经济所（98.5）51			

附表 3　语言文学、文字学、文艺学核心作者名录

姓名	发文篇数	工作单位（最近发文刊期）出生时间	姓名	发文篇数	工作单位（最近发文刊期）出生时间
杨义	10	中国社会科学院文学所（98.1）46	张晶	4	辽宁师范大学中文系（96.6）
王宁	9	北京师范大学中文系（98.2）女36	王小盾	4	上海师范大学、扬州大学（99.2）51
葛晓音	7	北京大学中文系（99.1）女46	程千帆	3	南开大学中文系（87.4）
韩经太	6	北京语言文化大学文化学院（99.3）51	朱晓进	3	南京师范大学（93.5）56
袁毓林	6	北京大学中文系（99.2）62	樊骏	3	中国社会科学院文学所（89.4）
王锺陵	6	苏州大学（98.5）43	温儒敏	3	北京大学中文系（92.3）46
刘再复	4	中国社会科学院文学所（88.3）	蒋寅	3	（97.2）
潘啸龙	4	安徽师范大学中文系（93.6）45			

附表 4　历史学核心作者名录

姓名	发文篇数	工作单位（最近发文刊期）出生时间	姓名	发文篇数	工作单位（最近发文刊期）出生时间
魏良弢	5	南京大学历史系（97.3）33	张德信	3	中国社会科学院近代史所（95.5）40
罗志田	4	四川大学历史系（99.4）52	沈定平	2	中国社会科学院历史所（95.3）41
丁伟志	4	中国社会科学院（99.4）31	童恩正	2	四川大学（95.5）35
耿云志	3	中国社会科学院近代史所（89.3）	徐宗勉	2	《社科》杂志社（95.3）32
徐思彦	3	《历史研究》杂志社（93.5）	郭德宏	2	《中共党史研究》杂志社（89.4）
晁福林	3	北京师范大学历史系（98.5）43	赵世瑜	2	北京师范大学（99.4）59
宋德金	3	《历史研究》编辑部（99.2）	杨奎松	2	中国社会科学院近代史所（96.5）53
赵德馨	2	湖北财经学院（81.2）	何炳棣	2	（美）芝加哥大学历史系（85.3）
田居俭	2	《历史研究》杂志社（86.4）	叶显恩	2	广东社会科学院（92.1）37
李衡眉	2	烟台师范学院历史系（97.2）43	冯天瑜	2	武汉大学历史系（97.1）42
欧阳哲生	2	（99.4）			

附表 5　法学、政治学核心作者名录

姓名	发文篇数	工作单位（最近发文刊期）出生时间	姓名	发文篇数	工作单位（最近发文刊期）出生时间
林欣	4	中国社会科学院法学所（91.2）26	俞可平	2	中央编译局（98.3）59
苏力	4	北京大学法学院（99.5）55	顾培东	2	四川中维律师事务所（98.6）56
季卫东	4	日本神户大学（96.3）57	张文显	2	（91.6）
王勇	3	新华社香港分社（90.4）62	徐国建	2	湖南师范大学（95.5）62
黄进	3	武汉大学法学院（90.6）	董立坤	2	上海社会科学院法学所（85.2）
肖永平	3	武汉大学法学院（92.3）66	张明楷	2	原中南政法学院法律系（95.3）59
陈振明	3	厦门大学政治学与行政学系（98.6）59	朱勇	2	中国政法大学法律史所（96.1）55
陈安	3	厦门大学法学院（98.2）29	方流芳	2	中国政法大学法律系（99.3）53
贺卫方	2	北京大学法律系（97.6）60	张志铭	2	中国社会科学院法学所（97.2）62

附表 6 社会学、民族学、人类学核心作者名录

姓 名	发文篇数	工作单位（最近发文刊期）出生时间	姓 名	发文篇数	工作单位（最近发文刊期）出生时间
费孝通	4	北京大学（93.1，2000.1）10	冯兰瑞	2	中国社会科学院马列所（87.5）
李银河	4	中国社会科学院社会学所（95.4）女 52	郑杭生	2	中国人民大学社会学系（89.3）
李培林	4	中国社会科学院社会学所（99.5）55	孙立平	2	北京大学社会学系（94.2）55
叶小文	3	中央统战部民族宗教局（95.3）50	冯小双	3	《社科》杂志社（97.3）女 51
马 戎	3	北京大学社会学人类学所（99.4）50	张厚义	2	中国社会科学院社会学所（94.6）40
唐 钧	3	民政部社会福利和社会进步所（98.1）48	时宪民	2	深圳行政学院（93.6）54
何景熙	3	四川大学人口所（99.2）48	蔡 昉	2	中国社会科学院人口所（99.4）
王雅林	3	哈尔滨工业大学人文社会科学院（98.5）41	宋林飞	2	南京大学社会系（95.4）48
辜胜阻	3	武汉大学战略管理研究院（98.2）56	折晓叶	2	中国社会科学院社会学所（96.3）女 50
曾 毅	3	北京大学人口所（98.1）52	穆光宗	2	中国人民大学人口所（96.2）64
曹树基	3	复旦大学中国历史地理所（99.1）56	景天魁	2	中国社会科学院社会学所（97.6）43
张天路	2	北京经济学院（91.3）27	田雪原	2	中国社会科学院人口所（96.2）38
邬沧萍	2	中国人民大学人口所（96.5）22	潘允康	2	天津社会科学院哲学所（87.6）
王思斌	2	北京大学社会学系（95.2）49	林聚任	2	南开大学社会学系（98.2）61
李路路	2	中国人民大学社会学系（99.6）54	李海富	2	《社科》杂志社（97.5）65
叶南客	2	江苏社会科学院社会学所（92.3）60	朱 玲	2	中国社会科学院经济所（98.5）51
林 彬	2	北京大学社会学系（94.2）52			

附表 7 教育学、心理学主要作者名录

姓 名	发文篇数	工作单位（最近发文刊期）出生时间	姓 名	发文篇数	工作单位（最近发文刊期）出生时间
厉以宁	3	北京大学经济系（84.4）30	于光远	2	中国社会科学院（89.3）
成有信	3	北师范大学教育系（84.6）	顾明远	1	北师范大学教育系（87.4）
孟宪范	3	《社科》杂志社（98.3）女 42	查有梁	1	四川社会科学院（90.1）42
李克敬	2	《社科》杂志社（91.1）35	潘 菽	2	中科院心理所（88.6）1897—1988.3

附表 8 文化学主要作者名录

姓 名	发文篇数	工作单位（最近发文刊期）出生时间	姓 名	发文篇数	工作单位（最近发文刊期）出生时间
赵复三	2	中国社会科学院（88.2）	王富仁	1	北京外国语大学（89.2）
庞 朴	2	中国社会科学院（98.5）28	王 和	1	（86.3）
谷 方	2	中国社会科学院哲学所（92.4）	萧萐父	1	武汉大学哲学系（86.1）
刘 奔	2	哲学研究杂志社（97.6）42	钱文忠	1	北京大学东方语言学系（90.1）66
于幼军	2	广东省委宣传部（99.3）53	季羡林	1	北京大学东方语言学系（90.1）11
			张广达	1	北京大学历史系（86.3）

附表9 "书评"核心作者名录

姓 名	发文篇数	工作单位（最近发文刊期）出生时间	姓 名	发文篇数	工作单位（最近发文刊期）出生时间
何祚榕	9	《社科》杂志社（96.4）29	张 晶	3	辽宁师范大学中文系（96.6）
唐一得	6	当代中国出版社（92.2）	边金魁	3	中国社会科学出版社（92.1）
黄治正	5	湖南出版社（96.3）	宋德金	3	历史研究编辑部（99.2）
黄 森	6	中国社会科学院（95.6）29	张翼星	3	北京大学哲学系（91.3）
徐思彦	4	历史研究杂志社（93.5）	魏良弢	3	南开大学历史系（97.3）33
郭齐勇	4	武汉大学哲学系（95.6）	刘大椿	3	中国人民大学（95.5）
唐合俭	4	《社科》杂志社（91.4）			

附表10 "读者评议"主要作者名录

姓 名	发文篇数	工作单位（最近发文刊期）出生时间	姓 名	发文篇数	工作单位（最近发文刊期）出生时间
赵夫青	4	青岛文联《海鸥》编辑部（87.1）	卫兴华	2	中国人民大学经济系（92.3）
黄 森	2	中国社会科学院（95.6）	黄宣民	2	（80.2）

参考文献：

[1] 中国社会科学，1980-1999.

[2] 娄策群.社会科学评价的文献计量理论与方法 [M].武汉：华中师范大学出版社，1999：68-69.

现代书话产生要素分析

徐　敏①

摘要： 书话是在现代成熟起来并受到广泛重视的一类文体。其中心点是要谈论书籍，从现代书话的选择来看，既关注古籍，同时又关注外国书籍和新时期的书籍。现代书话的写作者作为藏书者和爱书者，表现出较多的和古代藏书家的不同，显示出现代学者的风范。现代书话多在报纸副刊上发表，在文化的普及意义上做出了一定的贡献。

关键词： 书话　所话之书　作者　副刊

　　书话，从其字面意义来看，就是关于书的话语。据姜德明考证，最早提出"书话"一词的是曹聚仁，书话创作的成熟期一般被限定在 20 世纪三四十年代，当时从事书话写作的有一批著名的作家、学者，如鲁迅、周作人、郑振铎、阿英、巴金、曹聚仁、孙犁、唐弢、黄裳、谢国桢等。那么，现代时期为什么会产生书话创作？为什么有那么多的大家投身于此呢？

　　美国著名的文学批评家 M·H·艾布拉姆斯在《镜与灯——浪漫主义文论及批评传统》一书中指出："每一件艺术品总要涉及四个要点，几乎所有力求周密的理论总会在大体上对这四个要素加以区辨，使人一目了然。第一个要素是作品，即艺术生产品本身。由于作品是人为的产品，所以第二个共同要素便是生产者，即艺术家。第三，一般认为作品总得有一个直接或间接地导源于现实事物的主题——总会涉及、表现、反映某种客观状态或者与此有关的东西。这第三个要素便可以认为是由人物和行动、思想和情感、物质和事件或者超越感觉的本质所构成，常常用'自然'这个通用词来表示，我们却不妨换用一个含义更广的中性词——世界。最后一个要素是欣赏者，即听众、观众、读者。作品为他们而写，或至少会引起他们的关注。"[1]在这段话中，艾布拉姆斯提出了著名的文学四要素——作品、作家、世界、读者，这四个要素直接指涉一件艺术品的产生。本文从文学四要素的角度出发，来分析现代书话产生的要素，可以说不失为一种比较清晰的认识。

一、所话之书

　　书话是关于书的话语，也就是说，书是书话要显现和表达的客观存在和对应物。徐雁在《书话主人》一文中提出："国内的书话经过半个多世纪的发展，已经约略可以分为两派了。一派以旧书（即线装古籍）为话题，喜谈中国文化史上买卖、借刻、校勘、版本、藏书诸书林掌故；一派以新书（旧平装及在版书）为话题，所谈不出中国和西方现代文坛的书人书事。"[2]如徐雁所说，现代以来的书话主要关照的客观存在物是古代典籍和现代以来出现的新文学和西洋文学。

---

　　① 作者简介：徐敏（1973—　　），山西省大同市人，文学博士，燕山大学文法学院教师，从事中国现当代文学教学与研究。

（1）大量的古籍为书话的言说提供了物质基础。我国的图书已有两千多年的历史，从最早的简书逐渐发展到竹木简书、帛书、纸书。"纸书的发明、改良和纸书的流通，使中国传统文化的传递，得到廉价而可靠的依托。"[3] 书籍出现以后，直接面临着如何保存和管理的问题。据史料记载，官藏和私藏几乎是同时的。清人叶昌炽的《藏书纪事诗》记载我国历代藏书家的故事，从五代讫于清末，共 1 100多人。这些藏书家珍藏了大量的图书典籍。他们在庋藏书籍的同时，还发展了版本、校勘、目录等方面的专学，其撰写的书目、题跋直接开启了现代书话的创作。现代以来，中国学者虽然一方面自觉地积极向西方学习，但另一方面又并未丢掉中国传统的东西，在多个层面上转入对古籍的保存、整理和研究，如阿英、郑振铎、谢国桢等，对传统古籍不仅做收集整理工作，且于同期写下了相关的书话作品。同时，在时代政局的强烈变动下，回到古代，在古籍中寻找自己心灵的倾诉和安置之所，也成为一些人的选择，如周作人、孙犁等。周作人作于 1928 年之后的书话，谈论书籍所占的比重最大。当然也有通过对古籍的研读来关注思考现实的，如鲁迅、黄裳的书话之作。

鲁迅对中国的古籍非常重视。从录唐刘恂的《岭表录异》，整理《古小说钩沉》，校订吴谢承的《后汉书》、晋谢沈的《后汉书》、晋虞预的《晋书》和《嵇康集》、辑成《会稽郡故书杂集》、宋张昊的《云谷杂记》、《魏子》、《任子》、《志林》和《广林》到编成《俟堂专文杂集》，写作《中国小说史略》、《汉文学史纲要》等著作，处处显示了鲁迅在古籍上的用功之深。鲁迅重视古籍，沉潜于古籍的整理和校勘中。对于他来说，这种沉潜是一种积蓄，他的目的是要保存本国文明的某些因素，使中国弗失固有之血脉，是他想在彻底了解中国国民性的基础上，去思考怎样能够创造性地把本国的某些因素和西方的先进因素相结合。因此，他在阅读、校勘古籍的过程中，并不是机械式地为了整理而整理，而是要探讨中国历史的弊端，从中认清历史，对广大的民众进行启蒙。

（2）现代书话还以外国书籍为客观呈现物。在现代文学发展进程中，对外国文学作品的翻译和介绍一直是其重要的组成部分。其中，以书话形式出现的文章数量相当不少，如郑振铎于 1929 年在《小说月报》上就发表了谈论外国书籍的书话文章，叶灵凤于 1936 年出版的《读书随笔》基本上由介绍外国书籍的文章组成；再如周作人《自己的园地》中有 16 篇文章是书话之作，其中谈论外国书籍的就占12 篇。[4] 在朱正编的《鲁迅书话》中收入了鲁迅谈外国书籍及自己翻译的书籍的文章多达 98 篇。[5] 可以说对西方书籍的翻译、介绍是一批有识之士有意识、有目的的选择。他们写下的相关文字不仅充实了书话领域，而且也彰显了书话的文化和社会价值，我们仅以鲁迅的译文序跋为例进行细致的分析。

鲁迅的译文序跋创作可以分为几个阶段，这几个阶段揭示了鲁迅内在思路的变化，也就是说，对于鲁迅来讲，他的译作不是随意的选择，而是有着明确的目的性。第一个阶段，是科幻小说的翻译。在留日期间，当更多的中国学人致力于西方政治小说的译介之时，鲁迅却格外关注科幻作品。他译过儒勒·凡尔纳的《月界旅行》和《地底旅行》、美国作家路易斯的《造人术》，还翻译过一部《北极探险记》，可惜稿子在辗转投寄中丢失了。在《〈月界旅行〉辨言》中，鲁迅清楚地指明科幻小说的作用："必能于不知不觉间，获一斑之智识，破遗传之迷信，改良思想，补助文明，势力之伟，有如此者！"[6] 在"幻灯片事件"发生之后，鲁迅的翻译进入了第二个阶段，即对东欧等弱小民族国家文学作品的翻译。其目的在于通过阅读外国作品，来考察、分析外国人的精神所在，从而推动中国人的思维解放，这正是鲁迅对思想革新的重视。他和周作人合译了《域外小说集》、《现代小说译丛》等。从 1919 年开始，鲁迅接连翻译了一批日本作家、学者的著作，如：武者小路实笃的《一个青年的梦》，厨川白村的《苦闷的象征》、《出了象牙塔之后》，鹤见祐辅的《思想·山水·人物》，垣鹰穗的美术评论，片上伸的文艺评论等。对这些作品的翻译，使鲁迅强烈感到了现实的催逼感，这种催逼感我们可以理解为是鲁迅对中国现实、对中国文艺的真情关照。

20 世纪 20 年代末，鲁迅开始大量翻译苏联的文章，翻译的文类也从文艺作品转向了文艺理论，如《壁下译丛》、《现代新兴文学的诸问题》、《艺术论》等。这不仅是现实争论的结果，同时也是鲁迅自觉地对新兴文艺的选择。这体现在他的书话中，就是并不耽于就书而谈书，而是常常延展开去，用所译作品来比对中国，来考察、反思中国的现实和历史。鲁迅为书话类作品注入了强大的精神内蕴，在他的笔下，书话所面对的世界不仅是书籍所展示的世界，更是作家目光炯炯所凝视、所启蒙的那个现实世界。这正如孙郁的评述："这类书话的文字绝无一点闲适和宁静，它是生命律动的一缕波光，这波光照耀着艺术的伟大与人格的伟大。"[7]

所以说，书籍的极大繁荣为书话创作提供了物质基础与书写内容，同时对书籍的谈论也彰显了时代的要求、社会的发展、作者的选择和个体的情怀，这些使得现代书话不仅仅只是停留在版本知识的枯燥介绍上。

（3）现代书话也瞩目于新文学（即"五四"以来的现代文学——笔者注）。这方面的首创者当属阿英。1937年10月19日，阿英在上海的《救亡日报》上发表《鲁迅书话——为鲁迅先生逝世周年作》，这则书话奠定了现代书话的基本创作模式和格调。而把新文学作品、作家作为书话核心谈论对象的则是唐弢的《书话》和《晦庵书话》。可以说，把当代文学纳入书话的写作范畴，是现代书话开辟的新领域。现代书话以新文学为目的物，这必然引出的一个问题就是书话和书评的关系。

由于书话与书评所面对的对象都是书籍，在写作中，也都要对所谈书籍做一种评判，于是书话与书评之别在理论家和作家那里都存在着争议。那么，我们需要处理的问题就是要辨析清楚书话与书评的关系，通过分析考察二者的异同，以期能够更清晰地明确两个名词各自的内涵和外延。

（1）从发生学的角度讲，书评出现得较早。伍杰甚至认为"孔门弟子子夏所写的《诗经·大序》，大约是有案可查的最早的书评"[8]。现在还专门有书评学。同时，从概念的角度看，对于书评的界定相对来讲是比较明晰的。徐柏容的《现代书评学》一书中认为："书评是什么？简单地说，书评就是对书籍进行评论，分析、探讨书籍的内容——思想性、科学性、艺术性乃至书籍的形式，从而对书籍进行价值判断，包括对书籍正面的价值判断与负面的价值判断的文章。"[9]从这个概念来看，书评着重的是"价值判断"，是要对所评之书进行判断。正如徐柏容所认为的，"判断、分析、论证"是书评的实体，"文意疏通、内容提叙、作者作品考证研究等是书评的延伸体、附属体"。[10]

用"书评"这个概念来辨析一些经典的书话创作，可以看到在书话的写作中，虽然也会对所谈书籍做分析、品评，但是一般不做价值判断，而且很少直接论说书籍的好和坏。也可以说，书评的实体，如"判断"、"分析"、"论证"对于书话来讲是附属的，而对作者作品的知识性考证和作品内容的简单提叙等则构成了书话的主体，如叶灵凤的一些谈论外国作品的书话，常常会简明扼要地对作品内容和作家身世做介绍，之后加上他对作品的点评，读之获益匪浅。而且从涉及的话题来看，书话所谈并不限于书籍本身，与书相关的很多内容都可以纳入其范畴，如由黎先耀主编的《书林佳话·中外名家书话经典》一书就包括了"书林佳话"、"书之礼赞"、"书市寻梦"、"买书、借书及其他"、"藏书家的心事"、"书斋志异"、"读书的天堂"、"书的命运"等内容。[11]

（2）我们还可以从书评和书话所谈论的书籍来看。一般来讲，书评所评的多为刚刚面世的书籍，强调一定的时效性，而书话所谈的书籍在时效性方面不是很突出。这正像姜德明所说："书话写得愈多，愈有不敢下笔的顾虑，生怕读者和编者不以为然。因为时代相距日远，访旧书，谈版本，类似玩古董了。如今要找旧版书得去拍卖市场，写书话岂非诱人下海！"[12]

（3）从书评家和书话家谈论时的态度来看。书评家在对所评之书做价值判断时，其态度应该是客观、公正的，如刘西渭在《〈边城〉——沈从文先生作》一文中这样写道："我不大相信批评是一种判断。一个批评家，与其说是法庭的审判，不如说是一个科学的分析者。科学的，我是说公正的。分析者，我是说是独具只眼，一直爬到作者和作品的灵魂的深处。"[13]与书评的客观、公正不同，书话的写作常常带有作家个人的情感色彩。姑且不说唐弢直接提出书话写作要有"一点抒情的气息"[14]，即使像谢国桢这样治学严谨的历史学家也不例外，如在《瓜蒂庵读明代史乘题识》中有《〈留青日札〉跋》一文，其中的文字充满了诗意："今春多雨，灯前点滴，细听檐花，辄无足迹。一日傍晚，新雨初霁，斜阳在树，落英缤纷，坐窥窗外，见书友骑自行车，持蓝布书袱，挟是书至矣。乃摒挡故物，竭其所有而易得之。"[15]

在令人舒畅的场景中购得心爱之书，作者的喜悦之情、对书籍的浓厚感情自然呼之欲出。所以，从这一点来看，书评属于评论性的文章，带有科学性；而书话则是文艺类的创作。

（4）从创作者这个角度看，写作书评的作者范围很广，可以是一般的读者，也可以是专家、学者。而我们在考察了书话的作者之后，就会感觉到书话的作者一定是爱书者、藏书家。这种身份的确认使得书话体现出了更多的个人色彩。

二、作家的身份识别

在文学四要素中，生产者即我们通常称为的作家是整个文学活动的起点，作家创作的优劣对作品、欣赏者都会产生重要的影响。就我们所要探讨的现代书话这个课题来说，书话作家有着独特的身份特征。

与其他文学创作显得不同的是，"书"既是书话谈论的内容同时也是书话得以存在的根源。可以说，书话是由书起而又终于书的。"书"作为一种物质存在为书话划定了区域，即书是书话所要面对和表现的世界。正是在这个角度上，书话对自己的作者做出了选择，同时也建构起了自己的作者群。

1. 书话作者必须是一个爱书者、藏书者

书话作者作为个体，其最突出的一个属性就是藏书、爱书，很难想象一个不藏书、不爱书的人会写出书话作品来。

进入近代以后，中国的私家藏书由盛而衰。除了近代图书馆的出现和文化教育事业的发展对传统的藏书有所影响外，最重要的原因在于社会的急剧变动、政治的更迭、经济的衰颓、战争的毁坏，富商豪贾、中兴将帅、海外势力对图书的抢夺等，使得藏书家家道中落，大批的藏书散出，现代书话作家就是在这样的历史背景下从事图书的收藏并开始书话写作的。与古人的爱书传承一脉，在现代书话作家那里，爱书、藏书是他们生命的重要组成部分。

叶灵凤说："藏书家不难得，难得的是藏而能读。藏书而又能读书，则自然将心爱的书当作作家的性命，甚至或重视得超过自己的性命。"[16]据叶圣陶回忆，郑振铎对于书是"喜欢得弗得了"。在《西谛书话》的序中，叶圣陶深情地回忆了 20 世纪 20 年代他们在上海逛四马路中段旧书铺的情景："四马路中段是旧书铺集中的地方，振铎经过书铺门口，两条腿就不由自主地踅了进去。伯祥倒无所谓，也跟进去翻翻。我对旧书不感兴趣，心里就有些不高兴：硬拉我来喝酒，却把我撇在书铺门前。可是看他兴冲冲地捧着旧书出来，连声说又找到了什么抄本什么刻本，'非常之好'，'好得弗得了'，我受他那'弗得了'的高兴的感染，也就跟着他高兴起来。"[17]"西谛是有名的藏书家，也喜欢写题跋。从他的题跋文中人们可以接触到他对书籍爱好的真挚的心。他在题记中经常会写下'大喜欲狂'、'为之狂喜'、'惊喜过望'这样的词句，只要与西谛相熟的，都会知道这些都是他得到一本满意的书以后真实心情的写照，不是做作出来的。"[18]

阿英同样如此，在青年时代就和书结下了不解之缘，在芜湖、上海、苏州到处有他为收集书而奔波的身影，可以说，一生为访书、买书、藏书是不辞辛苦，甚至在梦中都有买书的痕迹。曹聚仁形容自己的书房是"书似青山常乱叠"，他买的书包括历史、文学、哲理、军事、经济、美术、自然科学等方面。黄裳在中学时代就把一点点的点心钱都留下买书，而且乐此不疲。叶灵凤在《书痴》一文中为我们描述了麦赛尔（Mercier）的铜刻《书痴》的画面：

画面是一间藏书室，四壁都是直达天花板的书架，在一架高高梯凳顶上，站着一位白发老人，也许就是这间藏书室的主人，他肋下夹着一本书，两腿之间夹着一本书，左手持着一本书在读，右手正从架上又抽出一本。天花板上有天窗，一缕阳光正斜斜地射在他的身上。[19]

这个画面可以说是那些浸淫于书中的读书人的真实写照。

现代的书话作家爱书、藏书，在他们的身上，虽然深深浸染着传统文化的底蕴，但是又有着西方现代思想和观念的影响。因此，在读书和藏书方面，他们表现出了和古人很不同的地方，具体表现在以下几个方面。

（1）收藏眼光的不同。在古代藏书家那里，最看重的是宋元精刻本，如黄丕烈的藏书以既富且精著称。他还辟"百宋一廛"专室贮所得宋版书100余种。虽然现代书话家也看重古本，但是他们并不孜孜以求，而是有自己的选择，如黄裳曾谈到过当时藏书的风气："晚明野史、清代禁书的身价突然上升了，这是民族主义思想风起云涌的结果，紧接着群经的地位一落千丈。再以后是小说戏曲成了珍品，这自然是'五四'运动以后，俗文学研究所缔造的必然趋势。再后来，是过去无人问津的地方志大行一时，这与帝国主义的大力搜罗是密切相关的。"[20]这其中做出突出贡献的是阿英。

阿英对所藏的书是别具只眼，他多收藏戏曲、小说、弹词、唱本等在古代被认为是不登大雅之堂的通俗文艺作品。这类图书在历史上很少为藏书家所重视，因为其时代较近，所以一般的藏书家根本看不上这类图书，书商们也因为无利可图而很少经营，阿英却致力于此。为了访书，他奔走于全国各地，我们在他写的《城隍庙的书市》、《西门买书记》、《海上买书记》、《浙东访小说记》、《苏常买书记》中能够看到他为了买书节衣缩食、备尝艰辛的身影。

郑振铎极力从事的是弹词、宝卷以及佛典民歌的收集和研究，还编写了《中国俗文学史》。他的兴趣广泛，重视收集版画，"二十余年来，倾全力于搜集我国版画之书……自唐宋以来之图籍，凡三千余种，一万余册，至于晚明之作，皮藏独多；所见民间流行之风俗画、吉祥画（以年画为主），作为饰壁与供奉之资者，亦在千帧以上"[21]。周越然喜欢收藏小说、弹词和平话类图书，这些图书均属言部，所以他叠用其意，把藏书处命名为"言言斋"。唐弢则把收藏的重心放在当时称为"当代文学"的现代文学书籍和期刊上。

（2）藏书公之于众。与传统藏书家对自己所藏图书大多秘不示人不同，现代书话作家并不以独得秘书为可矜，而是常常公之于众。阿英发现了孔尚任的《燕九竹枝词》，马上撰文向读者介绍；历经艰难觅得的《清平山堂话本》，后来送给了郑振铎；郑振铎在编写《晚清文选》时，更是得到了阿英在版本史料上的大力协助。郑振铎也为国家收书尽心竭力，唐弢、郑振铎、曹聚仁等的藏书在身后都捐献给了国家。如周书弢认为自己耗费数十年精力所藏的书是天下的公物，所以在1952—1957年，他先后将藏书40 000余册，文物1 260多件，无偿捐献给了国家。从这种对图书的态度上，也可以看出现代书话作家的通脱和开放。

（3）藏书是为了学术，这是现代书话作家表现出的与传统藏书家的又一不同点。对于现代书话的作家来讲，藏书的目的并不是为了藏书而藏书，或者说不是为了从中营利。对于他们来说，买书、藏书是为了阅读、为了研究。唐弢说自己藏书是为了读书的需要。曹聚仁的妻子邓珂云在回忆中说："许多人都不相信，他的这些书是一个人所读得了的。但我可作证，他收藏的书绝不是放着做装饰品的，他几乎每本都看过。"[22]阿英根据自己的藏书写作了《晚清小说史》、《小说闲谈四种》、《弹词小说评考》、《晚清文学丛钞》等。郑振铎涉及的领域更广泛，每有一个想法，他都要努力收集到这个领域的全部书籍。也正是藏书为了学术，使得现代书话作家具有了一定的识见，保证了书话的书写。

2. 书话作者需要具有一定的识见

识见来自于作家丰富的人生阅历，来自他们从书本中获得的知识、经验。从现代书话作家的身份来看，一个值得注意的现象是他们往往具有作家和学者的二重身份，其中最具代表性的有阿英、郑振铎、唐弢，此外还有周氏兄弟、曹聚仁、谢国桢、黄裳等人。如郑振铎"一生中在文学上的成就是多方面的，诸如中国古代文学史的研究，中国古典文学的整理、编选，诗和小说的创作，外国文学的翻译及文学刊物的编辑工作等方面，都有很大的贡献。"[23]身为学者，在书话中自然表现出一定的见解，见解不仅指对书话版本等方面知识的辨别，还体现在对作品的品评、鉴赏等方面，使得书话具有了更深层次。正如唐弢对杜渐的书话所分析的那样："这不是一般的读书记，而是掌故史乘的漫谈，谈的是成书的经过，版本的优劣，插图的变易，观点的沿革，作者的遭遇……一句话，不限于书里的故事，多的是书外的见闻。这样，属于知识范围的纵笔所之的访谈不必说了，便是就书论书，也要有独具的识见，精当的材料，那就完全依靠作者平日的修养和积累，不是可以侥幸取得、一蹴即就的了。我以为这是《书海夜航》的一个最大的特色。"[24]

三、发表的园地

任何一种文学文本，如果创作出来不面世，不寻求阅读主体，那么它就没有完成文学作为一种生产品的流程，不能称其为真正意义上的文学作品。同样，作家写作出书话后，要为它选择阅读、接受的群体。从现有的资料看，还没有一位书话作家为自己的作品规定过阅读范围，但是我们从书话选择的发表地可以窥见其创作取向及创作目的。

对于现代书话作家来讲，他们的书话写作常常是其业余的产物。唐弢把写书话看作"是在工作余暇，抽一支烟，喝一盅茶，随手写点什么，作为调剂精神、消除疲劳的一种方式"[25]；曹聚仁的书话是"一种可有可无的闲文"[26]；阿英写作《夜航集》"全成于偶尔的感兴，是算不得'文章'的"[27]。从这些作家的自我表述可以看出他们对书话的态度。因此，对书话发表的园地，也就不会苛求了。唐弢就认为自己创作书话是为报纸补白。

从现在掌握的现代书话最早发表的情况来看，报纸的副刊是其最集中的展示地。报纸在出现之时，是并无副刊存在的。1872 年 4 月，《申报》在上海创刊。为了增强自己的竞争力，它在发刊条例中征文："如有骚人硕士，有愿以短什长篇惠教者，如天下各明区竹枝词及长歌记事之类，概不取值。"[28]于是，很多文士就纷纷投以词章之作。当时的报纸，在编排上是不分栏目的，评论、新闻和那些竹枝词、词章之类是连着排的。可以说，从《申报》起，报纸有了副刊的内容，但是副刊没有单独出来，可以说只是出现了雏形。到了 1897 年，上海的《字林西报》出了中文版《字林沪报》，但是经营一直没有起色。到了 1900 年，出让给日本人主持的东亚同文会，改名为《同文沪报》，由高太痴、周品珊任编辑。为了和《申报》、《上海新报》争市场，他们出了副刊，名为《同文消闲录》，用专门的版面集中刊载诗词、小品、乐府、传奇之类带有消闲性质的作品，随正报附送。读者买一得二，生意就渐渐好起来了。《同文消闲录》的成功也给了其他报纸以启示，于是各报纸纷纷增加副刊。最早的副刊目的单纯，只是为了吸引读者，所以在内容选择上和小报类似，多为街谈巷议、私隐秘闻，也刊载一些"诗词、游戏小品、笑林、剧评、灯谜等等"[29]。可以说，副刊的创意和源头可以追溯到小报，所谓小报"是指篇幅较小，一般为八开或小于八开的小型报纸，它以消遣性为主旨，内容包括新闻、小说、随笔、游记、小品文、新旧体诗词、掌故、影戏舞动态、社会知识和生活话题等。一言以蔽之，小报是休闲性的小型报纸"[30]。小报以俯就的姿态刊登迎合普通大众口味和心理的文章，故拥有大量的读者群。报纸的副刊正是从这个角度借鉴了小报的做法。1911 年 8 月，《申报》就新辟了副刊《自由谈》。可以说，"进入二十世纪以后，绝大部分报纸都在自己的版面上设置了副刊。其中有的印有专门的刊头，如《中国日报》的《鼓吹录》、《时民报》的《醒狮》……有的虽没有刊头，却有固定的版面，如《神州日报》的第六版……没有刊头和固定版面的，也多数设有刊载副刊文字的专门栏目，如《浙江潮》的'小说'、'文苑'、'丛谈'，《江苏》的'说苑'等"[31]。

针对副刊应该刊登什么样的作品，严独鹤曾提出四个标准："（一）隽雅而不深奥；（二）浅显而不粗俗；（三）轻松而不浮薄；（四）锐利而不尖刻。"[32]这当然是比较高的期待和标准。仅从对现代文学影响甚大的《申报》副刊《自由谈》看，其从内容上看，"杂感之外，散文、随笔、速写、游记、读书记、小考证、文艺评论、科学小品、短篇翻译等等，应有尽有"[33]。如阿英的《旧书新话》系列发表在 1933 年 7 月 10 日、11 日、12 日《申报》副刊《自由谈》上。柯灵于 1938 年 2 月 10 日加入《文汇报》工作，负责副刊的编辑工作。[34]1938 年 2 月 11 日，副刊《世纪风》创刊。从《世纪风》所登载的文章来看，其早已不再是小报的做派，而是紧贴现实，文章极具先锋意义，如《世纪风》连载过史沫特莱作的《中国红军行进》、纪念三八节特刊、"五四"纪念特刊等。到了 1939 年 5 月《世纪风》被迫停刊。1945 年日本投降、上海光复后，《文汇报》复刊。唐弢最初写的书话就刊登在《文汇报》的副刊《文化街》上。20 世纪 50 年代末 60 年代初的书话，多刊载在《人民日报》的副刊上，如郑振铎的《书林漫步》、唐弢的《书话》、阿英的《近代文学丛谈》、陈原的《中外读书小品》、赵家璧的《编辑忆旧》、钱君匋的《书籍装帧琐谈》、李健吾的《艺术短简》、路工的《访书见闻录》等等。

　　报纸副刊之所以成为书话发表的主要园地，其根本原因在于副刊的办刊宗旨和书话的创作意图存在着相和之处。从上文对副刊的介绍可以看出，副刊一般具有文艺性、趣味性、消闲性和知识性等特点。[35]这些特点和书话创作姿态的休闲、阅读心理的轻松、读后获得点知识的效果是相一致的，所以副刊于书话正是理想的发表园地，而副刊也因为刊载书话而提升了自己的文化品格。正如姜德明所说："我以为报纸副刊是发表书话的理想园地，不仅可以提高报纸的文化品位，也是普及文学史和培养读者艺术修养的极好方式。"[36]

　　总之，现代书话从所选的书籍、作家的构成到发表的园地，都充分体现出现代的时代特征。而书话作品自身既要传达出一定的版本、内容知识，又要讲述掌故、品评书籍，从而传达出文艺色彩、人文情怀，这对于作家的实践创作就提出了较高的要求，也显示出书话一体的独特魅力。

参考文献：

[1][美]M·H·艾布拉姆斯.镜与灯——浪漫主义文论及批评传统[M].北京：北京大学出版社，1989：5.

[2]徐雁.书话主人[M]//秋禾书话.北京：书目文献出版社，1994：214.

[3]来新夏.书文化的传承[M].太原：山西古籍出版社，2006：2.

[4]钟叔河.知堂书话[M].长沙：岳麓书社，1986.

[5]朱正.鲁迅书话[M].长沙：湖南教育出版社，2007.

[6]鲁迅.《月界旅行》辨言[M]//鲁迅全集（第10卷）.北京：人民文学出版社，1981：152.

[7]孙郁.鲁迅书话·选编后记[M].北京：北京出版社，1996：379.

[8]徐柏容.现代书评学[M].苏州：苏州大学出版社，2005：6.

[9]徐柏容.现代书评学[M].苏州：苏州大学出版社，2005：22.

[10]徐柏容.现代书评学[M].苏州：苏州大学出版社，2005：27.

[11]黎先耀.书林佳话·中外名家书话经典[M].重庆：重庆出版社，2004.

[12]姜德明.《姜德明书话》选编后记[M]//姜德明序跋.南京：东南大学出版社，2003：63.

[13]刘西渭.《边城》——沈从文先生作[J].文学季刊，1935（3）.

[14]唐弢.晦庵书话[M].北京：生活·读书·新知三联书店，1981：6.

[15]谢国桢.《留青日札》跋[M]//瓜蒂庵小品.北京：北京出版社，1998：216.

[16]小思.叶灵凤书话[M].北京：北京出版社，1998：382.

[17]叶圣陶.西谛书话[M].北京：生活·读书·新知三联书店，1983：1.

[18]黄裳.黄裳书话[M].北京：北京出版社，1996：37.

[19]叶灵凤.读书随笔[M].北京：生活·读书·新知三联书店，1988：132.《读书随笔》的最初版本由上海杂志公司1936年出版.

[20]黄裳.谈"善本"[M]//榆下说书.北京：生活·读书·新知三联书店，1982：23.

[21]郑振铎.《中国版画史图录》自序[M]//郑振铎全集（第14卷）.石家庄：花山文艺出版社，1998：236.

[22] 邓珂云. 曹聚仁与书 [M]// 曹聚仁书话. 北京：北京出版社，1998：356.

[23] 嵩山.《散文二集》导言 [M]// 中国新文学大系导言集（内部资料）. 天津：天津人民出版社，1999：309.

[24] 唐弢. 书海夜航二集 [M] 北京：生活·读书·新知三联书店，1984：1.

[25] 唐弢. 书话 [M]. 北京：北京出版社，1962：5.

[26] 曹聚仁. 书话 [M]. 曹聚仁书话. 北京：北京出版社，1998：3.

[27] 阿英. 夜航集 [M]// 阿英文集. 北京：生活·读书·新知三联书店，1981：194.

[28] 曹聚仁.《申报》创刊号 [M]// 我与我的世界. 北京：人民文学出版社，1983：362.

[29] 曹聚仁. 我与我的世界 [M]. 北京：人民文学出版社，1983：363.

[30] 李楠. 晚清民国时期上海小报 [M]. 北京：人民文学出版社，2006：22.

[31] 方汉奇. 中国近代报刊史 [M]. 太原：山西人民出版社，1981：658-659.

[32] 严独鹤. 副刊的"四个要点" [M]// 王文彬. 中国报纸的副刊. 北京：中国文史出版社，1988：30.

[33] 唐弢. 影印本《申报·自由谈》序 [M]. 唐弢文集（第 9 卷文学评论卷）. 北京：社会科学文献出版社，1995：252.

[34] 文汇报报史研究室. 文汇报大事记 [M]. 上海：文汇出版社，1986：4.

[35] 严独鹤. 副刊的"四个要点" [M]// 中国报纸的副刊. 北京：中国文史出版社，1988：29.

[36] 姜德明. 现代书话丛书 [M]. 北京：北京出版社，1996：3.

CNKI 收录文章中"腐败"的研究

刘邦凡 [①]

摘要： 通过对 CNKI 中收录的含"腐败"题名文章的初步整理与分析，我们可以大致看到近几十年来我国学者对于社会腐败问题的关注情况，大致可以看到这一研究的一些基本线索，如发表该类研究文章的期刊、报纸和出版社以及作者、作者单位，又如这些文章的影响力与部分观点。治理腐败的途径不外有三：从腐败产生根源上治理腐败；从经济利益上来治理腐败；从文化上来治理腐败。

关键词： CNKI　腐败　研究

截至 2008 年 11 月 15 日，在 CNKI 中以"腐败"为题名的文章有 24 692 篇，对这些文章（后文将这 24 692 篇文章统称为"这些文章"）做一个初步的分析，我们就能大致看出我国近二十多年关于"腐败"问题的研究情况。

一、文献来源数据库分析

CNKI 建有不同的数据库，这些文章大致分布如表 1。

表 1　文献来源数据库

序号	来源数据库	数量
1	中国学术期刊网络出版总库	14 807
2	中国重要报纸全文数据库	5 577
3	中国年鉴网络出版总库	3 401
4	德国 SPRINGER 公司期刊数据库	342
5	中国优秀硕士学位论文全文数据库	336
6	中国重要会议论文全文数据库	181
7	中国博士学位论文全文数据库	14
8	国家科技成果数据库	14
9	中国专利数据库	12
10	国外标准数据库	8
	合计	24 692

---

① 作者简介：刘邦凡（1967—　），男，重庆市涪陵区人，汉族，博士，燕山大学文法学院教授，东北大学博士生导师，主要从事公共管理、哲学、政治学等研究。

从中可以看出，发表这些文章最多的是学术期刊，其次是报纸，然后是各类年鉴类出版物。CNKI 中的这些文章有些是关于食物腐败问题研究的文章，有些是关于社会腐败问题研究的文章，大致前者占 60%，后者占 40%。

中国学术期刊网络出版总库收录的关于社会腐败问题的最早文章是《腐败不堪的伊朗政权》[1]（1960），论述我国社会腐败问题的最早文章是吴晓的《清除腐败现象》[2]（1986 年 2 月 15 日）。

中国重要报纸全文数据库收录的最早文章是《政府采购上网亮相——阿根廷反腐败新举措》[3]。

中国年鉴网络出版总库收录的最早文章是《中国二十世纪通鉴》中的 2 篇文章《清廷因东三省吏治腐败屡被参劾》和《云南学生上书揭发滇省学务军政腐败废弛》[4]。建国以来最早的年鉴文章最早只有 1986 年的。[5]

由于 CNKI 收录的会议论文仅仅限于公开出版的会议论文集而且是主办会议者主动提交的，因此很多在会议上发表的论文并没有被收录。这样看来，会议论文要远远多于 181 篇，估计在 5 000 篇以上。收录的最早会议文章是《学习、坚持、发展——青海省纪念毛泽东诞辰一百周年优秀论文集》（1993）中的《用毛泽东、邓小平的廉政建设思想指导新时期的反腐败斗争》、《毛泽东的反腐败思想及其现实意义》以及《中原伟业——鄂豫边区抗日民族根据地建设学术讨论会、湖北省纪念毛泽东诞辰 100 周年及周恩来、刘少奇、李先念和新四军研讨会论文集》（1993）的《反腐败斗争的战斗檄文——读李先念〈革命军人的特点与远大前途〉》3 篇文章。第一篇文章指出："国内国际的历史和现实告诉我们，要巩固共产党的执政地位，就必须同各种腐败现象作斗争。这是关系到党的生死存亡，关系到社会主义前途命运的极其重大的问题。在新的历史时期，重温毛泽东、邓小平等老一辈革命家关于反腐败斗争的重要论述，以此指导新时期的反腐败斗争，更具有现实意义。"第二篇文章说："毛泽东在领导中国革命和建设的长期实践中，历来十分重视党的思想作风建设，一贯主张从严治党，尤其是对党内产生消极腐败现象的危险性始终有着高度的警觉。为了有效地反腐防变，毛泽东在理论上进行了艰苦的探索，并在领导全党反腐败的斗争实践中积累了宝贵的经验。"第三篇文章说道："1943 年 3 月，李先念在鄂豫边区抗大十分校，以《革命军人的特点与远大前途》为题，作了重要讲话，曾反复强调关于反腐败斗争的重要论述，对于今天我们所进行的反腐败斗争，仍然有重要的指导意义。反腐倡廉问题，是一个历史的问题，各个历史时期各种不同的阶级有其不同的内容。"

近些年来，研究生把研究腐败问题作为硕士论文和博士论文选题的越来越多。由于硕士论文不是全部收录，而且只是收录 2004 年以来的论文，所以事实上以腐败为主题的硕士论文不只 336 篇，估计要超过 1 000 篇。收录的博士论文大致情况如下。

楚文凯在《社会转型期预防腐败问题研究》（中共中央党校 2007 年博士学位论文）中说："有效预防腐败是我们党执政能力的重要标志，是深化党风廉政建设和反腐败斗争的重要途径，也是新世纪新阶段反腐倡廉理论研究的一个重大课题。中国社会进入转型时期，在经济体制、政治体制、社会结构、社会意识等方面发生了深刻变化，在各项改革当中，一些深层次矛盾给腐败现象的滋生蔓延提供了土壤和条件，对中国共产党提高执政能力、巩固执政地位、永葆先进性提出严峻挑战。面对反腐败斗争依然严峻的形势，迫切需要把预防腐败放在反腐倡廉工作突出重要的位置，找到科学、有效的预防腐败的办法。本文以马列主义、毛泽东思想、邓小平理论和'三个代表'重要思想为指导，按照科学发展观的要求，通过深入分析社会转型期腐败现象发生的深层次原因和腐败行为发生、预防机理，历史地考察改革开放以来中国共产党预防腐败思想和实践的发展，对比分析国（境）外预防腐败的经验做法，论证建立健全惩治和预防腐败体系对于预防腐败的重大意义，围绕规范权力的运行提出了思想预防、制度预防、技术预防等一系列对策措施。"

鲁克亮的《政治腐败、认同危机与政府应对——民国广西民众控告县长研究》（四川大学 2007 年博士学位论文）一文"旨在研究民国时期的大量民众控告县长案件的出现、处理过程，通过分析政府与民众对此种案件的不同认读与观感、民众对政府权威认同危机的出现及其官方的应对措施，来揭示民国政府在基层政权树立合法性而至最终丧失其合法性的基本因素。由于民国政府基层政权的建设及国家权力的下延是在全国范围内展开的，在此时段内作为政府官吏之一的县长与民众之间，由于政治建设和种种政策措施的推行，不可避免地出现了许多权益上的纠纷。政府借助近代行政诉讼制度作为解决矛盾的途径，不失为一种良策，民众控告县长案件的发生正是民国政府力图消解官民冲突的一种带有普遍性的举措"。

陈雷的《反腐败国际公约视野下的我国刑法的现状与完善》（华东政法学院 2006 年博士学位论文）"主要通过比较研究并辅之以历史考察、文义解释、实证分析等研究方法，从刑事实体法的角度对《联合国反腐败公约》确立的贿赂、贪污、挪用、影响力交易、资产非法增加、私营部门内的侵吞财产和洗钱等各类国际腐败犯罪及与我国现行刑法规定的相关犯罪进行比较研究，指出我国现行刑法的不足与缺陷并提出完善我国反腐败刑事立法的意见和建议"。

王明高的《中国预防和惩治贪官外逃模型与机制研究》（中南大学 2006 年博士学位论文）指出："预防和惩治贪官外逃，是当前我国乃至世界反腐败领域共同关注的焦点之一。随着经济全球化进程的加快，特别是中国反腐败力度的加大，贪官外逃已成为国内职务犯罪活动的新动向。对于贪官外逃，必须着力构建与社会主义市场经济体制相适应的教育、制度、监督并重的预防和惩治机制。本文旨在对中国（特指中国大陆）贪官外逃现象进行分析，借鉴国外打击贪官外逃的经验，力图为党和政府预防与惩治贪官外逃提供切实可行的对策建议。贪官外逃在政治上败坏党和政府的形象，在经济上造成巨额国有资产流失，同时严重扰乱正常的社会秩序，影响社会稳定。当今国际社会，为遏制贪官外逃现象，许多国家采取了加强廉政立法和反腐败立法、实施'透明'制度和'阳光法案'、实行财务审计监督制度，设立专门的反腐败机构、加强国际合作等多种措施，取得了一定成效，值得我国借鉴。我国外逃贪官多为金融机构、国有企业和党政机关的主要或重要负责人。通过综合分析我国贪官外逃的现状及特征，特别是从经济学、管理学、法学角度，理论推绎贪官外逃成本—收益、贪官外逃委托—代理、非法资金外逃博弈模型，深入剖析了中国贪官外逃的原因及危害。"

李秀娟的《〈联合国反腐败公约〉与我国刑事诉讼比较研究》（中国政法大学 2006 年博士学位论文）指出："当腐败案件对国家的政治稳定和可持续发展已经构成威胁，当腐败已经不再是局部问题，而是一种影响所有社会和经济的跨国现象时，反腐败的理论与实践进展状况已是关国家生死存亡的大问题了。本文在《联合国反腐败公约》产生及实施之际，选择这一课题进行探索，论述《公约》对腐败犯罪及其程序的规定，重点以我国刑事程序立法现状为比较，突出《公约》所独具的特色，目的在于寻找《公约》的规定与我国现实法律制度的比较差异，选择我国与之相协调并进行刑事诉讼程序立法改革的突破口。全文共十一章，通篇以我国刑事诉讼与《公约》相协调为视角，分专题论述刑事程序改革与完善的制度设计，力求使我国反腐败斗争纳入法制化轨道的同时，汇入法律国际化的主流。"

孙恒山的《腐败犯罪控制论》（吉林大学 2006 年博士学位论文）"运用包涵比较、历史分析、解释学、社会学、心理学等方法的复杂性研究方法论对腐败犯罪控制问题进行综合性研究，其研究路径在于从对腐败犯罪现象的理性观察到以制度为基本方式的综合性腐败犯罪控制框架的建构。因此，本文主要由两部分组成：一是腐败犯罪控制本体论，包括对腐败犯罪的全面认识、控制腐败犯罪的法律现状与基本模式、腐败犯罪控制的含义与基本原则等；二是腐败犯罪控制运行论，包括对犯罪人的心理解析、反腐法律框架的完善、反腐机构的设置及反腐国际合作的加强等。腐败犯罪控制本体论侧重于从静态角度对腐败犯罪控制的基础性问题进行阐述；在此基础上的运行论则偏好于将反腐工作作为一个动态的过程，力求以制度（尤其是刑事法律制度）来建构综合性的控制框架，从对打击和惩罚的迷恋转向预防与惩治并重，从单纯的控制腐败犯罪回归于法治理念的指引，从一国视角下的反腐变迁为全球视角下的国际合作反腐"。

唐保银的《贪污罪论》（吉林大学 2006 年博士学位论文）"对古今中外涉关贪污罪之立法进行分析和比较，并对该罪的犯罪构成及其存在的问题进行论证，从中明晰缺陷，完善不足。主要观点包括：

在贪污罪共犯形态中，笔者提出了'间接故意与直接故意并合型共犯'的构想；对贪污罪行为手段及罪数形态问题，笔者均提出了自己的见解，如认为：（1）贪污'侵吞'手段为作为而非不作为；（2）贪污罪除连续犯外没有'罪数'问题；（3）贪污罪名不科学，有悖词义和国际通行立法例；（4）贪污罪状欠简洁，难以理解和操作；（5）以所有制性质界定的贪污犯罪对象已不能适应现代企业制度下之独立财产现状，亟待完善等。在比较、论证、归纳的基础上，笔者建议取消贪污罪，将其吸收合并于职务侵占罪，并提出废除死刑、限制无期徒刑、简化法定刑幅度、扩大财产刑的适用以及强化非刑罚之财产追偿的立法完善构想"。

匡科的《反腐败刑事司法制度改革研究》（四川大学 2005 年博士学位论文）系统研究了我国反腐败刑事司法制度改革的设想，文章以司法能力建设为中心展开论述。第一部分提出将政治体制、司法体制和反腐败刑事司法制度作为统一的大系统进行研究的理论模式，有关反腐败的司法改革应在这一系统中综合协调进行，由于反腐败刑事司法制度本身具有特殊性和相对独立性，因此也可能先行单独改革。不过这种改革仍应注意协调性，可通过调整结构和优化功能实现，调整结构是为增强协调性，为功能发挥创造良好环境，功能优化是在结构既定的基础上，通过增加职能、创新机制、发挥潜能实现。

龚敏的《早期斯图亚特英国贵族官员腐败原因初探》（武汉大学 2005 年博士学位论文）指出："斯图亚特早期是英国历史上社会腐败现象较为突出的时期，而腐败现象又主要体现在社会政治领域、经济领域和海军的经营过程中。在社会政治领域中，上层贵族和官员拥有对官职和爵位的提名权，从而导致了上层贵族和官员因增设爵位、任命官员而收受贿赂、结党营私等腐败行为；中下层官员在征收中央和地方的税费的过程中的挪用、贪污行为，地方司法过程中的乱收费和司法不公的行为等，在这一方面，尤以当时英国地方政府最有影响的治安法官为甚。在经济领域，王室政府大量地出售包税权以及专利和专营垄断权，其中最为关键的是这些权力大都是由大贵族和高级官员所控制，通过拍卖、招标、出售和转让等方式，最终到达相应的经营实体的手中。在这一过程中，出现了大贵族和高级官员或直接转卖，或受贿和变相受贿，或敲诈勒索等腐败行径。在经营海军的过程中，腐败现象极为普遍。海军大臣及下属官员可以说是肆无忌惮，其行为表现为以下各方面：军备物质的采买过程中的收受回扣或在自己或亲属的公司中采买并以次充好；虚报官兵数目及日常开支；私分战利品；勾结、保护走私；收取航线保护费等。"

何承斌的《贪污犯罪比较研究》（西南政法大学 2004 年博士学位论文）指出："贪污犯罪对一个国家的政治、经济制度和社会机体的危害是不言而喻的。世界上不存在没有腐败的国家，也没有任何国家不反腐败。随着经济全球化进程的加快，贪污犯罪越来越呈现出有组织、跨国化趋势。许多国家都日益感到必须把全球各国的力量普遍调动起来，加强国际合作，才能有效地预防和打击腐败。因此，在联合国框架下制定一部全球性的反腐败法律文件，已是世界各国的共同愿望。《联合国反腐败公约》正是在这一背景下应运而生。我国政府已于 2003 年 12 月 10 日签署了该《公约》。随着《公约》的签署，我们目前面对的问题是，必须抓紧时间完善相关法律制度，积极做好法律和实践两个层面的应对性研究。这不仅意味着我国将在反腐败立法上与国际社会的立法价值接轨，同时也是我国必须履行的国际义务。目前，我国的贪污、受贿、挪用公款等贪污犯罪的立法与国际社会和国外一些先进国家的立法相比，与我国的司法实践的需要相比，还存在着相当大的缺陷和不足，这一现状与我国反腐败的战略需要和人民群众反腐败的强烈期盼以及开展反腐败的国际合作都是不相适应的。"

刘鹏的《结构性腐败论纲》（东北师范大学 2002 年博士学位论文）指出："在市场取向的改革进程中，中国的腐败问题在传统意识形态及制度结构的路径依赖下呈现出转型期的独特特征，其危害之严重已经引起政界、学界和民间的高度关注。"该文"由引言、正文、余论三部分组成。引言扼要地介绍了本文的思路、结构、研究方法、创新等方面的内容。正文分为五章，即：腐败问题及其背景的一般性分析（第3—37页）；我国现时期结构性腐败行为的表征及危害（第38—60页）；形成结构性腐败的因素分析（第61—76页）；一脉相承的马克思主义反腐思想与新时期的实践，在反腐败过程中应遵循的原则及设置的多样化控制形式（第 77—108 页）；用常识理性系统地嬗蜕结构以遏制腐败（第 109—166 页）"。

国家科技成果数据库只收录了 1 篇关于社会腐败问题研究的文章，其他是关于实物腐败问题的研究科研成果。即李春荣、张放陶等的《科技行政管理系统构建惩治和预防腐败体系研究》（山西省科学技术厅等，2007）"分析了在科技管理部门构建教育、制度、监督并重的惩治和预防腐败体系的现实意义，提出了科技行政管理系统构建惩防腐败体系的若干对策建议。科技行政管理系统通过完善宣教格局，构建制度体系，加强全面监督，完善惩处机制，建立健全廉政激励机制和测评预警机制，建立和完善廉政责任机制，充分发挥派驻机构的组织协调作用，逐步建立起五个机制，即不愿腐败的教育自律机制、不能腐败的制度防范机制、不易腐败的监督制约机制、不敢腐败的惩处机制、不需腐败的保障激励机制"。

中国专利数据库没有关于社会腐败问题研究的专利。国外标准数据库也只有 2 篇（相同内容，不同载体）是关于社会腐败问题的标准，即英国标准学会（BSI）颁布的 "伦理观和反贪污"（Ethics and anti-corruption video set，2004-05-01），但已经作废。德国 SPRINGER 公司期刊数据库收录的是 "腐败" 一词的英文扩展检索的文献。

二、文献发表年度分析

这些文章发表的年度分布见表 2、表 3、表 4。

表 2　2000—2008 年关于腐败问题的文章发表情况

年度	2000	2001	2002	2003	2004	2005	2006	2007	2008
数量	1 092	1 471	1 304	1 333	1 498	1 692	2 591	2 774	1 917

表 3　1991—1999 年关于腐败问题的文章发表情况

年度	1990	1991	1992	1993	1994	1995	1996	1997	1998	1999
数量	97	83	63	276	871	730	652	607	794	867

表 4　1965—1989 年关于腐败问题的文章发表情况

年度	1965	1978	1980	1981	1983	1984	1985	1986	1987	1988	1989
数量	3	3	8	6	7	4	16	14	5	42	119

由上可以看出，关于腐败问题的文章逐年增多。其中，1965 年、1978 年、1980 年、1983 年、1984 年这几年的文章都是关于实物腐败问题的，没有关于社会腐败问题的文章，1981 年、1985 年、1986 年、1987 年、1988 年这几年中也只有少数是关于社会腐败的文章。事实上 1981 年、1985 年的文章不是论述现实社会腐败问题的文章，而是历史文章[6]，而 1986 年的几篇文章才是论述当代社会腐败问题的最早文章。其中《清除一切腐败现象》[7]对 "腐败" 做了界定："党政机关滥用外汇争相购买更换豪华汽车、滥派人员出国、挥霍公款到处旅游、铺张浪费、请客送礼、接受贿赂、以权经商等，都是腐败现象。除了这些以外，那种严重的官僚主义、渎职行为；那种任人唯亲、排斥异己；那种对犯罪亲属、部下的包庇，把一己的私情私利置于党纪国法之上；那种背弃为人民服务的宗旨，利用职权牟取私利；还有贪污盗窃、投机倒把，等等，也都是腐败现象。" 1988 年的文章《现代化过程中的腐败现象及其治理对策》[8]是收录最早的直接论述腐败治理的学术论文，该文论述道："腐败，意指公职人员利用职权之便牟取私利的行为。腐败现象在每一个社会、每一个国家内都可能存在，但在不同的国家及社会里其规模和程度不尽相同；在同一社会的历史中一些时期和另一些时期也有所不同。" 该文还论述道："产生腐败现象的原

因的有三：首先，现代化进程中的社会结构变迁是产生腐败现象的重要基础；其次，新旧体制并存是目前腐败现象滋生蔓延的温床；再次，现代化的推进，冲破了原有的价值观念，新的价值观念尚未建立，人们的社会行为缺少规范化的价值标准。腐败现象的危害也有三：第一，腐败现象严重地削弱公民对政府的信任；第二，阻碍改革的进行，不利于经济、政治发展；第三，不利于价值观念更新和价值观念重建。治理腐败现象的对策是：第一，进一步改变权力过分集中的现象，实现权力的制约；第二，改革政治体制结构，拓宽大众与政治生活的渠道；第三，改善并加强监督机制；第四，建设新的价值观念体系。事实上这些论述，现在还有重要的启发意义。"

三、研究成果资助分析

这些文章中有 136 篇得到 28 类科研基金的资助，是科研立项项目的成果，具体分布见表 5。

表 5　这些文章的资助情况

序号	资助项目类别	数量（篇）
1	国家社会科学基金	59
2	国家自然科学基金	16
3	国家科技攻关计划	10
4	湖南省社会科学基金	7
5	农业部"948"项目	5
6	湖南省教委科研基金	4
7	广东省自然科学基金	3
8	国家高技术研究发展计划（"863"计划）	3
9	长江学者奖励计划	2
10	中国博士后科学基金	2
11	国防科技技术预先研究基金	2
12	河南省科技攻关计划	2
13	山西省科技攻关计划	2
14	河北省自然科学基金	2
15	黑龙江省社会科学基金	2
16	上海市重点学科建设基金	2
17	云南省自然科学基金	2
18	国际原子能机构基金	1
19	国家重点基础研究发展计划（"973"计划）	1
20	广东省科技攻关计划	1
21	天津市科技攻关计划	1
22	云南省科技攻关计划	1
23	江苏省软科学研究计划	1
24	重庆市自然科学基金	1
25	福建省自然科学基金	1

续表 5

序号	资助项目类别	数量（篇）
26	霍英东教育基金	1
27	教育部科学技术研究项目	1
28	全国教育科学规划	1
	合计	136

在这些成果中，福建省自然科学基金、重庆市自然科学基金、云南省科技攻关计划、天津市科技攻关计划、广东省科技攻关计划、国家重点基础研究发展计划（"973"计划）、国际原子能机构基金、云南省自然科学基金、河北省自然科学基金、山西省科技攻关计划、河南省科技攻关计划、国防科技技术预先研究基金、长江学者奖励计划、国家高技术研究发展计划（"863"计划）、农业部"948"项目、国家科技攻关计划等资助的项目成果都是关于实物腐败问题的，与社会腐败问题没有关系。

在 59 篇国家社会科学基金资助的成果中，都是关于社会腐败问题的研究。这些项目名称有：《完善执政党反腐败动力机制研究》（07BDJ30）、《中国反腐败国际合作的理论与实务问题研究》（07BFX076）、《构建警示训诫防线与提高执政能力治党水平研究》（06BDJ036）、《有效惩治和预防腐败的体制、机制及制度问题研究》（06&ZD040）等，收录的最早年限是 1998 年。[9]

16 篇国家自然科学基金资助成果中有 11 篇是关于社会腐败问题研究的。项目名称包括：《政府决策的机会成本问题实证研究》（70573054）、《转型时期民营企业组织形式与治理结构的研究》（70272017）、《政府管理活动中的风险成本问题实证研究》（70373057）等。

可见，我国不论社会科学界还是科学技术界都关注社会腐败问题的研究。

四、文献出版来源分析

我国有一些报刊主要长期关注或发表有关腐败问题研究的文章，这些报刊主要包括在表 6 中。

表 6　文献出版来源情况

序号	出版期刊	数量（篇）
1	《中国监察》	486
2	《中国纪检监察报》	360
3	《检察日报》	286
4	《人民日报》	264
5	《党风通讯》	213
6	《正气》	194
7	《党风与廉政》	173
8	《新华每日电讯》	165
9	《法制日报》	156
10	《检察风云》	152
11	《先锋队》	137
12	《四川监察》	137
13	《廉政瞭望》	120

续表6

序号	出版期刊	数量（篇）
14	《政府法制》	116
15	《瞭望》	106
16	《中国改革报》	100
17	《领导科学》	89
18	《中国党政干部论坛》	85
19	《中国思想政治工作年鉴》	82
20	《肇庆年鉴》	82
21	《理论前沿》	81
22	《党政干部学刊》	80
23	《党的建设》	78
24	《求实》	74
25	《党建》	73
26	《领导决策信息》	67
27	《人民论坛》	66
28	《前线》	65
29	《社科信息文荟》	65
30	《党政论坛》	63
合计		4 215

以上报刊所发表的文章都是关于社会腐败问题的。这些报刊中《中国监察》是中央纪委、监察部主管的唯一一份中央级面向国内外公开发行的机关刊，是全国党风廉政建设和反腐败工作的综合指导性期刊；《中国纪检监察报》是中共中央纪律检查委员会、中华人民共和国监察部机关报，是全国唯一一份以党风廉政建设和反腐败斗争为中心报道内容的党报，是反腐败舆论宣传的主渠道。这30种报刊发表的文章占了 CNKI 收录的所有关于社会腐败问题研究文章的 30% 以上。

五、作者单位分析

近些年，在一些高校和科研单位形成了研究社会腐败问题的研究团体，这些团体成员集中针对我国当前社会腐败问题展开了长期、系统而深入的关注，排名前30位的单位如表7，发表的文章达 1 682 篇，几乎占所有这些论文的 7%，占了 CNKI 收录的所有关于社会腐败问题研究文章的 15%。

表7 单位发文情况

序号	作者单位	发文数量（篇）
1	中共中央纪律检查委员会	144
2	中共中央党校	113
3	中国人民大学	92
4	武汉大学	87
5	清华大学	82

序号	作者单位	发文数量（篇）
6	中国政法大学	71
7	北京大学	65
8	南京大学	63
9	吉林大学	62
10	新华通讯社	59
11	华中师范大学	58
12	北京师范大学	57
13	苏州大学	54
14	湖南师范大学	50
15	湖南大学	49
16	福建师范大学	48
17	复旦大学	47
18	郑州大学	46
19	南京师范大学	44
20	山东大学	39
21	中共山西省委党校	38
22	中南财经政法大学	38
23	华中科技大学	36
24	四川大学	36
25	浙江大学	35
26	厦门大学	35
27	中共河南省委党校	34
28	河南大学	34
29	中共广东省委党校	33
30	中共湖南省委党校	33
合计		1 682

六、作者分析

我国有些长期研究社会腐败问题的学者，这些学者主要集中在表 8 中。

表 8　作者单位分布情况

作　者	单　位	发文数量（篇）
王传利	清华大学	25
何增科	中共中央编译局	19
邵道生	中国社会科学院社会学研究所	13
任建明	清华大学	13

续表 8

作　者	单　位	发文数量（篇）
倪　星	武汉大学	11
郭学德	中共河南省委党校	11
蔡雪冰	湖南师范大学	10
胡鞍钢	中国科学院清华大学国情研究中心	10
李抒望	中共山东省临沂市委党校	10
吴高庆	浙江工商大学	10
过　勇	清华大学	9
孙载夫	中共湖南省委	9
侯宗宾	中共中央纪律检查委员会	8
孟德学	黑龙江省大庆市纪律检查委员会	8
刘　超	广州市刑事科学技术研究所	8
李雪勤	中共中央纪律检查委员会	8
曹佳生	扬州市职业大学	7
张春水	中国公安部物证鉴定中心	7
汪松明	南通师范学院	7
姬金铎	中国青年政治学院	7
刘　宁	中国矿业大学	6
陈国权	浙江大学	6
白燕平	中国公安部物证鉴定中心	6
顾国贤	江南学院	6
周　实	东北大学	6
刘克林	中国公安部物证鉴定中心	6
陶学禹	中国矿业大学	6
周淑光	中国公安部物证鉴定中心	6
沈荣法	中共江苏省苏州市委	6

　　由表 8 可以看出，发表文章最多的是清华大学人文学院的王传利副教授。王传利，1967 年 8 月生，山东省济宁市人，1990 年毕业于山东省聊城大学获法学学士学位，1999 年获法学硕士学位，2003 年获清华大学法学博士学位。在《政治学研究》、《马克思主义研究》、《人民日报》、《高校理论战线》等报刊发表论文 90 余篇；出版有《给腐败号脉——新中国腐败频度与控制强度相关性分析》、《文明帝国的罪恶》等著作。

　　其次是何增科教授。何增科，1965 年出生，河南省灵宝市人，政治学博士、研究员，中共中央编译局当代马克思主义研究所所长，中国政治学会理事，北京大学中国政府创新研究中心副主任，清华大学廉政研究中心兼职研究员，中央马克思主义基本理论研究与建设工程子课题首席专家。主要研究领域为：当代中国政治、腐败与反腐败、公民社会与第三部门、基层民主与地方治理。主要著作包括《政治之癌——发展中国家腐化问题研究》（中央编译出版社 1995 年 3 月版）、《反腐新路——中国转型期的腐败问题研究》（中央编译出版社 2002 年 5 月版）等。

　　再次是邵道生教授和任建明教授。邵道生，男，江苏省无锡市人，1942 年 5 月 8 日生，我国著名反腐败研究专家，研究员。1965 年 9 月—1981 年 11 月在中国科学院心理所工作，1981 年 12 月调入中国社会科学院青少年研究所，后并入社会学所至今，曾任职：中国社会科学院青少年研究所青少年犯罪研究室主任，中国社会科学院社会学所社会心理研究室副主任，专攻国民心态和社会问题。兼职：最高人民检察院专家咨询委员会委员。专著、合著、译著有60余部，代表作有：《中国青少年犯罪的社会学思考》、《中国青少年犯罪学》、《青少年犯罪心理学》、《罪犯改造心理学》、《儿童的心理与教育》、《中国社会的困惑》、《学会生存》、《中国青年社会发展的现状与对策》、《新状态：当代城市青年报告》、《中国青年社会发展的现状与对策》、《九十九种中国人的性格》、《国患——当代中国腐败现象反思录》、《现代化的精神陷阱——嬗变中的国民心态》等。任建明，清华大学公共管理学院廉政与治理研究中心副主任、副研究员，北京市纪检监察学会副会长，曾就读于清华大学，获工学学士学位和工学硕士学位，公共管理研究生班结业，清华大学经济管理学院人力资源方向博士在读。

七、被引频次分析

这些论文被引频次排名前50位的文章见表9。

表9 论文被引频次分析

排序	题 名	作 者	文献来源	发表时间	被引频次	下载频次
1	《经济学家樊纲谈腐败的经济学原理》		《领导决策信息》	2000-03-01	232	88
2	《行政垄断、寻租与腐败——转型经济的腐败机理分析》	过勇、胡鞍钢	《经济社会体制比较》	2003-03-25	99	1 452
3	《金融腐败：非规范融资行为的交易特征和体制动因》	谢平、陆磊	《经济研究》	2003-06-05	87	434
4	《实行司法独立与遏制司法腐败》	郭道晖	《法律科学：西北政法学院学报》	1999-01-10	71	266
5	《腐败的经济学分析》	盛宇明	《经济研究》	2000-05-05	67	430
6	《制度反腐败论》	刘守芬、许道敏	《北京大学学报（哲学社会科学版）》	2000-01-20	59	828
7	《公务员腐败成本——收益的经济学分析》	胡鞍钢、过勇	《经济社会体制比较》	2002-07-25	57	454
8	《转型期防治腐败的综合战略与制度设计》	胡鞍钢、过勇	《管理世界》	2001-12-15	54	702
9	《利益共同体的胁迫与共谋行为：论金融监管腐败的一般特征与部门特征》	谢平、陆磊	《金融研究》	2003-07-30	52	385
10	《权力腐败的法律制约》	刘金国	《中国法学》	2000-02-09	51	496
11	《关于腐败的经济学分析》	汪丁丁	《战略与管理》	2000-12-05	49	346
12	《腐败成因的经济理性与预期效用的论析》	郑利平	《中国社会科学》	2001-01-10	44	270
13	《腐败与社会不公——中国90年代后半期腐败经济损失的初步估计与分析》	胡鞍钢	《江苏社会科学》	2001-05-25	42	130
14	《公共权力腐败行为的经济学分析及其政策导向》	李怀	《经济研究》	1996-09-05	41	328
15	《论司法腐败的制度性防治》	徐显明、齐延平	《法学》	1998-08-10	41	320
16	《1990年至1999年中国社会的腐败频度分析》	王传利	《政治学研究》	2001-03-30	37	137
17	《中国转型期腐败和反腐败问题研究》（上篇）	何增科	《经济社会体制比较》	2003-01-25	36	391

续表9

排序	题　名	作　者	文献来源	发表时间	被引频次	下载频次
18	《委托—代理关系中腐败的经济学分析》	张东辉	《经济问题》	2002-01-28	36	292
19	《以制度创新根治腐败》	胡鞍钢、康晓光	《改革与理论》	1994-06-15	33	194
20	《〈联合国反腐败公约〉的实施与我国反贿赂犯罪法的完善》	范红旗、邵沙平	《法学杂志》	2004-09-15	31	994
21	《中国腐败现状的测量与腐败后果的估算》	倪星、王立京	《江汉论坛》	2003-10-15	30	302
22	《中国腐败的治理》	吴敬琏	《战略与管理》	2003-04-05	28	336
23	《腐败问题的博弈分析》	安立仁、赵文华、席西民	《系统工程理论与实践》	1999-09-25	28	266
24	《〈联合国反腐败公约〉述评》	杨宇冠	《人民检察》	2004-04-08	27	291
25	《关于我国刑事法治与〈联合国反腐败公约〉协调的几点初步探讨》	赵秉志	《法学杂志》	2005-01-15	27	1 122
26	《洗钱的法律控制与反腐败的若干思考》	邵沙平	《法学评论》	1999-09-15	26	201
27	《关于腐败的文化分析》	马庆钰	《中国人民大学学报》	2002-11-16	26	225
28	《〈联合国反腐败公约〉与我国贿赂犯罪之立法完善》	王作富、但未丽	《法学杂志》	2005-07-15	25	1 092
29	《"代建制"是促进市场配置资源、抑制腐败的有效途径》	于蒙、李南	《南京航空航天大学学报（社会科学版）》	2004-09-30	23	236
30	《学术腐败、学术规范与学术伦理——关于高校学术道德建设的若干问题》	杨玉圣	《社会科学论坛》	2002-06-10	23	267
31	《腐败问题的三方决策模型——委托人、代理人与寻租者的行为分析及反腐败政策建议》	阳穆哲	《经济科学》	2001-10-30	23	251
32	《转轨国家的政府干预、腐败与政府被控——转型国家中企业与政府交易关系研究》	乔尔·赫尔曼、马克·施克曼、王新颖	《经济社会体制比较》	2002-09-25	23	260
33	《中国金融腐败指数：方法论与设计》	谢平、陆磊	《金融研究》	2003-08-30	22	347
34	《集体腐败的博弈分析》	傅江景	《经济研究》	2000-12-05	22	287
35	《中国90年代后半期腐败造成的经济损失》	胡鞍钢	《国际经济评论》	2001-06-15	22	268
36	《公共权力腐败的经济学分析》	王满仓、张小娟	《当代经济科学》	1999-11-15	21	252
37	《腐败行为的政治经济学分析》	邹薇	《武汉大学学报（人文社会科学版）》	2000-01-23	21	116
38	《法人治理结构缺损与体制性腐败：农村信用社案件研究》	拉孜克·买买提、张玉民	《金融研究》	2002-06-30	21	110
39	《管理腐败与公司治理》	项兵	《改革》	1997-08-30	21	54
40	《〈联合国反腐败公约〉及其对我国反腐败法律机制的影响》	皮勇	《法学杂志》	2004-01-15	20	292
41	《试论教育腐败》	杨东平	《北京大学教育评论》	2003-04-10	20	309
42	《〈联合国反腐败公约〉资产追回机制与我国刑事诉讼法的完善》	杨宇冠、吴小军	《当代法学》	2005-03-15	20	330
43	《"腐败排行榜"与中国反腐败》	吴丕	《北京大学学报（哲学社会科学版）》	2000-05-20	20	404

排序	题　　名	作　者	文献来源	发表时间	被引频次	下载频次
44	《腐败的成因：委托代理分析》	郑利平	《经济学动态》	2000-11-18	19	65
45	《中国转型期的腐败与反腐败问题研究： 一种制度分析》	何增科	《马克思主义与 现实》	1999-10-15	19	151
46	《资源配置和产出效应：金融腐败的 宏观经济成本》	谢平、陆磊	《经济研究》	2003-11-05	18	357
47	《〈联合国反腐败公约〉与中国刑事法 之完善》	陈学权	《法学》	2004-04-10	18	356
48	《介绍贿赂罪与行贿、受贿共犯界限之 分析——由浙江腐败"名托"被判刑 所引发的思考》	朱铁军	《中国刑事法杂志》	2003-02-01	18	149
49	《论政务公开在反腐败斗争中的作用 及其实现机制》	张庆福、苗连营	《政治学研究》	1999-09-30	18	116
50	《腐败造成了多少经济损失》	胡鞍钢	《中国改革》	2002-05-13	18	109
51	《官僚体制中的契约与激励机制—— 对转轨经济中官员腐败的一个新解释》	张延人、顾江	《经济研究》	2001-10-05	18	306
52	《腐败：中国最大的社会污染》	胡鞍钢	《中国改革》	2001-04-13	18	91
53	《论寻租腐败》	倪星	《政治学研究》	1997-12-30	18	247

这些被引文章中，胡鞍钢教授是最活跃的作者，他的文章在表 9 中就有 8 篇[10]。而樊纲教授的一个谈话[11]被引达 232 次，这篇文章被中国期刊全文数据库引用 81 次，被北京中国优秀硕士学位论文全文数据库引用 109 条，被中国博士学位论文全文数据库引用 40 条，被北京中国重要会议论文全文数据库引用 2 次。樊纲教授在该讲话中说道：

腐败的原因从根本上说不全在于当事人品德的好坏、水平的高低，而在于规定着人们行为方式的那一系列体制。所谓"腐败"，可以有一个最简单的定义，就是"利用公权谋私利"。若是利用"公权"谋公利，那是理所应当的，公权本身就是为了公利而设计出来的；若是以"私权"谋私利，不说是天经地义，也是合理合法的；若是以私权谋公利，通常称为"大公无私"，经济学上称为"利他主义"，需要提倡，但没有也不成大的问题；只有以公权谋私利这件事，是人们深恶痛绝的腐败，是属于要加以反对、"严打"的行为……反腐败也是有收益的，直接的收益是收回了"赃款赃物"，间接的收益首先是有利于消除"民愤"，从而有利于社会稳定并因此而使经济得以更快地增长。不过就个别案例而言，反腐败斗争的成本与收益往往不成比例；受贿 100 元的案子与受贿 100 万元的案子，可能要花同样的调查费用，要动用同样多的监察人员。这至少可以解释为什么在腐败现象很普遍的情况下，人们一般只是先抓"大案要案"，或者只能"够级别"的事才能"立案侦查"。反腐败行为的另一间接收益是它的"杀一儆百"效应。给定一个社会、一定时期、一定条件下腐败的"普遍程度"，多惩治一个腐败，便增大了一点人们预期的"被抓住的可能性"，从而使一些人"不敢"去腐败。这是因为，对于搞腐败的人来说，也有一个成本与收益的问题。搞腐败的收益自然就是贪污、受贿、收"好处费"等等以公权谋私利行为中所占的各种便宜，而"腐败的成本"则由以下两方面的因素所决定：第一，是被抓住后所受的处罚。……第二，就是防腐败、反腐败制度的严肃程度。……可见，在防腐败的问题上，腐败行为被抓住的可能性是十分必要的一个因素。……要想把我们经济社会中的"以公权谋私利"这种腐败现象减少到最低程度，更要进行体制改革，还是在于"减少公权的数目"，缩小政府的规模，减少花公家钱、"玩"国有资产的机会，把更多的钱交还给个人与市场去做。就我们的情况而言，清除腐败，根本的办法不是"严打"，也不是宣传教育（不是说这些完全不起作用），而是改一改体制。在多数人还"有私心"的现实条件下，消除"以公权谋私利"现象的根本办法，不是否定那个"私利"，也不是费劲巴拉地不使人们去"谋"私利，而是尽可能地减少那个"公权"，以此来达到减少以至消除种种"以公权谋私利"行为的目的。一个经济社会中以私权谋私利（前提是"私权"起作用的事情多些）构成问题的不在于以公权谋私利，而从逻辑上说，以私权谋私利的事越多，以公权谋私利的事儿就会越少，那些少量存在的公权也越容易受到有效的监督。

八、主要腐败治理理论综述

（一）从腐败产生根源上治理腐败

关于腐败产生的根源，理论界大致有以下几种主要观点：①剥削根源论：腐败现象根源于社会上所存在的残缺的剥削制度、剥削阶级、剥削思想；②体制转型根源论：计划经济体制向市场经济体制转变过程中社会失序导致腐败泛滥；③权力异化根源论：社会主义国家同样存在着的公共权力所有权与行使权相分离状况使权力异化仍不可免；④思想观念根源论：腐败根源于思想蜕化变质；⑤需求驱动根源论：腐败是掌权者利益需求与利益实现手段之间矛盾运动的产物；⑥综合根源论：权力失控，利益关系混乱，转型时期社会震荡，消极的文化诱导，主体价值观念偏误。[12]

如何治理腐败，有很多理论与方法，我国比较注重从源头治理腐败，这一方面的论述不少。[13]事实上，我国国家领导人毛泽东、邓小平、江泽民的治理腐败的理论主要是主张从源头来预防、控制和根治腐败，提出反腐败斗争必须坚持标本兼治，教育是基础，法制是保证，监督是关键，通过深化改革，不断铲除腐败现象滋生蔓延的土壤，揭示了新形势下反腐败斗争的特点和规律，指明了当前和今后相当长时期里反腐败斗争必须坚持和遵循的基本原则。抓基础，进行思想教育，筑起反腐败的第一道防线；抓保障，实行依法治国，建立可靠的反腐败法律制度；抓关键，强化制约监督，铲除滋生腐败的土壤和条件；抓改革，立足体制创新，开辟反腐倡廉的有效途径。这四个方面既紧密联系又相互作用，形成了从源头上预防和治理腐败的完整的理论体系。

（二）从经济利益上来治理腐败

上面说到的樊纲教授等，就主张用经济利益来治理腐败。他们认为，"腐败"的一个支撑点就是"经济利益"，如果没有了"经济利益"（也就是物质利益）做支撑，腐败也缺少了大部分的生成空间。很难说，有人为了纯粹的精神利益去搞腐败，即使表面上为了荣誉、地位、身份等精神层面的东西去搞腐败，但最终的落脚点还是为了在经济上获取利益。从物质利益、经济利益上，给予"腐败"行为以绝对致命的制裁，也许不失为打击或治理腐败的一个重要方法。

（三）从文化上来治理腐败

从文化的角度来审视腐败问题的论述也很多[14]，其中"关于腐败的文化分析"影响较大，该文论述道：在制度和道德视角之外再通过文化视角来探究中国的权力腐败现象是相当有用的一种方法。相对于国家法规等正式规则而言被称为"潜规则"的中国人情传统，对于权力腐败的影响也是不可小视的，它生长于中国宗法族制的悠久历史和人情大国的深厚土壤；亲情重于理法是其基本价值定位；以情谋私是其主要功利目的；血缘、乡缘、学缘、业缘四个圈子是其畅行其道的基本依托；人情开道、旁门左道是其基本交往方式；由腐败走向制度失灵是其不可避免的结果。

参考文献：

[1] 柳门. 腐败不堪的伊朗政权 [J]. 世界知识，1960（18）.

[2] 严海容. 析一种"机关病"——腐败对策 [J]. 社会，1986（6）；信言. 清除腐败现象永葆政治生命之青春 [J]. 党政论坛，1986（4）；吴晓. 清除腐败现象 [J]. 新闻实践，1986（3）；本刊评论员. 清除一切腐败现象 [J]. 前线，1986（4）；吴晓. 清除腐败现象 [J]. 新闻战线，1986（3）.

[3] 兰才基. 政府采购上网亮相——阿根廷反腐败新举措 [N]. 人民日报，2000-05-12.

[4] 8月 清廷因东三省吏治腐败屡被参劾，电令徐世昌从速整顿 [Z]. 中国二十世纪通鉴，1920-01-01；10月 云南学生上书揭发滇省学务军政腐败废弛 [Z]. 中国二十世纪通鉴，1920-01-01.

[5] 崇义县人民政府. 查处干部违纪案件，惩治腐败 [Z]. 崇义年鉴，1989-01-01；中共樟树市委关于增强党性保持廉洁反对腐败的规定 [Z]. 樟树年鉴，1989-01-01；中共四川省交通厅党组关于厅和各行政管理局机关保持廉洁、防止腐败的八条规定 [Z]. 四川交通年鉴，1989-01-01；蒋小青. 行政监察. 严肃查处案件，遏制腐败行为 [Z]. 玄武年鉴，1989-01-01；杨树屏. 查处违纪案件，清除腐败现象 [Z]. 浏阳年鉴，1989-01-01；李建军. 大围山区. 召开反腐败斗争动员员大会 [Z]. 浏阳年鉴，1989-01-01.

[6] 黄志洪，丁志安. 从鲁迅祖父周福清狱案看清季试差的腐败 [J]. 绍兴文理学院学报（社会科学版），1981（1）；曾唯一. 朱元璋的集权与明中后期的政治腐败 [J]. 四川师范大学学报（社会科学版），1985（3）.

[7] 本刊评论员. 清除一切腐败现象 [J]. 前线，1986（4）.

[8] 王宗礼. 现代化过程中的腐败现象及其治理对策 [J]. 社会科学，1988（12）.

[9] 陈瑞玲，周知民. 金融危机与腐败现象透析 [J]. 农金纵横，1998（3）.

[10] 过勇，胡鞍钢. 行政垄断、寻租与腐败——转型经济的腐败机理分析 [J]. 经济社会体制比较，2003（2）；胡鞍钢，过勇. 公务员腐败成本——收益的经济学分析 [J]. 经济社会体制比较，2002（4）；胡鞍钢，过勇. 转型期防治腐败的综合战略与制度设计 [J]. 管理世界，2001（6）；胡鞍钢. 腐败与社会不公——中国90年代后半期腐败经济损失的初步估计与分析 [J]. 江苏社会科学，2001（3）；胡鞍钢，康晓光. 以制度创新根治腐败 [J]. 改革与理论，1994（3）；胡鞍钢. 中国90年代后半期腐败造成的经济损失 [J]. 国际经济评论，2001（Z3）；胡鞍钢. 腐败造成了多少经济损失 [J]. 中国改革，2002（5）；胡鞍钢. 腐败：中国最大的社会污染 [J]. 中国改革，2001（4）.

[11] 经济学家樊纲谈腐败的经济学原理 [J]. 领导决策信息，2000（9）.

[12] 李月军. 当前腐败根源研究观点综述 [J]. 西安政治学院学报，1999（2）.

[13] 贾同跃. 党的第三代领导集体源头治理腐败理论的创新意义 [J]. 广西青年干部学院学报，2004（5）；朱兴有，冯峦. 邓小平治理腐败理论研究 [J]. 特区理论与实践，1999（11）；黄建水. 江泽民同志关于从源头上预防和治理腐败的理论体系研究 [J]. 河南大学学报（社会科学版），2002（5）；薛引娥. 关于从源头上治理腐败的理论思考 [J]. 理论导刊，2002（2）；从源头上预防和治理腐败理论研讨会 [Z]. 安徽社会科学年鉴，2001-01-01；尹健. "从源头上预防和治理腐败"理论研讨会在京召开 [N]. 中国纪检监察报，2006-01-14；王海粟. 邓小平治理腐败的理论研究 [A]. 北京市社会科学界联合会. "邓小平理论与21世纪中国"理论研讨会论文集 [C]. 北京市社会科学界联合会，2000：12.

[14] 马庆钰. 关于腐败的文化分析 [J]. 中国人民大学学报，2002（6）；童中贤. 关于腐败问题的文化思考 [J]. 探索，2002（4）；张娟. 腐败、反腐败与传统政治文化 [J]. 前沿，2006（10）；张丽云. 论反腐败的文化难点及对策 [J]. 山东省农业管理干部学院学报，2002（2）；王同起. 试论腐败产生的文化根源 [J]. 学习论坛，2006（9）；李延文. 对腐败问题的文化学分析 [J]. 黄河科技大学学报，2005（3）；费英秋. 腐的文化基因 [J]. 瞭望，2005（22）；陈寅生. 论腐败的政治文化根源 [J]. 岭南学刊，2002（4）.

关于农村教师工资问题的研究

刘邦凡[①]

摘要: 从事农村义务教育的教师的工资问题,是一个值得关注的主题。我们从文献中可以明确地看出,解决农村教师工资问题的关键不是没有制度安排,而是各级政府缺乏贯彻制度的诚意与决心;在一段时间内,农村教师工资问题将依然存在,不从根本上解决农村教师的工资问题,农村义务教育教学质量难以得到稳定持续的保障。

关键词: 农村教师　工资　义务教育

一、文献索引与分析

本文的农村教师,主要是指在农村从事义务教育的教师及教育管理工作者,可以为公办幼儿园教师、小学教师、初中教师。农村教师工资问题主要是指:农村教师工资拖欠,或不能按时得到足额发放,或太低,或缺乏相应配套的福利待遇,等等。

改革开放以来,农村教师工资问题一直备受关注,成为制约农村教育发展的一个重要因素。进入21世纪以来,我国农村教师工资问题也没有得到根本的解决,一直受到各方面的关注。以 CNKI 为文献索引源,关注这一问题的文献的大致分布情况如下。

(一)期刊杂志方面

发表题名"农村教师工资"文章的期刊杂志有20种(截止到2013-09-11):《上海教育科研》、《瞭望新闻周刊》、《中国发展观察》、《现代教育管理》、《工友》、《江苏教育》、《预算管理与会计》、《继续教育研究》、《教育发展研究》、《人民政坛》、《教育财会研究》、《教育理论与实践》、《山东教育》、《经济论坛》、《教师博览》、《教育与经济》、《沈阳师范大学学报(社会科学版)》、《教师》、《决策》、《福建人大月刊》。这些期刊主要是教育类和经济类期刊,而且只有《上海教育科研》、《瞭望新闻周刊》发表过2篇有关农村教师工资问题的文章,这20种期刊共发此类文章22篇,这些文章按时间分布是:1994年1篇、2001年5篇、2002年4篇、2003年1篇、2004年3篇、2007年2篇,2008年1篇、2009年1篇、2010年3篇、2012年1篇。

(二)报　　纸

发表关于农村教师工资问题文章的报纸有44种:《安徽日报》、《长春日报》、《城市导报》、《第一财经日报》、《东营日报》、《福建日报》、《甘肃经济日报》、《光明日报》(2,指发表这一问题的文章的篇数或次数,下同)、《河北商报》、《河南科技报》、《河南日报》(3)、《湖南日报》、

---

① 作者简介:刘邦凡(1967—),男,重庆市涪陵区人,汉族,博士,燕山大学文法学院教授,东北大学博士生导师,主要从事公共管理、哲学、政治学等研究。

《江苏经济报》、《江西日报》、《教师报》（6）、《教育时报》、《教育信息报》、《解放日报》、《酒泉日报》、《科技日报》、《内蒙古日报（汉）》、《农民日报》、《人民日报》（7）、《人民政协报》、《三峡日报》、《山东邮电报》、《山西经济日报》、《特区时报》、《铁岭日报》、《现代教育报》、《新华每日电讯》（5）、《新华日报》（5）、《新京报》、《云南日报》、《中国财经报》（3）、《中国档案报》、《中国教师报》（2）、《中国教育报》（14）、《中国经济时报》、《中国青年报》（5）、《中国商报》、《中国审计报》、《中国税务报》、《驻马店日报》。这些报纸共发关于农村教师工资问题的文章82篇，这些文章按时间分布是：2000年2篇，2001年14篇，2002年10篇，2003年13篇，2004年9篇，2005年9篇，2006年13篇，2007年12篇（截至2007年10月）。从发表这一问题的报纸来看，国家级重要报纸《人民日报》、《光明日报》、《中国教育报》、《中国青年报》等对这一问题十分关注，尤其是《中国教育报》多年来对这一问题持续关注，每一年都有这方面的文章发表，达14篇之多。

（三）会议与专题

国内重要学术会议没有见收录关于从农村教师工资问题的报告。只有赵旭撰写的、周鸿指导的硕士学位论文《贫困农村中小学教师工资的主要问题与对策研究》（2003）。

从以上情况来看，发表文章的媒体主要是报纸，期刊中主要是非学术期刊为主，所以农村教师工资问题并没有引起教育学术界的重视。我想不是这一问题不存在，也不是这一问题不重要，其原因也许是：不少学者认为农村教师工资问题主要是经济问题，经济发展了这一问题就自然化解了，因此没有进行学术讨论。事实上，农村教师工资问题不是经济问题，从根本上是如何对待教育的问题。农村教师工资问题是发展农村教育的第一问题。

二、相关文献的研究主题分析

就以上检索到的文献来看，这些文献的主题大致分布如下。

（一）关于农村教师工资拖欠问题的研究与报道

在CNKI中关于拖欠教师工资的文章有140篇。这些文章主要包括：

（1）农村中小学教师工资拖欠现象透视 [N]. 甘肃经济日报，2000-09-14（5）.
（2）关于农村中小学教师工资拖欠问题的思考 [J]. 农村成人教育，2000（10）.
（3）农村教师工资拖欠的现状、原因及对策 [N]. 教师报，2001-08-08.
（4）农村教师工资拖欠：一个依旧沉重的老话题 [N]. 教师报，2001-08-19.
（5）关于解决农村教师工资拖欠问题的思考 [J]. 教育与经济，2001（3）.
（6）对拖欠农村小学教师工资问题的思考 [J]. 江苏统计，2001（2）.
（7）农村教师工资拖欠情况调查与思考 [J]. 教育发展研究，2002（2）.
（8）拖欠农村教师工资难见转机 [J]. 瞭望，2002（4）.
（9）关于农村教师工资拖欠问题的调查 [J]. 工友，2004（6）.
（10）农村教师工资不容拖欠 [N]. 人民日报，2004-06-30.
（11）浅谈拖欠教师工资对农村教师敬业精神的影响 [J]. 现代中小学教育，2004（11）.
（12）解决当前拖欠农村中小学教师工资的对策研究 [J]. 教书育人，2006（S1）.
（13）确保农村教师工资不拖欠 [N]. 河南日报，2007-01-20.

（14）10 万名农村牧区教师领到陈欠工资 [N]. 内蒙古日报（汉），2007-04-08.

（15）2 300 多万元欠拨工资 10 天内拨付到位 [N]. 中国审计报，2007-04-18.

在以上文章中，（3）、（7）、（8）、（13）最值得关注。

（3）论述道：

农村教师工资拖欠有如下几个方面的原因：一、由于农村错综复杂的各类矛盾交织在一起，使工资拖欠积重难返，而且改革中的工资征收、入库、发放、使用四者之间的关系还没有理顺，渠道还不畅通，使得相当一部分地区的领导者面对当今社会这一突出矛盾而束手无策。二、全社会尊师重教意识不够到位，没有把教师工资发放作为刚性指标列入各级领导的目标责任书，假定各级人民政府像抓基础设施建设、抓计划生育和清理整顿基金会那样抓教师工资，也不至于出现今天这种被动的局面。一句话，还是没有真正把教育放在优先发展的战略地位上。三、工资发放渠道不规范，有相当一部分老百姓纳税意识差，政府部门征收力度也不大，因之在工资发放上显得力不从心，甚至无所适从。无奈之间工资发放的手段便五花八门、千奇百怪了。四、乡镇主要领导调动太频繁，有人比喻为闪电式、快来快去式领导，这些领导有走心无守心，混一天算一天，至于教师工资是一拖再拖，无心解决。五、乡镇之间教师工资发放等待现象普遍，即使有钱，也不愿带这个头、冒这个尖，发了要受到尚未给教师发工资的乡镇领导无端的指责和攻击。

樊秀峰、陶宝琴在（7）中论述道：

县以下农村教师工资拖欠已严重影响到教师队伍的稳定。河北存在教师工资拖欠问题的县，1998 年有 56 个，1999 年有 65 个，2000 年有 62 个，2001 年 3 月份有 60 个。据统计，1998 年底时，全省拖欠教师工资及各种补贴达 21 272.39 万元，1999 年上升到 33 709.8 万元，2000 年增加到 49 464.56 万元，截至 2001 年 3 月底，累计拖欠额已高达 5 508 013 万元。仅 2001 年 1—3 月，拖欠教师工资额就达 4 289.42 万元。教师工资拖欠带来了严重问题：一是教师生活水平下降；二是严重影响了教师的教育教学积极性；三是影响乡镇教师队伍的稳定；四是拖欠工资引发的突发性事件屡有发生。据调查了解，造成教师工资拖欠的原因主要有以下三种：一是教师工资实行乡筹乡管，这是造成拖欠的主要原因之一；二是经济发展水平低严重制约当地教师工资的按时足额发放；三是拖欠部分主要集中在各种补贴和增资上。

湖北省教育工会联合调查组在（8）中论述道：

一、农村教师工资拖欠基本情况：1、拖欠数额较大。根据省教育部门统计，全省共有中小学教师 41.17 万人。2001 年底以前，全省共拖欠教师四项基本工资 9.7 亿元，2002 年共拖欠 2.68 亿元，2003 年度拖欠额达 7.5 亿元（含城镇中小学）。2、拖欠名目繁多。一是村级拖欠民办教师工资；二是乡镇以种种名目欠发工资未补发；三是用股金代发工资；四是用过剩的教育费附加券或欠款凭证抵发教师工资。五是市县级财政拖欠教师工资；六是不按时发放工资。3、拖欠时间久。如村小教师叶某，7 年来没有领到一分钱报酬，共计拖欠金额达 2 万元（其工资计算的基数本身就很低）；另一名教师历年来抵发工资的教育附加券共有 2 万元，直到该教师病故后，也未能兑现。

二、拖欠的主要原因：税费改革后，农村教育原有的收费和集资渠道被堵死，而应有的投入不能完全到位，再加上已明文禁止的收费项目未能彻底清除，导致教育经费紧张，因而旧的拖欠不能解决，新的拖欠依然存在，突出表现在以下几个方面：1、"普九"债务沉重。2、县域经济不发达。3、转移支付资金未全额到位。4、硬性调控未能全面禁止。5、工资发放的体制尚未理顺。

三、拖欠教师工资的负面影响：1、影响了教师的家庭生活。2、影响了教师队伍的稳定。3、影响了教育事业的健康发展。4、影响了安定团结的局面。5、影响了政府的形象和信誉。

四、几点理议：拖欠农村教师工资问题，已经严重影响了广大农村教师的切身利益，影响了农村教师队伍的稳定，影响了农村教育的健康发展。为此，各级领导要以发展的眼光，站在建设小康社会的战略高度，采取有力措施，促使问题早日得到妥善解决。因此，要：加大调查研究力度；加大执法监督力度；加大责任追究力度；加大转移支付力度；加大宣传教育力度；加大维权力度。

（13）报道：

（河南省）为全面提高我省农村义务教育保障水平，各地要严格按照国家规定，全力确保农村中小学教师工资按时足额发放。对 2001 年度以前拖欠的农村中小学教职工工资，必须尽快制订解决方案，采取有效措施，千方百计予以解决。

（二）关于农村教师工资保障的研究与报道

在 CNKI 中关于农村教师工资保障的文章有 80 多篇，这些文章主要包括：

（1）郴州财政"天平"向教育倾斜 [N]. 中国教育报，2001-03-21.
（2）农村税费改革不能改掉教师工资 [N]. 中国税务报，2001-03-12.
（3）保农村教师工资——不容商量 [N]. 中国财经报，2002-01-19.
（4）江苏保工资提升质量 [N]. 中国财经报，2002-06-12.
（5）农村中小学教师工资应优先发放 [N]. 农民日报，2002-03-06.
（6）千方百计保证教师工资 [N]. 河北商报，2002-04-30.
（7）农村教师工资保障机制要刚化 [J]. 经济论坛，2003（15）.
（8）农村中小学教师工资有保障 [N]. 安徽日报，2004-02-04（3）.
（9）法保障农村教师工资待遇 [N]. 中国教育报，2006-10-11（5）.
（10）山东逐级督政 3 年增加教育拨款 72 亿 [N]. 中国教育报，2006-12-24.
（11）如何完善农村教师工资保障机制 [J]. 山西教育（教育管理），2007（1）.
（12）我省保障农村教师工资足额发放 [N]. 云南日报，2007-09-03.

以上文章，最值得注意的是（11）、（12）的论述。
（11）中论述道：

近十多年来，拖欠农村教师工资的现象依然普遍存在。近年来党中央、全国人大和国务院高度重视完善农村中小学教师工资经费保障机制的问题。2001 年，国务院颁布的《关于基础教育改革与发展的决定》中规定：确保农村中小学教师工资发放是地方各级人民政府的责任。要求县级人民政府要强化对教师工资的管理，从 2001 年起，要将农村中的教师工资集中到县上管理。2003 年，国务院《关于进一步加强农村教育工作的决定》进一步强调，要建立和完善农村中小学教职工工资保障机制。国务院指出：根据农村中小学教职工编制和有关工资标准的规定，省级人民政府要统筹安排，确保农村中小学教职工工资按时足额发放，进一步落实省长（主席、市长）负责制。安排使用中央的工资性转移支付资金，省、地（市）不得留用，全部补助到县。主要补助经过努力仍有困难的县用于教师工资发放，在年初将资金下达到县。2005 年，国务院《关于深化农村义务教育经费保障机制改革的通知》中指出：巩固和完善农村中小学教师工资保障机制，中央继续按照现行体制，对中西部及东部部分地区农村中小学教师工资经费给予支持。省级人民政府要加大对本行政区域内财力薄弱地区的转移支付力度，确保农村中小学教师工资按照国家标准按时足额发放。

上述新政策的实施，基本遏制了长期以来拖欠农村教师工资的现象，但在偿还拖欠教师工资和发放教师津贴、补贴方面还存在不少问题，有的地方在保证教师"国标工资"方面还做得不好，没有按新的工资标准发放，仍执行的是较低的、"老的"工资标准。这次新修订的《义务教育法》再次规定"完善农村教师工资经费保障机制"，目的是要更好地保证农村义务教育教师工资按时足额发放。

（12）中说：

我省（云南）加大财政转移支付力度，建立严格的保障约束机制，农村中小学教师工资足额发放有了财力和制度保障。近 3 年来，全省各地均未发生拖欠教师工资现象，农村教师待遇改善，队伍稳定，受到教育部多次好评。多年来，我省把保障教师工资按时足额发放，作为稳定农村中小学教师队伍和教育教学正常开展的重要前提。结合农村县级财政供养人口中教师占较大比例的现状，从 2004 年农村税费改革开始，就在中央财政支持下，将县级农村中小学教师工资单独列项，一定程度上缓解了县乡财政困难，为足额发放工资提供相应的财力保障……全省各级政府都制定政策做到优先发放教师工资，并坚持按照国库集中支付、直接统发的方式，由县级财政将教师工资直接打入教师个人账户。同时，重构了转移支付绩效考评机制，对及时足额兑现农村中小学教师工资和其他社会事业发展重点支出得到保障的县级财政，给予增加转移支付补助系数等形式的奖励，否则给予扣减转移支付资金。

（三）关于农村教师工资现状调查与分析

在 CNKI 中关于农村教师工资保障的文章有 100 多篇，这些文章主要包括：

（1）让教师工资"白条"成历史 [N]. 人民日报，2001–10–15.

（2）安徽农村教师工资不再"打白条" [N]. 人民日报，2001–11–14.

（3）应优先确保农村教师工资 [N]. 中国经济时报，2003–09–12.

（4）健全农村教师工资保障机制以实际行动贯彻"三个代表"重要思想 [N]. 江苏经济报，2003–03–18.

（5）黑土地上的两大喜人变化 [N]. 科技日报，2003–09–03.

（6）河南农村教师工资实行市长负责制 [N]. 人民日报，2003–11–03.

（7）直面农村教师队伍三大问题 [N]. 新华每日电讯，2003–09–19.

（8）青岛教师工资不低于公务员到农村任教优惠多 [N]. 教育信息报，2003–09–20.

（9）我国农村中小学教师工资执行中存在的问题及其对策研究 [J]. 经济问题，2003（11）.

（10）贫困农村中小学教师工资的主要问题与对策研究 [D]. 重庆：西南师范大学，2003.

（11）喜闻"农村教师工资比城里教师高" [J]. 山东教育，2004（8）.

（12）农村教师工资现状调查与分析 [J]. 上海教育科研，2004（9）.

（13）年人均增资 1 200 元 [N]. 河南日报，2004–10–20.

（14）教师工资"白条"三年消化 [N]. 江西日报，2004–11–12.

（15）农村教师最不满意工资收入 [N]. 教师报，2006–05–07.

（16）年龄不老小 工资不老低 水平不老高 [N]. 教育时报，2006–04–14.

（17）陕西：农村教师工资，不得低于当地公务员 [N]. 新华每日电讯，2006–06–05.

（18）农村中小学教师全部拿上省标工资 [N]. 新华日报，2006–01–20.

（19）城里教师：工资全额发放 年年有年终奖 农村教师：工资月月克扣 年年交订报费 [N]. 中国青年报，2006–02–08.

（20）农村教师人均月增工资 150 元 [N]. 三峡日报，2007–07–27.

（21）中小学教师基本工资提高 10%[N]. 新京报，2007–09–12.

以上文章，最值得注意的是（3）、（16）中的论述。

蔡小伟在（3）中报道：

安徽省政府，今年底各地不再欠发教师工资。为了实现这一诺言，安徽省自今年 9 月份起将农村教师工资收归县财政发放，到目前全省各个县的农村教师工资已实现了按时发放，且有一半以上的县还清了往年的欠债。安徽省有农村教师 32 万多名，自 1995 年来，大部分县的农村学校都发生了拖欠教师工资的情况，到今年上半年，全省共累计拖欠教师工资达 9 亿元。安徽省委省政府对此非常重视，认为解决教师工资拖欠问题实际上是一个维护人民群众利益的问题。

（16）中指出：

日前，浙江省宁波市一项"农村中小学教师工作满意度状况调查"显示：农村中小学教师在工作本身、学校行政和学校环境等方面满意度相对较高，而不满意的是工资福利、进修晋升和人际关系问题。在调查中发现，许多农村中小学教师经济负担重，城乡教师待遇相差悬殊，特别是边远山区和经济欠发达地区的学校，除了国家和各级政府规定的工资和津贴补贴外，几乎没有其他福利。一些年轻农村教师每月收入只有 1 000 余元，由于很多农村学校师资奇缺，很多教师都要教多门课程，课时多而收入低。通过调查还发现，农村中小学教师在进修晋升、人际关系方面得分较低，满意度不高。由于农村中小学校办学经费紧张，教师职称评比有指标限制，教师进修与培训机会少，也造成了教师对进修升迁方面满意程度降低。参与该项调查的课题组有关负责人认为，要想提高农村中小学教师的工作满意度，工资福利仍是一个亟待解决的问题。如果政府不从根本上提高农村教师的工资福利，将很难保证教师队伍的素质和工作积极性。制定提高中小学教师社会地位和经济收入的特殊政策，建立健全城乡一体化的基础教育体系和农村教育经费保障机制，鼓励他们终身从教，是提高农村中小学教师职业满意度的前提。

（四）关于解决农村教师工资问题的对策报道

在 CNKI 中关于农村教师工资保障的文章有 190 多篇，这些文章主要包括：

（1）落实农村幼儿教师工资待遇的几点做法 [J]. 学前教育，2001（10）.

（2）安徽省人民政府文件（皖政 200150 号）关于保障农村义务教育投入和教师工资发放的通知 [J]. 安徽教育，2001（9）.

（3）河南省人民政府办公厅关于实行农村中小学教师工资县（市）级统一管理的通知 [J]. 河南省人民政府公报，2001（12）.

（4）消除教师工资"白条"——宁国市农村教师工资统一发放纪实 [J]. 决策咨询，2001（11）.

（5）税费改革后保证农村教师工资足额发放的对策 [J]. 江苏教育，2001（10）.

（6）安徽：县财政保证农村教师工资发放 [J]. 教师博览，2001（12）.

（7）中共安徽省委办公厅关于将农村初中、小学教师工资上收到县管理的通知 [J]. 安徽政报，2001（19）.

（8）安徽农村教师工资收归县级发放 [N]. 光明日报，2001-10-26.

（9）河南改革农村教师工资发放办法 [N]. 教师报，2001-02-14.

（10）徐州设立中小学教师工资专户 [N]. 新华日报，2000-11-12.

（11）江苏通州统一发放农村教师工资 [N]. 人民日报，2001-09-07.

（12）安徽县财政保证农村教师工资发放 [N]. 山西经济日报，2001-10-07.

（13）认真做好农村中小学教师工资县级统发工作 [J]. 财税与会计，2002（4）.

（14）农村中小学教师工资县级统管后的问题及建议 [J]. 财税与会计，2002（8）.

（15）我区建立农村中小学教师工资发放和管理体制调整情况月报制度 [J]. 广西教育，2002（15）.

（16）安徽县财政保证农村教师工资发放 [J]. 瞭望，2001（36）.

（17）含山县农村中小学教师工资实行县级统发 [J]. 中国财政，2002（3）.

（18）河南：县统一发放农村教师工资 [N]. 中国教育报，2002-03-09.

（19）宁夏农村教师工资统一发放 [N]. 光明日报，2002-02-09.

（20）贵州力保农村中小学教师工资发放 [N]. 人民日报，2002-05-14.

（21）由县里统一发放工资 [N]. 新华每日电讯，2002-05-14.

（22）统发农村教师工资 促进教师队伍稳定 [N]. 新华日报，2002-05-29.

（23）广西农村教育难题化解 [N]. 中国教育报，2003-04-04.

（24）青岛立法为教师权益"保驾" [N]. 中国教育报，2003-09-17.

（25）中央财政心系困难地区教育 每年 50 亿补助农村教师工资 [N]. 现代教育报，2003-03-21.

（26）我省农村教育实现"三个 100%" [N]. 湖南日报，2004-03-01.

（27）青岛胶南城乡教师拿一样的工资 [N]. 中国教育报，2004-04-01.

（28）农村教师流失严重 [N]. 城市导报，2004-09-11.

（29）财政部关于下达中央财政对农村中小学教师工资转移支付数额的通知 [J]. 经济研究参考，2004（14）.

（30）保障农村教师 400 多亿元工资支出金额列入预算 [N]. 第一财经日报，2005-12-19.

（31）肃州区——农村教师欠发工资全部兑付 [N]. 酒泉日报，2005-09-12.

（32）教师工资实行县统筹，铁岭日报 [N].2005-01-11.

（33）代表呼吁中央全部承担农村教师工资 [N]. 新华每日电讯，2005-03-13.

（34）完善西部农村教师工资分担体制 [N]. 教师报，2006-03-12.

（35）重建农村教师工资分担机制 [N]. 人民政协报，2006-01-23.

（36）我市建立农村义务教育经费新机制 [N]. 东营日报，2006-12-01.

以上文章，最值得注意的是（16）、（18）、（19）、（30）、（33）中的有关论述。

徐金平、葛如江在（16）中论述道：

将农村初中、小学教师工资上收到县统一管理，不仅是解决教师工资发放的形式问题，实际上也是建立一个新型的农村义务教育投入保障机制的起步。也就是将农村义务教育的经费投入，逐步转向更多地由各级政府直接承担。安徽省的相关改革措施也证明了这一点。在这次改革涉及县乡分配问题时，省政府明确提出要尽量"让利于乡镇"，以免加重乡镇财政的负担。具体到财政基数的划转上还明确要求：确定乡镇资金上划基数应以农村初中、小学现行正常经费开支为依据，乡镇财政原用于教育基础设施修建等非经常性开支不应纳入上划基数。对县级财政在这次改革后出现的困难，安徽省也将采取措施加以克服。一是对农村义务教育经费，要在财政预算和上级转移支付资金中优先安排，加大对农村义务教育的投入力度，确保义务教育投入不低于改革前水平；二是今后三年内，省将减少各市体制上截留约 1 亿元，全部用于农村义务教育投入；三是今后三年内，省安排 1.5 亿元及通过社会捐资筹集 0.5 亿元，专项用于农村中小学危房改造；四是将全省各县（市、区）农村中小学教师工资全部集中到县级统一发放后，省将会同市逐县核定教师编制及工资总额，按规范的办法计算各县财力，对保国家规定的工资、津贴和基本运转确有缺口的县，由省、市增加转移支付予以补助。

（18）报道：

曾几何时，拖欠农村中小学教师工资问题像一个顽症，严重制约了农村基础教育的发展。而国务院关于基础教育改革与发展的决定提出的农村中小学教师工资上收到县统一发放，像一剂良药，成为解决教师工资拖欠问题的治本之策。去冬今春以来，河南省各级党委政府和教育行政部门，下决心，尽全力，毫不动摇地落实决定精神，使河南这个全国人口第一大省的教师工资拖欠现象有了根本性的改善。

（19）报道：

自去年 10 月份开始，宁夏农村中小学教师工资全部归市县财政统一管理，城乡教师工资全部实现了统一发放，这项措施有效地解决了教师工资拖欠问题。宁夏农村中小学现有正式在编教职工 45 447 人，其中在职教师 41 041 人。部分地区经济贫困，地方财力十分有限，难以保证教师工资的足额发放。宁夏的教师工资统发工作是从去年初开始的，由于各方积极努力，当年就完成了全部工作。中央为帮助中西部贫困地区发放农村中小学教师工资的转移支付，资金也全部下达到了各市县。宁夏教育厅有关负责人近日告诉记者，除地方出台的一些补贴在一些穷困地区的中小学尚不能发放外，宁夏基本再未出现新的拖欠教师工资现象。

（30）报道：

问：有一个现实的问题是，农村教师待遇确实不理想，截止到 2004 年，拖欠教师工资累计达 100 多亿元。请问我国农村小学教师的工资这一块支出到底要多大？

吕玉刚（教育部人事司副司长）：据粗略估计和测算，中国农村小学教师有 380 万人，如果中央政府能够保证其每月 500 元的收入，需要人民币 232 亿元。全国农村还有中学教师 223 万人，如果保证其每月 800 元收入，总费用是 214 亿元。两项加起来是 446 亿元，占 2002 年全国财政总收入的 2.3%。现在的确有许多农村教师工资水平较低，而且工资拖欠现象也时有发生，一些津补贴至今未得到解决，城乡教师实际收入差距大。有些乡镇，因为财力比较困难，"有编不补"。编制是有的，但是没有钱正式招聘一些合格的老师。因此学校即便严重缺编，镇乡领导也不愿进人，宁愿请一些素质不高的代课教师，甚至出现"初中生教初中生，小学生教小学生"的现象，因为这样可以节约资金。还有一些村级小学教师，由民办教师突击培训转正而来，整体素质不适应当前教育发展的要求。在这种情况之下，我们提出要进一步完善教师工资的保障机制，按照核定的编制和工资标准全额列入预算。与此同时，要招聘一批合格的教师，到缺编的边远地区、贫困地区中小学任教。

（33）报道：

安徽省教育厅副厅长胡平平建议，应该由中央全部承担农村教师工资，尽快缓解城乡教育投入不公的顽症。中国目前实行以县为主的农村义务教育管理体制。农村义务教育靠中央和省级政府专项转移支付和县级财力支撑。但是，目前县域经济不发达，地方财政匮乏，义务教育欠账现象突出，许多农村教师的工资被拖欠。另外，长期的城乡二元结构导致了义务教育投资体制的不公平。以 2002 年的数据为例：全社会的各项教育投资是 5 800 多亿元，其中用在城市的占 77%，而城市人口占总人口不到 40%；占总人口数 60% 以上的农村人口只获得 23% 的教育投资。胡平平说，占国民生产总值比例很小的教育投入，又在城乡和区域之间的分配很不平衡，从而减少了社会底层的受教育和培训机会。她建议要建立以中央为主而不是以县为主的农村中小学教职工工资保障机制，使城乡义务教育得到均衡的发展。她说，要按照谁出台政策，谁承担经费的原则，全国农村中小学教职工的国标工资由中央财政全额承担。全国农村中小学教职工约 700 万人，按照教育部公布的 2003 年全国中小学教职工年平均工资为 13 293 元计算，全国农村中小学教职工工资每年大约需要 950 亿元。如果每人每年年薪按照 1 万元计算，全国农村中小学职工工资约需 700 亿元。胡平平说，950 亿元占 2003 年中央本级财政收入 12 465 亿元的 7.4%。700 亿元占 5.6%，中央财政只要调整支出结构，每年可控财力的增量部分用于发放农村中小学教职工工资已经绰绰有余。这 700 亿—900 多亿元投入到农村义务教育之后，将有利于农村义务教育的均衡发展，切实减轻农村的经济负担，有利于提高国民的整体素质，推动社会经济的统筹协调发展。

三、结　　语

从以上索引与分析的文献可知：①制约农村义务教育发展的一个重要问题——农村教师工资问题是存在的，这一问题的关键点是农村教师工资低而无健全保障；②解决农村教师工资问题的关键不是没有制度安排，而是各级政府缺乏贯彻制度的诚意与决心；③在未来的一段时期内，农村教师工资问题依然将存在，不从根本上解决农村教师工资问题，农村义务教育教学质量将难以得到稳定持续的保障。

参考文献：

[1] 让教师工资"白条"成历史 [N]. 人民日报，2001-10-15.

[2] 安徽农村教师工资不再"打白条" [N]. 人民日报，2001-11-14.

[3] 应优先确保农村教师工资 [N]. 中国经济时报，2003-09-12.

[4] 健全农村教师工资保障机制以实际行动贯彻"三个代表"重要思想 [N]. 江苏经济报，2003-03-18.

[5] 黑土地上的两大喜人变化 [N]. 科技日报，2003-09-03.

[6] 河南农村教师工资实行市长负责制 [N]. 人民日报，2003-11-03.

[7] 直面农村教师队伍三大问题 [N]. 新华每日电讯，2003-09-19.

[8] 青岛教师工资不低于公务员到农村任教优惠多 [N]. 教育信息报，2003-09-20

[9] 我国农村中小学教师工资执行中存在的问题及其对策研究 [J]. 经济问题，2003（11）.

[10] 贫困农村中小学教师工资的主要问题与对策研究 [D]. 重庆：西南师范大学，2003.

[11] 喜闻"农村教师工资比城里教师高" [J]. 山东教育，2004（8）.

[12] 农村教师工资现状调查与分析 [J]. 上海教育科研，2004（9）.

[13] 年人均增资 1 200 元 [N]. 河南日报，2004-10-20.

[14] 教师工资"白条"三年消化 [N]. 江西日报，2004-11-12.

[15] 农村教师最不满意工资收入 [N]. 教师报，2006-05-07.

[16] 年龄不老小 工资不老低 水平不老高 [N]. 教育时报，2006-04-14.

[17] 陕西：农村教师工资，不得低于当地公务员 [N]. 新华每日电讯，2006-06-05.

[18] 农村中小学教师全部拿上省标工资 [N]. 新华日报，2006-01-20.

[19] 城里教师：工资全额发放 年年有年终奖 农村教师：工资月月克扣 年年交订报费 [N]. 中国青年报，2006-02-08.

[20] 农村教师人均月增工资 150 元 [N]. 三峡日报，2007-07-27.

[21] 中小学教师基本工资提高 10%[N]. 新京报，2007-09-12.

政府在社区管理中的地位和功能探析 ①

盖宏伟　孔　超 ②

摘要：政府在社区管理中具有主导作用，承担着多种角色，行使多种职能，但是有时出现"越位"和"缺位"的情况，因此要加强社区管理，推动社区的健康快速发展，就要首先明确政府在社区管理中的地位和功能问题。

关键词：政府　社区管理　功能

一、政府在社区管理中的地位

在社区管理中，政府处于核心地位，发挥着主导作用。政府承担着90%左右的社会管理工作，社区作为社会的最小细胞，是社会管理的重点和难点。政府制定各种社区政策、社区规范，对社区管理进行宏观指导，同时提供专业的机构和社区工作者承担社区工作，为社区居民服务。政府通过财政拨款，引进市场竞争机制，为社区发展提供多种资金筹集渠道，改善社区公共设施硬件建设水平，为社区的发展提供物质保障。随着社区自治的不断加强，政府逐渐成为引导者和控制者，协调社区自治的顺利进行，为社区自治提供更多的空间。

二、政府在社区管理中存在的主要问题

我国政府在推进社区管理上取得了阶段性的进展，政府已经进入到一个过渡性淡出社区管理的发展期。政府作为社区管理的推动者和引导者，在社区管理中存在的主要问题会影响政府权威的基础，同时也会抑制社区的社会功能，从而影响了社区发展的进程，因此要解决好政府在社区管理中的"越位"和"缺位"问题。

（一）政府在社区管理中的"越位"问题

政府在社区管理中超越了本来的权限和职责，承揽和包办了许多本应该由社区自治组织管理的事物，

---

①　基金项目：河北省社会科学基金项目《新时期加强和创新河北省地方社会管理对策研究》；项目编号：HB12GL056；项目负责人：盖宏伟。

②　作者简介：盖宏伟（1965—　），男，黑龙江省齐齐哈尔市人，燕山大学文法学院副教授，硕士研究生导师，主要从事行政管理理论与实践研究；孔超（1988—　），女，河北省唐山市人，燕山大学文法学院硕士研究生，主要从事行政管理理论与实践研究。

出现经常性的"越位"。居民委员会是社区自我管理、自我服务的组织，但是由于政府的管理权限过多，导致居委会成为了政府的"代言人"，行事具有行政色彩，不能够代表社区居民的利益，导致居民对社区没有认同感和归属感，同时也给政府带来很大的行政成本，阻碍社区的发展。[1]

（二）政府在社区管理中的"缺位"问题

政府在社区管理中的"缺位"问题，主要表现在政府该管的不管，认为社区事务可以交给非政府组织和其他团体自己完成，没有对其进行引导和控制，把本来应该投入到社区管理中的专用资金投到其他可以带来收益的地方，致使社区管理资金短缺，阻碍社区管理的顺利进行，为社区管理带来很大不便。同时，政府在社区管理的宣传上做得很少，没有组织多种宣传方式来提高居民的认知，没有宣传自我管理、自我服务的意识来调动社区成员自己管理自己的积极性，使大量的社会资源白白浪费，不利于社区管理。[2]

三、政府在社区管理中的功能

（一）政府对社区管理进行宏观调控

加强社区管理必须坚持社区自治，转变政府职能，改变社区行政化倾向，切实做到有所为有所不为，对社区管理进行宏观调控。首先，要将社区管理纳入城市总体规划、分区规划，充分考虑社区管理的特点，综合考虑并统筹安排社区文化、社区卫生、社区教育、社区治安、社区社会保障和社会救助、社区商业服务网点等基础设施，使各种设施布局合理。其次，要抓紧制订推进社区管理的工作计划，通过工作计划，明确一定阶段社区管理的重点和目标，完善有关政策、措施，推进体制机制转换、衔接，合理配置资源，促进社区全面、可持续发展。最后，政府要依法尊重社区管理中居民委员会的自治地位和社区居民的意愿，依法保障社区的自治权和对国家行政机关贯彻执行法律法规的监督权。[3]要支持社区的工作，支持社区居民委员会履行其工作职责，努力为社区建设创造条件，提供服务，不断增强社区内在活力。

（二）政府对社区管理提供财政支持

社区管理需要大量的资金投入，这些资金除了社会组织民间捐助外，主要依靠政府财政拨款，为社区管理提供财政支持，特别是以下几个方面更离不开政府的投入：①对于城市公共服务设施紧密相连的社区公共服务设施的投入；②对社区组织办公用房和居民公益活动场所的投入；③社区干部工资补贴、保险及其培训的投入；④对社区各种公共服务的投入；⑤用于支持社会组织参与社区服务的投入，等等。在市场经济不发达的地区，社区建设的投入主要靠政府，只有足够的投入，才能推动社区发展。同时政府要坚持企事业单位、社会团体、个人等多元化的筹资体制，秉承勤俭办社的原则，充分挖掘利用好闲置资源，广泛开发好社会资源，增强社区发展动力。

（三）政府对社区管理提供政策保证

目前我国在社区建设中唯一最有能力和实力的组织是政府，社区管理的顺利进行需要政府为其提供政策保证。政府能够调动大家的积极性，促进社区成员积极参与社区活动。我国是法治大国，构建和谐社区，创建和谐城市，必须遵循我国依法治国的基本方略，建立、完善社区相关法律法规，使社区管理走上法制化轨道，切实做到依法治区。[4]政府要把社区管理纳入城市管理工作的总体规划中，制定社区管理通用管理标准，出台社区管理规范性文件，保障社区管理的顺利进行，为完善社区管理、构建和谐社区提供宽松的政策环境和良好的操作平台。建立健全社区建设的领导体制，实行党委领导、政府主导、居民委员会协调、社会广泛参与的运行机制，各相关部门按照各自的工作职能，履行工作义务，承担工作职责，制定出适合社区建设的各种方针、政策和规划，实现社区内各组织之间的互动，最大化地保障社区居民的利益，为社区居民搞好服务，为社区管理工作提供更多的保证。

（四）政府培育和发展非政府组织

非政府组织是居民参与社区事务的重要途径，是联系政府与百姓的桥梁和纽带，是表达民众利益与愿望的最佳渠道。非政府组织具有民间性、自愿性和独立性，居民可以通过非政府组织参与社区与政府的交流、对话和决策，为社区创造良好的环境与条件。在市场经济条件下，人们的利益多元化，社区居民的需求也更不同，人们获取利益的途径也多元化，政府不再是唯一渠道。非政府组织是人们有共同需求而形成的组织，不再成为政府分配利益的对象，同时还要建立有效的社会监督和评估机制，使非政府组织的积极作用发挥到最大化。政府从正面培育和发展非政府组织，不仅能弥补政府在社区管理中的自身缺陷，同时更能给社区发展引入更多发展机会，推动社区发展。[5]

由政府在社区管理中的地位，总结出政府在社区管理中的重要功能：政府对社区管理进行宏观调控，为社区管理提供财政支持，为社区管理提供政策保证，为社区培育和发展非政府组织。政府在社区管理中起着重要作用，但是政府在社区管理中同样存在着越位和缺位等问题，因此要正确看待政府在社区管理中的作用，发挥政府的优势，为社区管理提供更多保障，同时要避免政府越位、缺位现象的不断发生。

参考文献：

[1] 陈树冬，盖宏伟.我国责任政府建设途径的探讨[J].科教文汇，2007（5）：152.

[2] 刘邦凡，李汉卿.新农村建设进程中乡镇政府角色重理[J].行政与法，2006（8）：62.

[3] 谢中起，张会来.服务型政府的构建会削弱政府权威性吗[J].科技管理研究，2009（3）：308-309.

[4] 盖宏伟，陈树冬.我国服务型政府建设的途径探讨[J].法制与社会，2007（9）：530.

[5] 张向前,刘邦凡,林宏彬.政府组织与非政府组织在我国乡村社区管理中的角色分析[J].生产力研究，2008(20)：115-116.

加强工程施工管理 推进水利事业发展

王鹏程 王建洲 ①

摘要： 随着我国经济社会的不断发展，水利基础设施建设的重要性日益突显，未来十年将是我国水利工程建设的高峰期。本文在水利工程建设施工管理理论指导下，通过总结多年从事水利工程建设的实践经验，概述了影响我国水利工程建设施工管理的各种深层次因素，分析了水利工程施工管理中存在的一系列问题，并有针对性地提出了对策建议，希望切实提高水利工程建设施工管理的科学化水平。

关键词： 水利工程 施工 管理体制 招标 对策

早在 2011 年，我国的水利投资就已经达到 2 000 多亿元。根据中央水利工作会议发布的信息，十年后我国每年的水利投资将达到 4 000 亿左右，这意味着未来将有一大批水利工程投入建设、进入施工，这在客观上对水利工程的施工管理提出了新的更高的要求。水利工程建设在整个国民经济和当地生态环境中具有基础性地位和深远性影响，水利工程建设的施工质量直接影响到水利建设事业的大局。因此，如何提高水利工程建设施工管理的科学化水平，是摆在我们面前的一项重大课题。我们在从事水利建设理论研究中就施工管理问题略作研究分析，以期起到抛砖引玉之效。

一、水利工程施工管理的影响因素

在水利工程建设中，施工是将水利工程的美好蓝图变成直接现实的人类实践过程。[1] 只有严格施工管理，提高工程质量，才能保证水利工程发挥理想的工程效益和社会效益，以便于造福子孙后代。其主要影响因素如下。

（一）设计图纸因素

任何工程设计，设计图纸需要充分考虑地质环境，这就要求施工方和设计方及时沟通，以避免不必要的损失。工程技术人员应根据当地实际情况，选择一个更合理、更经济的设计方法，设计绘制出高水平的图纸，从基础上保证工程质量。

（二）生产能力因素

生产能力因素主要包括劳动者（施工人员）、生产工具（机械化装备、先进的科技手段等）和劳动对象（施工地点的自然环境）三点。在进行工程施工过程中，应对施工人员和机械化装备、先进的科技手段等进行一定的选择，选择熟练工人进场开展施工，高素质劳动者能保证工程质量。工程机械也要适

---

① 作者简介：王鹏程（1979— ），男，汉族，河北省张家口市人，硕士，燕山大学里仁学院机械工程系辅导员，研究方向为技术与经济的可持续发展；王建洲（1981— ），男，汉族，河北省栾城县人，法学硕士，燕山大学正科级辅导员，讲师。

得其用，注重机械的先进性和实用性、经济性，对特殊设备要定期检查。环境因素也是影响工程质量的重要因素，施工方要顺应当地的自然环境进行施工，要尊重当地的民俗风情，切实保证施工的顺利进行。施工工艺的好坏直接影响工程质量，工程发包方应尽量招标一些施工工艺先进成熟的公司进场施工。同时，在制定施工方案和工艺时，应该结合多方面因素综合考虑，选取最佳的施工工艺，不仅突出经济性，还要突出质量性。

（三）整体管理水平

施工现场管理和目标质量管理，是施工管理中的关键性环节，是决定施工管理科学化水平的关键所在。首先，施工管理工作具有专业交叉渗透、覆盖面宽的特点，这就要求现场施工管理人员必须具有较高的业务素质、技术水平、管理水平。特别是项目经理不仅要具有先进的理论知识和较高的专业技术水平，而且要有广博的知识面和丰富的工程实践经验，还要具备法律、经济、工程建设管理和行政管理的知识和经验。其次，目标质量管理是水利工程建设的重中之重。其中，建设、监理、设计、施工各方都要严格依据国家有关施工规范，制定切实可行的施工组织设计和针对本工程的施工技术规程，同时在施工中要对工程分阶段、分部分、按程序进行检查验收。[2] 只有这样，才能在施工过程中确保工程质量。

二、水利工程施工管理过程中存在的问题及原因

（一）工程招投标管理不规范

一些工程在招投标管理中，委托没有资质或低资质单位代理招投标，使低资质或无资质设计、监理队伍、施工单位参与水利工程建设。招投标工作不规范，虚假招标，违规操作，直接发包工程，导致一些工程存在转包和违法分包的问题。同时，水利工程建设中，一些质量监督机构、施工单位、项目法人、监理单位隶属于同一行政主管部门管理，缺乏监管监督力度。

（二）工程项目法人责任制落实不够

一方面，项目法人责任制是水利工程施工建设和管理制度的核心问题，但是实践中，部分项目法人组建不规范，甚至有些单位未组建项目法人，造成责任主体不明确；另一方面，行政干预也存在只抓工期、不管不顾质量、违反建设程序、资金不能按时到位等一些问题。[3]

（三）监督检查力度不够

部分地区质量监督机构还没有完全独立建制，监督缺乏规范统一工作程序，缺乏必要的控制手段，存在监督机制软弱无力的问题，主要表现：①监理队伍不足，素质较低，部分人员无证上岗；②监理工作不到位，做假账现象也在一定程度上存在；③对政府质量监督机构的定性还不明确，质量管理职能责任不明，质监人员不足，工程检查影响范围小，威慑能力不高，监督力度不足等。

此外，部分工程项目设计质量缺乏有效监督，主要表现为：设计人员设计水平低、不能严格执行强制性标准、设计因素考虑不到位、设计质量不高等情形。

（四）验收缺失和偷工减料

在监督检查力度不够的情况下，我国目前实施了大量水利工程建设项目，但正规验收很少。比如，病险水库除险加固工程验收率就很低。同时，水利工程多次转包和分包，层层收费，造成工程实体资金

流失，导致部分企业在经济利益驱使下偷工减料。

三、水利工程施工管理的对策及建议

（一）切实依法规范项目法人职责

项目法人是水利工程的施工主体，对水利工程项目负有总责。加强对项目法人基本条件的要求和管理是水利工程管理施工管理科学化的关键性环节，涉及项目法人建设行为的考核管理制度的健全、项目法人施工行为的依法规范等内容。[4]建立和完善科学的标底形成机制，依法加强对招标代理机构和评标专家的管理，进一步完善评标决标标准、方法和程序，切实实行合理低价中标，坚决遏制非法转包和违法分包现象，防止恶意低价中标等违法乱纪行为。

（二）加大质量监督执法力度

质量监督机关是人民政府为了对工程参建各方实施强制性监督而设立的机构，要充分发挥其质量监督职能。首先，要进一步推进水利工程建设监理单位体制改革，质量监督将采取"谁验收、谁监督"原则，或者采取"上级监督下级"原则，不断完善质量监督体制。其次，对监理人员加强质量监督的法律、法规、规范、政策性文件和标准等方面的业务培训，建立一支爱岗敬业、严格执法、廉洁高效的监督队伍。

（三）全面推广招标投标制

（1）完善招标程序，制定科学的评标办法。应广泛吸取国内外的先进经验，下大力气研究和改进现有的招标程序和评标办法，使其更加科学化，做到与时俱进。

（2）采取公开性的招标，限制邀请招标，确保优秀的施工企业中标。

（3）严格做好相关信息保密工作。要进一步采取措施和加大力度做好保密工作，其中，对标底编制和评标专家极其需要保密。对违法违纪人员要进行查处，依法并给予相应的纪律处分和法律处分，以至追究刑事责任。

（四）完善水利质量保证体系

水利工程施工中的质量管理涉及方方面面，主要有建设、监理、设计、施工四个方面。建设单位应当切实履行全面协调各方对工程质量进行监督和实施的权利与责任，其他各方要大力配合建设单位的工作，监理单位要依法对水利工程施工的每个环节实行监督，在施工各个阶段、各个部分都要对工程质量进行检查验收。施工单位如果在施工中违反施工程序或质量不合格，监理则有权责令其停工、返工。[5]在施工过程中，施工各方都要切实把质量控制放在首位，实行全面质量管理。

总之，切实加强水利工程建设施工管理，是保证水利工程质量的关键环节。我们应不断深化体制改革，借鉴国内外成功的管理实例，采取切实有效的措施，不断提高施工管理科学化水平，从而提高工程建设质量，让水利工程造福于人民。

参考文献：

[1] 刘湘宁. 水利基本建设管理法规汇编 [G]. 北京：兵器工业出版社，2005.

[2] 刘邦凡，潘媛媛. 建设服务型政府　完善我国公共危机管理体系 [C]// 燕山大学公共管理学科梯队. 东亚公共行政改革国际研讨会论文集，2012（4）.

[3] 张荣芳. 浅谈水利工程质量的控制措施 [J]. 北京：中国科技纵横，2010.

[4] 曾庆玲. 当前水利工程质量存在的问题及对策 [J]. 北京：中国新技术新产品，2010.

[5] 刘邦凡. 论社会系统生态性转型及其地方政府管理职能定位与体制变革 [J]. 中国行政管理，2006（11）：70-73.

论网络舆情对公共政策制定的影响

冀旭妍①

摘要： 网络作为新兴传播媒介的广泛使用，标志着我国进入网络信息化时代，网络传播已经成为我国公民表达利益诉求和维护自身公共利益的重要平台。一方面，网络发展是公民参与政策制定的重要渠道和方法；另一方面，网络舆情为政府了解民意提供了原始素材。因此，网络舆情对我国公共政策制定的正面效应和负面效应、影响效度的有限性，成为考验政府网络舆情状态下制定公共政策能力的一大挑战。

关键词： 网络舆情　公共政策制定　影响效度

一、引　言

近年来，网络舆情作为一种独立的民众意识形态的表达，在社会生活中发挥着越来越大的作用，直接推动了中国社会的一系列重大革新，政府应重视与网络舆情之间的关系，正确分析它对公共政策制定的影响，为我国政治发展和民主社会的建立打下良好的基础。

二、网络舆情与公共政策制定的相互关系

公共政策是"指公共权力机关经由政治过程所选择和制定的为解决公共问题、达到公众目标、以实现公共利益的方案"[1]。网络舆情是"指通过互联网表达和传播的各种不同情绪、态度和意见交错的总和"[2]。

在我国传统的公共政策的制定过程中，政府是政策制定的主导者，随着公众利益诉求的多元化，基于网络促使政府信息共享下，公众通过网络与政府加强互动和沟通。网络舆情最为公众原生态民意表达，它是公共政策制定最为重要的基础，具有传播迅速、波及面广、互动交流等特点，公众可以通过与政府机关的沟通，及时将自身利益诉求与民意反馈至政府决策机关，以便政府做出正确的决策。舆情作为社会公众的一种意识形态，以多种方式影响着公共政策的制定，政府厘清舆情以何种方式、途径、影响效果和效度分析网络舆情的作用，公共舆情作为公共政策制定的出发点和归宿点，利于我国公共政策制定的民主化、科学化和民主政治的建设。

三、网络舆情对公共政策制定影响效应的分析

网络舆情对公共政策制定的影响贯穿于公共政策的整个制定过程。舆情为政策制定提供意见，为政策执行提供监督，为政策效果提供反馈。网络舆情作为一把"双刃剑"，既可以促进公共政策的科学化

---

① 作者简介：冀旭妍（1989—　），女，燕山大学文法学院硕士研究生，研究方向：公共政策、电子政务。

和民主化，也会提供虚假信息导致错误舆论导向、误导公共政策制定，它既有正面效应，也有负面效应。

（一）正面效应

1.舆情信息的原生态性和政治性，增加了决策的科学化

互联网的完全开放拓展了所有人的公共空间，给了所有人发表观点和参议政事的便利，每个人都有机会成为网络信息的发布者，网民可以通过BBS、新闻点评或博客网站，立即发表意见，下情直接上达，民意表达更加畅通。由于互联网的匿名特点，多数网民会本能地表达自己对政府决策的真实观点，或者反映出自己的真实情绪。因此，网络舆情比较客观地反映了真实民意和现实社会的矛盾，比较真实地体现了不同群体的价值观念和情绪心态，它在一定程度上是民意的原生态表达。网民的舆情呼声，已经成为引导和影响社会舆论的重要力量，民众对国家政策的关注和自身利益的维护，使得舆情主体成为一种强有力的政治力量，"公众通过网络参与重大公共事件的决策，促使公共决策真正符合公民意志的表达，公众民主参与公共决策的过程使决策更加科学和合理"[3]。

2.加强公权力使用的外部监督，强化政策的公信力

网络舆情的直接性为民众与官员的交流互动提供了便利，对政府公权力的使用加强监督，促使政府合理利用权力为社会公众谋福利。燕山大学文法学院盖宏伟讲到："民主只不过提供一个解决问题的平台而已，它是从事政治活动的人们的一种有效竞争机制。"[4]在民众和政府的政治博弈中，通过网民的监督，形成一种对政府的外部监督力量，强化政府决策制定的法制化和民主化，进一步增加政策的公信力。

（二）负面效应

1.虚假信息、极端言论泛滥

普通公民通过网络表达自己对个人生活的感受，也参与发布关于社会政治的见解，网络政治作为一种直接民主政治，导致"群体极化"现象时有发生，美国学者凯斯·桑斯坦在《网络共和国——网络社会中的民主问题》一书中对群体极化做出如下定义："团体成员一开始即有某些偏向，在商议之后，人们朝偏向的方向继续移动，最后形成极端的观点。"[5]民众处于非理性状态下常会发表错误言论，甚至会引起"群体极化"现象。

2.误导公共政策

广大网民直接通过网络传递信息、表达意见、反映民意，形成自身的一种公共舆论，但公共舆情由于网民的群内同质和群内认同，使错误的决策对公共政策形成一种强大的压力，误导政策的制定，影响公共决策的科学性和合理性。

四、网络舆情对公共政策制定影响效度的分析

社会公众是网络舆情的主体，公共政策是网络舆情的作用对象。网络舆情对公共政策的影响有其独特的方式方法，但公共政策对网络舆情的采纳也有相应的效度。

（一）影响效度的途径

郭昭如认为，网络舆情对公共政策的影响，受到内部效度和外部效度的双重推动。[6]外部效度通过

网民直接参与公共政策制定体现，内部效度通过网民参与公共政策制定的各个环节来发挥作用。无论网络舆情对公共政策的影响通过何种途径施加压力，都必须借助网络这一平台，在政策制定之前，网民通过表达民意、建言献策为决策提供力量动力；在政策制定过程中，民众与政府通过网络就政策问题互动交流，有助于政策的科学性；在政策实施过程中，社会民众通过自身感受反馈政策执行信息，以完善补充政策内容。

（二）影响效度的有限性

在公共政策制定过程中，网络舆情所代表的民众意愿对其产生一定的影响，但政府作为公共政策制定的主体，其政府偏好、价值取向、考虑视角等与社会公众存在一定偏差。即使在决策的科学化、民主化、法制化的理论前提下，政府重视民众的利益诉求，但在公共政策制定的博弈中，不仅仅是存在政府与民众两种力量，也包括各方利益集团和代表，这些势力也牵动着政府决策，它们的作用甚至大于民众。

因此，在公共政策制定中，政府的意愿发挥主导作用，利益集团和代表牵制政策方向，社会民众舆情反映并补充、完善、反馈、修改政策。

五、小　结

"ICT 的应用增加了公众参与政治事务的机会，使政府更贴近群众，电子化政府使得政府的管理途径、手段、形式在发生变化。"[7]随着网络信息时代的到来，电子化政府的建立为网络舆情的发展提供了发展的温床，网络舆情的形成又为政府公共政策的制定提供了力量之源和前进动力。"政策制定者只有善于通过网络系统占有和利用足够性、及时性、准确性和适用性的有效信息，才能制定正确的政策，并通过网络随时了解政策执行过程中出现的各种情况和问题以及实际达到的政策效果，以便随时加以修正或完善。"[8]政府应正视网络舆情的影响作用，了解舆情对公共政策的影响途径、方式和效度，将网络舆情回归至理性的轨道，发挥其应有的作用，促使公共政策的民主化、科学化和法制化，也有利于我国民主社会的建设。

参考文献：

[1] 刘毅.网络舆情研究概论 [M].天津：天津人民出版社，2007：326.

[2] 刘毅.网络舆情研究概论 [M].天津：天津人民出版社，2007：53.

[3] 陈显中.政务微博引导网络舆情的机制研究 [J].宁夏社会科学，2012，5（3）.

[4] 盖宏伟.现代西方几种主要民主理论评述 [J].燕山大学学报（哲学社会科学版），2003，4（4）.

[5] 段溢波.网络舆情的两面性特征与引导策略探究 [J].科技与管理，2012（3）.

[6] 郭昭如.政府偏好视域下网络舆情对公共政策影响的效度分析 [J].青岛行政学院学报，2010（5）.

[7] 刘邦凡，罗白玲.试论政府电子治理 [J].电子政务，2005，12（7）.

[8] 韩兆柱，王磊.网络环境下制定与公民参与分析及对策 [J].平原大学学报，2005（5）.

论我国行政问责制发展过程中的三大转向

李晓茯①

摘要: 问责制作为中国当代社会主义政治体制改革和制度创新的重要组成部分,不仅是我国行政改革的题中之意,也是我国迈向责任政府的重要一步。回顾改革开放以来我国行政改革的发展历程,问责制经历的三大转向使其不断向科学、人本、高效的目标发展。

关键词: 问责制　行政问责　公共权力

一、从同体问责向异体问责转向

自 2003 年"非典"事件我国建立行政问责制度以来,"7·23"甬温线特别重大铁路交通事故的问责处理成为继"非典"之后我国问责制发展进程中的另一标志性事件。随着民主制度改革的推进和实施,公权力的运用和监督也越来越受到关注和讨论。政府作为权利的主体机构,如果享有权力而不承担相应的责任,必然意味着公共权力的无限膨胀与扩张,最终必然威胁民众权利的实现。[1] 因而,同体问责就显得尤为必要。通常认为,同体问责属于内部监督,即在整个行政系统内部上级对下级的监督和考察,这种上问下责的问责模式在初始阶段对于提高责任意识、加强内部监督确实起到了积极作用,而且基于内部的问责往往更能熟悉整个流程和工作,有利于对工作的了解和实际考评。但是内部问责最大的弊端就在于整个问责体系的封闭性,由于所有的问责工作和流程是处于内部封闭的系统之中,旁人无从了解和过问,只是体系内部的监察和自省,特别是在科层制的层级系统中,上问下责很容易做到,而下问上责通常是十分困难的。且不说下级对上级的监督在实际工作中形同虚设,即便是上级对于下级的监督和管理也往往处在人情世故的纠缠中,这种刚性制度与柔性人情难以平衡带来的冲突和压力,使得"一些税务、公安和法院等部门工作人员常常要妥协于上级领导干预等外部压力,冒违规违法的风险,作错误的选择"[2]。由于同体问责的主体单一,问责者与问责对象同属一个行政体系的上下级关系导致的问责不规范、问责不彻底、问责不公平、问责不公开、问责力度弱、问责效用差等一系列问题,同体问责向异体问责的转变就显得尤为紧要。与此同时,政府问责制既是对政府官员失责行为的一种责任追惩机制,也是保障政府官员忠实履行责任的一种激励机制。[3] 所谓"异体",主要指行政系统之外的其他组织机构,主要包括人民代表大会、司法机关(法院和检察院)、民主党派、社会团体、新闻媒体和公民等。异体问责从外部对行政系统进行监督和问责,在体制上避免了内部问责的形式化、封闭性、效率低等问题。由于我国实行的是中国共产党领导下的人民代表大会制度,因此,人民代表大会是问责中最重要的问责主体,加强人大的问责权力是深化问责的核心。然而就异体问责而言,由于在一定程度上立法、司法、行政同属于国家体系的三大组成部分,三个体系既相互独立又相互协助共同管理国家事务,因而如果说人民代表大会、司法机关、民主党派是政府体系外的"异体"的话,那么公民、社会团体则是政府体系

---

① 作者简介:李晓茯(1987—),女,河北省张家口市人,燕山大学文法学院行政管理专业 2011 级硕士研究生,主要从事行政改革方面的研究。

之外"异体"的"异体",因此,在异体问责制中,要加强和深化公民参与监督与问责,使其成为异体问责的又一关键。

二、从政府问责向公民问责转向

要形成政府与公民之间的良性互动,还要使政府与公民的关系从政府向公民单向公开信息,转变到公民的积极参与上来。只有人民群众真正了解政府决策和行动的全过程,才能真正实现对政府的强有力监督。[4]行政问责问题的著名研究者周亚越认为,公民问责"就是指公民针对各级政府及其官员承担的职责和义务的履行情况而实施的,并要求其承担否定性结果的一种社会活动"[5]。其中,问责的主体是公民及公民组织,问责的客体包括各级政府及其公务人员,问责的内容涵盖了政务执行过程中包括政策的制定、执行、效果的评估以及在管理过程中的诸如用人不善、监察不当及决策失误等。因此,公务人员在日常工作中不仅要面对上级领导的视察和监督,同时也在接受广大人民群众的考察和检验,且我国是人民民主专政的社会主义国家,一切权力属于人民,政府权力是由人民委托赋予的,政府在拥有权力的同时也被赋予相应的责任,因此政府及其公务人员必须对人民的公共意志和利益负责,对选民或选民代表机构负责。[6]公民问责制的发展在加强公民参与、增强公民的问责意识的同时还要完善政务公开机制,保障公民的知情权和参与权;不但要建立畅通的问责渠道和完善的问责程序和制度,而且要保障公民问责的权利,健全公民问责权利保护制度。

三、从行政问责向公务问责转向

问责制度的产生在一定程度上增强了政府的责任意识的同时,也改变了公民对于原来"官本位"思想中"官最大,一切官说了算"的看法。但与此同时,行政问责制的局限性也充分地暴露出来,不仅存在着大量按现行制度应该追究却最终无人追究的责任事件和责任人,而且还面临着更多责任事件和责任人无法追究的困局。公共选择理论认为,政府及其政府公务员同样存在追逐自身利益最大化的问题。正因为政府权力受利益动机驱动,从而表现出权力的膨胀性,这是行政权力的根本特性。[7]现有的行政问责制度的问责范围局限于对行使行政权力的行政机关及其工作人员的责任追究,使得在实际工作过程中行使法定执法权和从事公共管理工作的编外人员游离于行政问责的范围之外。如"河南城管打伤卖菜老人"事件中,经询查得知事故主要责任人是某物业公司人员,属于"临聘人员",不属于所系城市管理部门。这样的恶性事件一经曝光就引起舆论关注,经过纠察往往是领导责任人遭处分或将执行人开除,但是近来的"临聘人员"却往往成了这类事件的主要挡箭牌,显然这样的处理不能给公众一个满意的答复。"久而久之,这也成为某些政府部门或工作人员违法行政的便捷出口,方便他们故意雇佣临聘人员身份者去从事必然带来侵害公众利益或者损公肥私的活动。这也是近年来许多责任事故一旦被披露,这些部门就总是用'临聘人员'来充当推卸责任惯用手段的制度原因。"[8]行政问责转向公务问责的过程无疑扩大了相应责任人的问责范围,将政府问责的范围扩展至各种直接或间接行使政府公共管理权力的公务活动机构和个人,参与其中的公务人员要追究责任,与此事相关的也要进行问责,此时人人自危,人人紧张。同时公务问责明晰责任主体范围,打破以往的对"人"不对"事"的问责方式,将具体的问责对象扩大到整个问责事故中,这种只对"事"不对"人"的"公务问责"在避开了针对当事人的问责过程中的主体模糊的同时也明确了问责的公务范围。公务问责的要旨在于无论是政府在编人员,还是经过授权具有公共事务管理服务职能的组织和人员，只要是依据相应法律法规执行公共事务管理就要和正式在编的公务员一样接受行政法规的约束和制裁。

参考文献：

[1][4] 韩兆柱，司林波 . "问责制"使做官难了 [J]. 人民论坛，2006（24）：34-35.

[2][7] 韩兆柱 . 责任政府与政府问责制 [J]. 中国行政管理，2007（2）：18-21.

[3] 钱富熙，宣金祥 . 基层干部心理健康存在的问题、原因及对策 [J]. 领导科学，2013（3）：22-23.

[5] 周亚越 . 公民问责：机制缺失及其治理 [C]// 中国行政管理学会 . "建设服务型政府的理论与实践"研讨会暨中国行政管理学会 2008 年年会论文集，2008：6.

[6] 刘邦凡，刘丽波 . 从行政权力的运行轨迹看完善其运行机制 [J]. 党政干部学刊，2005（10）：31.

[8] 天津广播网 [EB/OL].http://jingji.radiotj.com/system/2009/08/25/000150052.shtml，2009-08-25.

浅论中国食品安全对策研究

高 倩[①]

摘要： 媒体的曝光让早已千疮百孔的食品安全问题赤裸裸地呈现在公众面前，本文对食品安全问题的对策进行研究，为政府更好地进行监管提出对策、建议。

关键词： 健全 强化 约束

从"三聚氰胺"到"瘦肉精"，再到最近的"速成鸡"事件，媒体的曝光让早已千疮百孔的食品安全问题赤裸裸地呈现在公众面前，本文将对现存的食品安全问题的对策进行研究。

一、健全法律体系

作为食品安全母法的《中华人民共和国食品安全法》有未完善之处，《中华人民共和国食品安全法》在纵横向存在薄弱环节，纵向上缺少相应的文件、规章、条例等与之配套，横向上对食品添加剂、乳制品或其他具体种类的食品的管理也有待更具操作性的管理细则进行补充，可通过地方立法对食品安全法律体系进行补充完善。

一位曾在基层工作过十二年的质检局局长认为："中央制定法律的领导缺乏实际工作经验，实属'闭门造车'，制定出的法律到地方缺乏执行性。"例如《中华人民共和国食品安全法》第八十四条规定："违反本法规定，未经许可从事食品生产经营活动，或者未经许可生产食品添加剂的，由有关主管部门按照各自职责分工，没收违法所得、违法生产经营的食品、食品添加剂和用于违法生产经营的工具、设备、原料等物品；违法生产经营的食品、食品添加剂货值金额不足 10 000 元的，并处 2 000 元以上 50 000 元以下罚款。"对于这条法律规定，首先，各省地方上未取得生产经营许可的小型经营户为数不少，如果在执法的过程中直接"没收违法所得、违法生产经营的食品、食品添加剂和用于违法生产经营的工具、设备、原料等物品"，就有可能在执法的过程中激起民意的不满，甚至造成民众抗拒执法。其次，本条法律中有关处罚的规定，"违法生产经营的食品、食品添加剂货值金额不足 10 000 元的，并处 2 000 元以上 50 000 元以下罚款"，在执行过程中，也令执法人员产生了困惑，在违法金额不足 10 000 元的情况下，处 2 000 元以上 50 000 元以下的罚款，那么在何种情况下处罚 2 000 元，在什么程度下处罚 50 000 元这就是个问题。

在《中华人民共和国食品安全法》有待完善的情况下，各省可通过地方立法，对食品安全法律体系进行补充完善，如明确食品小作坊监管权属、制定具操作性的各环节食品安全监管程序和颁布不同类别食品经营许可的标准和审批细则等，都能对提高食品安全监管水平起到立竿见影的效果。

[①] 作者简介：高倩（1987— ），女，河北省三河市人，燕山大学文法学院 2011 级行政管理专业硕士研究生，主要从事行政管理方面的相关研究。

二、促进公众的参与

公众参与可以帮助减少政策的错误，赋予监管及其结果以民主的正当性，增加一般公众对于风险的知识，增加公众对于监管正当性的信心。

（一）通过与公众的沟通重建公众的信任

促进公众的参与，首先在于与公众进行沟通。通过沟通，可以提高政府行为的可信性和正当性。只有公众了解科学的发展所隐含的可能的灾难，才能有必要的道德发展来防止科学技术的滥用。通过风险沟通了解公众能够容忍和接受的风险程度，甚至影响公众对风险的认知，从而为监管机构减少不必要的压力。[1]

（二）通过风险教育提升公众的能力

除了强调公众的参与外，还需要强调对公民的风险教育。通过风险教育使政府相助与公民自助结合起来，主动承担起对自己身体健康和饮食安全的责任。首先包括合理饮食结构建议、对安全食品的简易识别方法、健康饮食习惯的宣传等。因为尽管消费者拥有大量的选择，但他们往往并不拥有充分的信息，不知道他们选择的是什么，所以通过风险教育加强公众的选择能力，充权于公众，也是食品安全改革的要义之所在。[2]

（三）通过公众参与分担食品安全责任

面临现代风险社会，政府没有能力单靠一己之力来应对，通过风险沟通来进行责任的扩散，让公民自己进行选择，并为自己的选择承担风险是一种更现实的方案。进行风险沟通，既是民主的要求，也是现代社会政府能力越来越有限的必然结果。为什么熏制食品致癌远甚于苏丹红，但公众对后者的反应却远远强烈过前者？原因在于前者是知情的选择，而后者是不知情的选择。

三、构建监管能力

（一）伸出监管之手

随着社会的发展，当温饱问题已经不再是人们的主要关注时，以生产为导向的治理思路需要让位于健康为导向的监管思路，要使全社会特别是政府认识到，实施食品安全监管的目的在于防范及减少由市场失灵造成的对公众安全健康的危害，而不仅仅是为了有序的市场竞争，更不是为了查处不法行为。[3]

（二）强化监管之手

需要给相关监管部门配备足够的资源，使之有能力履行其监管职责：包括政治支持、财政来源、人员、技术等组织生存所必需监查的资源。没有足够的资源，监管任务的完成是一句空话。然而，资源对于需求而言是永远不够的，作为监管机构本身也应该加强自身建设。需要根据应当完成的监管任务来确定拟采取的监管手段。比如，食品安全方面最主要的问题是信息不对称，在这种情况下，以信息披露和甄别来应对是最适宜的，而采取反垄断手段就不太合适。

监管能力建设中最重要的一点在于监管人员，监管的成效最终取决于那些实际执法者。要把监察工作落到实处，充实相关领域的一线执法人员队伍，提高他们的素质和待遇，激发他们的工作积极性和责任感并对其进行定期培训，依法扩大他们的监管范围和监管权限，维护他们执法的权威性，改进食品安全信息的收集和处理的方式。[4]

（三）约束监管之手

一个足够强大的政府也将有能力来侵犯公民的合法权益。要使公众的监督不流于形式，需要给公众充权，通过各种渠道让公民参与到对监管的监督中来。由于食品市场上公民相对企业而言因信息不对称处于弱势，且公民在政治上组织起来的成本相对更高，因此，这种充权对于公民就显得更为重要。

可以通过广播、电视等媒介，普及相关监管法律法规，披露监管部门的工作情况，让公众有信息去进行监督监管。还可以让公民参与公共政策，即公民通过合法的途径与方式，以政策主体和客体双重身份直接或间接参与和影响公共政策，来表达自身利益和意愿的公民增值行为及其过程。[5]

公民参与公共政策，对于保证社会公共政策的公共利益价值取向，提高政策的科学性，优化公共政策体系，建立公民与政府互相信任的良好关系等具有十分重要的作用。[6]

在当代西方社会，社会中介组织已被视为联结市场与政府的纽带，已成为与市场主体和政府并列的第三体系，所从事的都是那些市场主体和政府部门"不愿做的、没有做好或不宜做的事情"[7]。

参考文献：

[1] 盖宏伟，陈树冬，盖涛.简论我国政府信息公开的法制化 [J].法制与社会，2008.

[2] 苏烨，刘邦凡.市民社会视角下参与型电子政府模式研究 [J].商业时代，2009.

[3] 刘邦凡，徐盈盈.论政府克服市场缺陷的积极行为 [J].生产力研究，2009.

[4] 刘邦凡，朱广荣，李尊实.社会主义和谐社会建设与我国政府职能变革 [J].科学社会主义，2006.

[5] 刘邦凡，侯秀芳.论实现新公共管理的公民参与 [J].学习论坛，2007.

[6] 司林波，黄钦.社会中介组织：作用、问题与对策 [J].学会，2007.

[7] 韩兆柱，司林波.论社会中介组织在弥补政府与市场双重失灵中的作用 [J].河北科技大学学报，2006.

试论我国云计算技术发展现状及问题

李志萍①

摘要： 云计算技术是互联网高度发展的结果，随着我国经济和科学技术的发展，云计算技术在我国也获得了一定的发展，但是在发展过程中仍然存在一些问题，本文从云计算技术的相关概念出发，主要分析了我国云计算技术的发展现状以及存在的问题，以期为云计算的发展提供参考价值。

关键词： 云计算　现状　问题

一、云计算的概念及特点

云计算（cloud computing）是一项新发展起来的计算机技术，还处在不断发展的阶段，它是一个新的概念，这一新概念是在分布式系统、网格计算等基础上提出来的。云计算最大的特点是面对超大规模的分布式环境，它的主要工作模式是把存储在大量分布式计算机产品中的海量数据和处理器资源整合在一起协同工作，通过这一过程使相关的计算分布在大量的分布式计算机上，从而使有关数据中心的运行与互联网类似。[1] 云计算本质上是一种共享基础架构的方法，它能够提供更多的服务，提供服务的渠道是将巨大的系统池连接在一起，这样使计算机资源实现最大程度的丰富，用户可以根据自己的需要访问计算机和存储体系。在云计算模式下，用户可以通过电脑、笔记本、手机等方式接入"云"中心，按自己的需求进行操作去寻求自己需要的资源。云计算相对于传统计算机技术的优点是更强的计算能力、成本更低、服务更全面，这样的优势必将获得越来越大的应用空间。

二、我国云计算的发展现状

近年来，随着我国计算机和网络技术的迅速发展，云计算技术在我国也得到了一定的发展，并且呈现出发展越来越广泛的应用市场。

截至目前，我国的云计算技术经历了引入和初步发展两个阶段，从 2007 年人们开始研究云计算到云计算技术真正应用到实际中是云计算的市场引入阶段。在这一阶段中，虽然学者和企业家们都在研究云计算技术，但是云计算的概念还不够明确，直到 2009 年，云计算概念才得到广泛普及，越来越多的人开始知道云计算技术，越来越多的企业家开始投入热情运用云计算技术。[2] 至 2010 年下半年，云计算技术市场开始逐步摆脱引入阶段，技术日益完善，市场规模不断扩大，逐步向着更成熟的方向迈进。

目前，我国的云计算技术发展处于初级阶段，通过各方的不断努力，我国在云计算的研究和探索方面取得了一定的成绩，中国移动通信研究院进行了名为"Big Cloud"的一个基于开源技术建造的实验性云计算平台。在政府部门方面，为便于学者和企业研究和探讨云计算技术的具体发展，中国电子学会在

---

① 作者简介：李志萍（1987—　），女，汉族，河北省张家口市人，燕山大学文法学院硕士研究生，研究方向：电子政务。

2008 年专门成立了中国电子学会"云计算专家委员会"，为专门研究云计算技术提供了有力的保障和支持。除此之外，在相关政府部门的指导和支持下，中国电子学会于 2009 年 5 月 22 日在北京举办了首届中国云计算大会，为云计算技术的发展带来了新的机遇。2009 年，阿里巴巴集团在南京开始建立国内首个"电子商务云计算中心"，这是云计算技术在商业领域得到发展的有力证明。

三、我国云计算面临的发展问题及挑战

尽管云计算的发展会给企业和个人带来很多方便，但它在我国的发展仍然存在一些问题，面临很多的挑战，需要我们认真分析和对待。

（一）高可靠的网络系统技术不够完善

云计算的发展必须以高可靠的网络系统技术为基础，大规模的服务器集群系统是云计算技术发展的支撑，而可靠性和稳定性是大规模网络技术系统面临的最大挑战之一。[3] 但是，我国计算机和网络发展程度对于提供高可靠的网络系统技术还不够完善，给云计算技术的发展带来一定的阻碍。

（二）数据安全技术存在一定问题

数据的安全包括保证数据不会丢失和保证数据不会被泄露及非法访问两个方面。[4] 对计算机网络用户而言，数据安全性是首先要考虑的问题，因此，数据安全技术的发展和完善程度直接关系到云计算技术的进一步发展和普及，我国必须加大力度进一步完善数据安全技术，为云计算的发展提供保障。

（三）海量数据的挖掘技术制约云计算的发展

云计算的特点之一是数据量大，因此，如何从海量数据中获取有用的信息，将是决定云计算应用成败的关键。[5] 因此，要想获得云计算技术的发展就需要新的思路、方法和算法来完成海量数据的挖掘工作，这是我国发展云计算当前和以后面临的一大问题，同时海量数据的存储和管理也是一个巨大的挑战。

四、结　语

云计算作为一种新型的计算模式迎合了时代的发展，不仅大大降低了计算的成本，而且也推动了互联网技术的发展。虽然，云计算的发展遇到一些问题，但是在众多公司和学者的研究下终会得到解决，最终普通消费者用户都可以使用。

参考文献：

[1] 刘邦凡，张婷婷.论基于云服务的 G2C 电子政务 [J].安徽电子信息职业技术学院学报，2012（5）.

[2] 刘邦凡，刘乃郗，冀旭妍.云计算、物联网与第三次分配 [J].电子商务，2012（10）.

[3] 陈全，邓倩妮.云计算及其关键技术 [J].计算机应用，2009（9）：2562-2566.

[4] 刘树超.云计算的研究与探讨 [J].煤炭技术，2010，29（9）：224-225.

[5] 钟晨晖.云计算的主要特征及应用 [J].软件导刊，2009，8（10）：3-5.

探析未来云计算对政策支持系统的影响

周　萌[①]

摘要： 近年来云计算作为一种新兴的网络应用模式而迅速发展，拥有强大的计算和储存能力。将云计算引入到政策支持系统，可以有效提高信息收集和整理速度，提高信息的加工和存储能力以及传输速度，降低政府决策的成本，提高政府决策的效率。

关键词： 云计算　云存储　政策支持系统　信息收集　信息存储　信息传输

一、云计算的简述

（一）云计算的概念

"云计算"概念首先是由 Google 提出的，是一种网络应用模式。中国科学技术大学（University of Science and Technology of China）陈国良院士把云计算定义为并行已相对成熟与稳定的互联网的新型计算模式，即把原本存储于个人电脑、移动设备等个人设备上的大量信息集中在一起，在强大的服务器端协同工作。它是一种新兴的共享计算资源的方法，能够将巨大的系统连接在一起以提供各种计算服务。[1]

云计算中的"云"可以再细分为"存储云"和"计算云"，也即"云计算＝存储云＋计算云"。云计算的关键是利用其自身的储存和计算能力，为终端用户提供便利，终端用户只需要进行简单的输入输出，就可以拥有所需的各种需求。

（二）云计算的原理

云计算的基本原理是，用户所需的应用程序并不需要运行在用户的个人电脑、手机等终端设备上，而是运行在互联网的大规模服务器集群中。[2]

（三）云计算的特点

1. 云计算中数据安全可靠

云计算可以利用其强大的存储能力，存储大量的数据，同时还可以保证这些数据的安全，不用担心因为电脑硬件的问题导致的数据丢失，移动硬盘和 U 盘时代将成为过去时。

2. 用户端设备要求低

云计算为用户端提供了极大的便利，同时对用户端的设备要求非常低，让用户使用起来方便快捷。

---

① 作者简介：周萌（1987—　　），女，河北省邢台市人，汉族，燕山大学文法学院行政管理专业硕士研究生，从事政府决策和行政管理心理方面的研究。

3. 轻松共享数据

云计算让我们可以轻松实现不同设备间的数据与应用共享，提高了数据的传递速度，减少了我们的工作成本。

二、政策支持系统

政府决策是公共权力机关经由政治过程所选择和制定的为解决公共问题、达成公共目标以实现公共利益的方案。[3] 随着科学技术的进步和社会的变迁，政府决策的问题在数量和涉及领域上越来越多，传统的技术存量已经无法满足决策者的需要，为此计算机决策支持系统应运而生。

计算机辅助决策支持系统（简称"DSS"）以管理科学、运筹学、控制论和行为科学为基础，以计算机技术、仿真技术和信息技术为手段，辅助中、高层决策者的决策活动，是具有智能作用的人机计算机系统。DSS 是一个由多种功能协调配合而构成的以支持整个决策过程为目标的集成系统，由对话、数据和模型等三个子系统组成，其中模型子系统使决策者能够提出和比较各种备选方案，从而对有关问题进行全面分析并做出决策。其软件系统由数据库管理软件、模型库管理软件及管理用户和系统接口软件组成，这是通常的二库系统，在二库系统上增加一个方法库成为三库系统，在三库系统上增加一个知识库，称为四库系统，使之成为知识化决策支持系统，将人工智能技术引入 DSS，使系统智能化、知识化，实现对生产规律、决策规律以及模型、方法、数据等方面知识的存储和管理，在管理判断和推论方面为决策者提供依据，提高决策的效益。[4] 其中，信息传播系统是 DSS 的重要组成部分，信息传播系统包括信息的收集与整理、信息的加工与储存和信息的传递三个方面。

三、探析未来云计算对政府决策支持系统的影响

（一）提高信息收集和整理的速度

要想在政府决策上不失误，必须有丰富可靠的情报来源、迅速的情报传递、准确的情报研究。没有一大批定量的数据就不可能为政府决策做出定性分析。[5]

若是将云计算引入到政府决策支持系统中，一旦政府的决策者发出命令之后，通过数据挖掘工具触发数据仓库管理系统，从数据仓库中获取与任务相关的数据，生成辅助模式和关系。这些模式和关系被分析评价后，一些被认为感兴趣的数据通过人机交互系统提供给决策者，另外一些发现则加入到知识库中，用于新的知识发现和知识评价，这样能够大大提高政府决策者收集和整理信息的速度。由于政府决策系统的分析需求是不断变化的，是事先难以预测的，采用这种新型结构，可使云服务 DSS 能够真正成为灵活实用的系统。

（二）提高了信息的加工和存储能力

云计算的根本理念所在，即通过网络提供用户所需的计算力、存储空间、软件功能和信息服务等。我们知道云计算包括计算云和储存云，云计算拥有强大的储存能力，数据不需要在网上下载，应用程序也不再需要在网上下载安装，通过云计算，我们可以直接使用我们所需的数据，让移动硬盘、U 盘等移动设备真正的成为过去时。在决策过程中我们有很多信息需要储存，我们一般会放入电脑中，但是一方面电脑本身的储存能力有限，另一方面我们的电脑经常会受到病毒的威胁。而云计算不但拥有强大的储

存功能还非常的安全可靠，云安全通过网状的大量客户端对网络中软件行为进行异常监测，获取互联网中木马、恶意程序的最新信息，推送到服务端进行自动分析和处理，再把病毒和木马的解决方案分发到每一个客户端。[6]这将大大提高信息的加工和存储能力。

（三）提高了信息的处理和传输速度

互联网时代以前，信息为政府及官员所垄断，公众只能了解有限的信息。网络的兴起以及大规模的应用，大大加快了政务公开的步伐。[7]行政现代化在很大程度上归功于网络技术的发展，因为网络技术的发展，使政府能够通过网络实现政府管理的民主化。[8]

未来云计算的发展，将有效提高信息处理和传输的速度，极大地降低信息沟通和传递的成本。云计算的一个显著特点是轻松共享数据，云计算可以轻松实现不同设备间的数据与应用共享。[9]这样公众和基层政府可以借助网络渠道共享高层的决策并且可以直接将信息传至决策层，更有利于双方信息的沟通，有利于问题的解决，这样中间层信息传递的功能将会被网络所替代，中间层级功能的消退，消除了信息与决策层之间的时空限制以及一些人为的阻塞，加快了信息的传递速度，有效避免了信息传递失真以及由于信息失真所引起的决策失误。

近年来云计算在我国发展迅速，很多大中企业开始利用云计算来降低成本，提高工作效率，笔者通过探析未来云计算对政策支持系统的影响，预测云计算强大的信息处理和存储能力将为政策支持系统提供极大的便利，云计算将成为未来网络发展的趋势。我国政府应该抓住云计算这一机遇，提高政府决策的科学性和高效性，提高政府决策效率，更好地为广大公众服务。

参考文献：

[1] 陈国良，孙广中，徐云.并行计算的一体化研究现状与发展趋势[J].科学通报，2009（8）.

[2] 张建.云计算概念和影响力研究[J].电信网技术，2009（1）.

[3] 宁骚.公共政策学[M].北京：高等教育出版社，2007:185-186.

[4] 刘瀛弢.网络时代科研机构国有资产管理模式研究[D].北京：中国农业科学研究院，2004.

[5] 韩兆柱，王磊.网络环境下政策制定与公民参与分析及对策[J].人大研究，2006（1）.

[6] 张志敏.云计算技术初探[J].商情，2011（16）.

[7] 吴勇，孙常程.网络公民参与对政府政策制定的影响及对策研究[J].科技管理研究，2009（8）.

[8] 迪莉娅.论行政现代化过程中的技术性道路选择[J].科技管理研究，2010（6）.

[9] 刘邦凡，张婷婷.论基于云服务的G2C电子政务[J].安徽电子信息职业技术学院学报，2012（5）:1-4.

浅析后新公共管理对行政问责的适用性

汪 澜[①]

摘要： 行政问责制是实现我国民主政治和构建责任政府的一种具体的制度安排，也是推进依法行政的重要保证。后新公共管理是新公共管理后的又一轮改革浪潮，它更注重社会公平正义，使政府更加负责，提高行政问责的有效性。

关键词： 后新公共管理 行政问责制 公民政治参与

世界经济危机后，各国承受的经济竞争压力和信息技术革命的挑战也越来越大，民众更注重自身权力，需要政府更加负责。行政环境的改变，驱使着行政制度必须适应相应的环境。后新公共管理作为一种新的行政模式，更注重公平正义的价值，与行政问责的目的是相符合的，它为行政问责提供了新的视角，能够促使政府更加负责，提升政府的公信力和执行力。

一、后新公共管理解析

（一）后新公共管理理论的提出

20世纪七八十年代以来，西方各主要资本主义国家相继陷入了一场空前的危机之中。新公共管理应运而生，它继承了西方管理主义的思想源流，主张将政府管理治理与市场机制结合，把私人企业的各种管理方式引入公共部门，有效地增强了政府活力，提升了公共服务品质，在政府治理的经济、效能方面起到了一定的作用，但是它过分注重效率、效能而忽略了社会的公平正义。20世纪90年代，各国开始反思这种政府治理模式理论，对它进行了一系列的分析、批判，形成了后新公共管理。

（二）后新公共管理的主要理论

后新公共管理作为新公共管理改革的第二轮浪潮，同样是基于政治经济学、制度学和管理学的理论基础。严格来说，后新公共管理只是一种理论思潮，是在批判新公共管理范式基础上对管理主义观点的统称。后新公共管理从实践角度，针对由于施行新公共管理中所带来的公共服务"破碎化"责任问题与民主社会价值观缺失等问题所采取的一系列新理念、新方法和新模式，从而提高政府的效能和合法性，它的理论可以概括为以下几个方面。

1. 价值多维共融

新公共管理过分注重3E，把经济、效率效能作为金科玉律，波立特（Pollitt）曾经指出：20世纪

---

① 作者简介：汪澜（1987— ），女，汉，河北省秦皇岛市人，燕山大学文法学院2011级行政管理专业硕士研究生，研究方向：行政管理理论与实践。

七八十年代的新公共管理改革方案"被关于效率和经济价值所支配，而效能只能排在第三位"[1]，其他的价值"诸如公平、正义、代表性和参与等，不是被剔出议程，就是被视为迈向高产之路的绊脚石"[2]。而后新公共管理，在新公共管理效率价值基础上，突出公平、公正、正义，强调公共性、民众参与和政府责任。

2. 适度集权

"后新公共管理主张适度集权，主要包括两个维度：纵向上，通过加强官僚等级控制，将下放到地方的部分权力逐渐收回；横向上，通过加强同级各个部门之间的协作，在提高行政效率的基础上同时实现各部门之间的相互监督和制约，避免各自为政的情况出现。"[3]

3. 信息技术再造

在新公共管理改革中，信息沟通的路径往往局限于政府部门横向或纵向间，政府机构内部纵向和横向的信息障碍与部门之间的纵向壁垒结合在一起，而受到严重影响的信息充分共享问题，私人部门和非营利组织很难共享信息。后新公共管理主张信息充分共享，利用信息技术来达成目的，尤其是在政策制定和公共服务输出中。

二、后新公共管理与行政问责制

（一）后新公共管理理论对行政问责制改革的适用性

我国行政问责制在提升政府执行力和公信力方面发挥了一定的作用，然而它仍处于探索初步发展阶段，仍然存在着政府官员不作为、乱作为以及部门间推诿扯皮现象。后新公共管理运动的兴起为我国行政问责制改革研究提供了新的视角，主要有以下几方面的意义。

首先，后新公共管理主张在效率的基础上，注重公正、公平以及公共服务，有利于政府机构及其官员选择正确的价值取向。在追求经济发展、提升行政效率的同时，也关注社会公平公正，提高公共产品和公共服务的质量，把自身责任同社会责任结合起来，使"政府责任的公共性、进步性进一步得到彰显，政府的行政机制和职能进一步完善"[4]。

其次，有助于政府机构部门权责明确。加强政府机构部门间合作，提升政府执行力。后新公共管理主张适度集权，建立强有力的中心机构，加强对下级政府部门以及人员进行有效的监督和控制，因此，运用后新公共管理能够明确中央政府与下级部门间的责任，对于下级部门和人员的不作为、乱作为能够有效地追究其责任。清晰了行政问责的范围，从而提高了政府的执行力和公信力。

最后，在行政问责中，公众对于政府机构、官员责任的知情权是至关重要的。"行政活动要公开透明自觉接受公众的监督并且在作出某项重大决策时也要在一定程度上争取公众的理解和认可。"[5]后新公共管理主张信息的充分共享，促进政府部门与社会各界的沟通，让公众迅速了解政府机构的组成、职能和办事规章政策法规，提高办事执法透明度，并自觉接受公众监督，约束自身行为。促使"政府摒弃官本位和权力本位的理念实现政府存在价值向公民本位、社会本位、权利本位的回归，坚持以人为本、以民为本的思想理论指导，切实体现为人民服务之宗旨"[6]。

参考文献：

[1][2] Pollitt Christopher.Managerialism and the Public Services: The Anglo-American Experience[M].UK:Oxford Basil Blackwell, 1993.

[3] 盖宏伟.后新公共管理视阈下街头官僚自由裁量权研究[J].理论探讨，2011.

[4] 谢中起.生态视域中的政府责任[J].生态环境，2010.

[5] 刘邦凡，梁俊山，王宏禹.论服务型政府对电子政务建设提出的新要求[J].电子政务，2010.

[6] 刘邦凡，梁俊山，王宏禹.论服务型政府对电子政务建设提出的新要求[J].电子政务，2010.

新公共管理理论视域下电子政务比较研究

汪　澜 [①]

摘要：新公共管理理论与因对新公共管理运动反思而兴起的后新公共管理理论，都主张用信息技术改革政府管理。本文对新公共管理理论电子政务和后新公共管理理论电子政务做了比较分析，探究其间的异同，以期为新时期电子政务创新发展提供参考。

关键词：新公共管理　后新公共管理　电子政务

知识经济和信息技术的飞速发展为电子政务发展提供了条件，使得政府可以在内部采用电子化和自动化技术的基础上，利用现代信息技术和网络技术，建立起网络化的政府信息系统，并利用这个系统为政府机构、社会组织和公民提供方便、高效的政府服务和政务信息。

新公共管理是 20 世纪 80 年代以来在美国、英国、新西兰等国家兴起的思潮，也是政府治理模式与理论，主张把政府治理与市场模式结合在一起，利用信息技术改善政府的组织和管理，这对于提升公共服务质量起到了一定的作用，然而它过分注重效率效能，忽略了社会的公平与正义。20 世纪 90 年代，各国开始反思这种政府治理模式与理论，对它进行了一系列的分析、批判，形成了后新公共管理理论模式。后新公共管理理论模式在信息上主张信息共享，更加注重社会公正与公平。本文针对新公共管理、后新公共管理视野下的电子政务，对比分析这两种模式对于电子政府方面的异同，以期为新时期电子政务创新发展提供参考。

一、新公共管理理论指导下的电子政务

20 世纪七八十年代以来，西方各主要资本主义国家相继陷入了空前的危机中，新公共管理应运而生。新公共管理继承了传统的管理主义思想，同时吸纳了现代经济学的方法思维，主张把政府治理与市场模式结合在一起，依靠先进的技术，改革政府的传统官僚制结构，把私人企业的管理方法引入到公共部门。[1] 新公共管理理念是当今世界各国构建电子政务系统的核心理念，为电子政府的建设提供了理论指导。

1. 坚持以顾客为中心

发展电子政务是为了保障人民的知情权，让人民及时了解政府信息，简化行政程序，提高行政效率，更好地服务人民。

2. 遵循价值三定律

新公共管理以经济、效率、效能为中心的价值体系，强调效率效能的价值，发展电子政务，可以通

---

① 作者简介：汪澜（1987—　　），女，汉，河北省秦皇岛市人，燕山大学文法学院 2011 级行政管理专业硕士研究生，研究方向：行政管理理论与实践。

过信息促进政府回应力、提升政府沟通效率、提高政府决策质量和水平。

3. 选择以信息技术改善政府的路径

首先，利用信息技术革命的最新成果，完善行政管理的信息系统，包括决策支持信息系统和管理信息系统。其次，通过网络沟通的途径和方式，缩短信息传递的渠道，为政府削减中间管理层和扁平化提供技术支撑。电子化政府的电子政务模式，增强了政府公务的透明度，保障了民众的知情权，提高了政府的合法性和有效性。

二、后新公共管理理论指导下的电子政务

20世纪80年代，在西方国家兴起的新公共管理理论及其引导下的改革，对西方政府治理和公共部门管理方式都产生了深刻影响，但也存在着一定缺陷。[2]20世纪90年代，各国开始反思这种政府治理模式与理论，对它进行了一系列的分析、批判。

与新公共管理改革相比，后新公共管理改革更注重利用信息技术来达成目的，尤其是在政策制定和公共服务输出中。后新公共管理下公共部门对于电子政务方面态度更加开放，过去不灵活落后的技术逐渐被新的灵活系统所代替，新的系统更依赖于网络和电子通讯新方法。技术被认为是改进公共部门运作和向公民提供服务的关键因素，信息技术再造能够有效地弥合政府组织裂化、促成部门合作。后新公共管理改革主张信息资源充分共享，从以下两方面实现信息技术再造。

1. 树立坚定的信息共享理念

实现信息共享，首先要在网络内部建立基础设施以促进信息转移，其次还要确立相应的政策，促使信息负责人员间的合作交流。最重要的是要树立坚定、依赖的信息共享理念。

2. 创建有效的信息沟通渠道

创建有效的信息沟通渠道，是实现信息技术再造的另一个途径。有效的信息沟通渠道可以协调合作伙伴成员之间的活动并建立可信赖的关系。各级政府可以建立不同的电子门户系统，以便于其他私营部门和非营利组织或公民可以及时获得重要的信息，并将效果反馈给政府。同时还要建立一个为每个组织所认同的信息共享协议书，以保证加入这些电子门户系统的组织可以保证共享除了最敏感信息之外的所有信息。

三、两种电子政务的比较与反思

通过两种电子政务的比较，不难发现，不论是新公共管理下的电子政务还是后新公共管理下的电子政务，它们都有着相似点。后新公共管理电子政务可以说是对新公共管理电子政务的补充延续和发展。[3]两者的目的都是为了建立一个无缝隙的政府，加速政府对社会和市场的回应，使民众获得更快捷高效的政府服务，同时使政府系统更富有效率和效能。除此之外，两者面对的背景都是知识经济的发展，信息技术迅猛发展为电子政务提供了技术支撑和条件，在影响上都促进了组织调整和民众的参与等。

同时，作为对新公共管理进行理性批判和继承的后新公共管理，两者在电子政务方面也有着不同，后新公共管理在电子政务方面有着创新发展。在信息公开程度上，后新公共管理主张信息有限开放发展为信息共享，这不仅是信息开放程度上的变化，而且是政府在治理理念上的重大进步。同时，在信息沟

通渠道上，新公共管理更强调和突出的是行政机关内部的纵向沟通，而忽视和同级间信息的交流和沟通。后新公共管理在新公共管理基础上，强调横向纵向的信息流通交流。在价值理念上，新公共管理下的电子政务，过分强调经济效率，忽视了公共性和政府责任。后新公共管理在理性认识新公共管理价值体系的基础上，突出公共性和公正性，这使后公共管理下的电子政务也带有这方面的色彩。

不论是新公共管理下的电子政务，还是之后对其理性继承发展创新的后新公共管理下的电子政务，虽然在建立无缝隙政府、提高政府系统的经济效能、服务民众质量等方面发挥了不可替代的作用，但是电子政务仍然存在着一系列的问题，值得我们认真加以反思。[4]

1. 信息鸿沟问题

信息化机制使许多社会主体分享到电子化政府的优势效应，但也疏离了一部分信息缺乏者和技术缺乏者。信息的不对称形成了一种新的社会不公平，它无意侵犯了一类新的弱势群体的基本权利。他们被排除在电子化政府的直接治理范围之外，无法体会电子化政府的优越性，必须采取辅助措施解决这方面的问题。

2. 授权与信任风险问题

为实现通过网络和电脑等途径传送政府服务于民众的目的，行政机关必须对业务的内容复杂度、一般性和特殊性要求、信息的机密程度等进行分析判断，并相应调整工作流程和组织结构，使政府机关本身能在职权范围内向民众提供大量的、便捷的信息服务，因此，电子化政府运作更需要授权和信任机制。如果缺乏信任或是授权有误，那么电子化政府的运作就会损害委托人的利益，造成权力滥用现象。

3. 文化冲突问题

电子化政府不仅导致国内政务的虚拟化，而且引致国家本身的虚拟化趋势，外来文化与本土文化的交流更深刻广泛，不同文化间相互碰撞摩擦，外来文化会对本土传统文化的统治地位造成威胁挑战。如何协调两种文化的冲突、防范文化失范是电子化政府的难题。

4. 安全保护问题

如何协调政府信息情报的最大限度公开与个人隐私保护之间的关系，是电子政府发展的难题之一。此外，信息安全在一定程度上也是电子化政府生命所在。

参考文献：

[1] 盖宏伟.后新公共管理视阈下街头官僚自由裁量权研究[J].理论探索，2011.

[2] 刘邦凡，高一凤.政府管理信息化模式下的电子政务[C]//燕山大学公共管理学科梯队.东亚公共行政改革国际研讨会论文集，2012：5.

[3] Deloitte.TSA: We will never assume we've got the job done [M].New York, 2002.

[4] 刘邦凡，梁俊山，王宏禹.论服务型政府对电子政务建设提出的新要求[J].电子政务，2010.

网络公民社会对民主政治建设的影响

王筠涵　谢　波①

摘要: 网络公民社会的实质仍是公民社会的一种,是公民社会的一个组成部分、一种成长方式和途径。但是它与公民社会一样对民主政治建设有着密切的关系,不仅使民主观念深入人心,还还使民主途径便利化,实现真正的民主监督和公民政治参与。但是,由于我国现阶段的网络公民社会仍处于起步阶段,很多管理设施和制度环境不完善,从而也无可避免地给民主政治建设带来消极影响。

关键词: 公民社会　网络公民社会　民主政治

一、我国网络公民社会的产生与发展

公民社会最早是由亚里士多德提出的,是人们"为了追求自足而且至善生活"而建立的政治共同体或城邦国家。[1]到了近代社会,黑格尔将公民社会重新定义,他认为公民社会就是市民社会,是"从生产和交换中发展起来的社会组织",认为公民社会"是各个成员作为独立的单个人的联合,因而也就是在形式普遍性中的联合,这种联合是通过成员的需要,通过保障人身和财产的法律制度,和通过维护他们特殊利益和公共利益的外部秩序而建立起来的"。[2]

到了现代社会,互联网的兴起在很多方面改变了公民的生活方式,比如获得信息的来源途径和表达自己意见的方式。韩兆柱教授认为当前网络的普及与发展"开辟了民主参与的广阔空间。网络使人们可以摆脱地域疆界的限制,自由地表达自己的意见和利益要求。'在线参与'将成为网络时代政治活动的主要方式之一。网络的开放性使得政府部门的信息共享成为可能。公众通过网络,可以掌握政府各方面的信息"[3]。在互联网中,很多非营利性的网络群组和博客、论坛、网络时评等都可视为网络民间组织。各种网络民间组织在网络这个独立、自主、非官方、非营利的领域,带领网络民众由单一的个体围绕某一事件或人物等出发点转变成为逐渐自愿结成网络社群,由被动地接受信息或新闻变成主动推动事件的发展,由公民在网络中自由讨论、呐喊、呼吁到对现实社会进行资源整合,从而产生具体行动以及伴随行动而逐渐内化的慈善、博爱、信任等价值体系,即为网络公民社会。

二、网络公民社会对民主政治建设的积极作用

民主是近代以来西方政治的基本取向。民主化进程经历了18世纪的革命奠基和19世纪的高歌猛进,其结果是使得这一制度模式日益巩固、成熟,而民主观念也成为牢固的政治成见,而且它被赋予了普世

---

① 作者简介:王筠涵(1988—　),河北省秦皇岛市人,满族,燕山大学文法学院硕士,研究方向:政治学理论;谢波(1987—),河北省石家庄市人,汉族,燕山大学文法学院硕士,研究方向:政治学理论。

的意义而几乎成为全世界的政治范本。[4] 因此，我国的民主政治建设也是刻不容缓的，而网络公民社会的兴起和发展给民主政治建设带来新的契机和积极作用。

1. 网络公民社会有利于推进民主政治的发展，网络公民社会将个体的、不集中的网络公民聚集起来

网络公民社会一方面正如郭祥俊教授所说可以有效地"集中成员的利益要求，并向政府组织传达这种利益要求，即进行制度化、理性化的利益表达；另一方面把政府的政策意图和对相关问题的处理情况转达给成员，促进成员对政府政策的理解和支持，以此预防和纠正成员的偏激行为"[5]。

2. 网络公民社会促进和活跃公民参与，为民主政治建设提供新平台

网络是一个无限虚拟空间，它消弭了时间的概念和空间的距离，使得信息的获取与交流变得更加便捷。"公民有意愿和能力争取民主权利，参与国家管理和社会活动，从被动参与走向主动参与。而网络在社会各领域的广泛渗透和应用恰恰适应了民主政治发展的需要，为公民参与民主政治生活提供了现实可能性。"[6] 因此，网络公民社会成为公民身份意识与公民民主精神萌发的沃土，成为构筑中国民主政治社会建设的全新平台和开阔的精神空间，为公民社会参与民主政治建设带来了新机遇。

3. 网络公民社会加强了公民对政府的舆论监督，完善民主政治建设

"网络媒体以开放性、自由性、匿名性、低成本性、互动性等优势成为公民意见表达与利益诉求的公共领域，在一定程度上实现了公民政治参与及公民对国家权力的限制与监督。网络舆论监督是公众以网络公民社会和网络资源为平台，通过舆论表达的方式，对政府权力运作、社会公共事务及一切涉及公众利益与兴趣的人、事、物实施评定与督促，保证公众权利不受侵犯，实现主权在民的理想目标。"[7] 因而，网络舆论监督是民主政治构建的重要力量，是构建公民社会和民主政治不可或缺的形式之一。

三、当前我国网络公民社会存在的问题及其对民主政治建设的影响

网络公民社会的成熟运转可以对民主政治进行及时而有效的舆论监督，但是网络公民社会是依托网络发展的，就我国当前的网络环境来看，确实存在一些由于网络发展和管理制度不完善而存在缺陷。

1. 网络公民社会进行舆论监督时所产生的舆论监督代表性的问题

网络媒体的开放性尽管可以保证足够多的公众参与公共事务，但是"目前我国网民的主体仍以30岁以下的年轻人居多，他们的学历多为高中及以下，月收入在2 000元及以下，况且还有绝大多数公众因为贫穷、文化程度、技术等方面的因素无法使用网络，以致网络舆论无法真正代表广泛的民意，即使可以代表，又没有什么可以保证这种代表的真实性"[8]。这就使民主政治建设失去了真实反应和代表广泛民意的意义，不利于民主政治建设的长期发展。

2. 网络公民社会对舆论监督的非理性问题

因为网民在现实生活中是具体的公民个体，他们的政治不满往往是其现实社会生存状态和心态的反映，网民在现实生活中的不满情绪或多或少会导致他们对现实政治不满的行为，现实生活的压力和困境使部分网络公民无法正确认识民主政治的发展过程，只看到眼前的缺陷而忽视已经取得的进步和发展，思想偏激，从而容易导致网络公民社会无法获得公民对民主政治的理性看法和意见，不利于民主社会的稳定和健康发展。[9]

3. 网络公民社会对公民监管在不健全的情况下还可能导致舆论监督被操纵的问题

我国的网络公民社会仍处于起步和发展阶段，制度管理和法制环境均不完善，公民辨识真假新闻的能力不强，在一些群体性事件中，网络公民获得的资讯也来源于互联网，一些非法组织利用公民"仇官"、"仇富"等心态，制造虚假讯息，从而使网络公民被非法的网络黑社会力量所利用，他们在网上和非法网络公民组织中夸大事实真相，使公民舆论为他们所掌控，从而实现他们的某种非法目的。这样不仅会造成社会的不稳定，还会对使公民党和政府丧失信心，降低政府合法性，从而破坏我国社会主义民主政治建设，所以我们要坚决防范和理性认识当前我国网络公民社会状况下的对民主政治建设的消极影响。

参考文献：

[1] [古希腊] 亚里士多德. 亚里士多德选集 [M]. 北京：中国人民大学出版社，1999.

[2] [德] 黑格尔. 法哲学原理 [M]. 上海：商务印书馆，1982.

[3][6] 韩兆柱. 论网络环境下政策制定与公民参与 [J]. 电子科技大学学报（社会科学版），2006（1）.

[4] 石敦国. 从卢梭政治思想看现代西方的民主幻象——对政治现代性的一个批判 [J]. 燕山大学学报，2009（10）.

[5] 郭祥俊. 关于独立民间组织实施政府绩效评估的若干问题 [J]. 山东社会科学，2009（7）.

[7] 韩兆柱. 论网络环境下政策制定与公民参与 [J]. 电子科技大学学报（社会科学版），2006（1）.

[8] 陈相雨. 公民社会构建中网络舆论监督效用的理性研判 [J]. 新疆社会科学（汉文版），2011（1）.

[9] 刘邦凡，李娜，杜敬华. 论网络技术对人们政治经济文化生活的影响 [C]// 河北省自然辩证法研究会. 科学发展观与建设沿海强省学术研讨会暨河北省自然辩证法研究会 2008 年年会论文集，2008：5.

论责任政府的属性

王韵涵

摘要： 研究责任政府首先要了解责任政府的属性，责任政府适用于多个政体模式，是一种政府施政理念，也是一种制度安排，是指政府依法行使权力，积极回应社会、满足公民基本权利需要和服务需要的行政理念，并依法承担因不履行或没有完全履行职能而应当承担否定性后果的制度安排。本文从公共权责的一致性、公共利益的至上性、政府责任的确定性、问责主体的多元性、问责客体的广泛性等方面对责任政府的属性进行简要剖析。

关键词： 责任政府 社会问责 属性

责任政府是包括理念、制度等多重内容的一种政府施政模式。目前，对责任政府的界定学术界持有不同的观点，但综合而言，对于责任政府属性的认知还是比较一致的。了解责任政府的基本属性对于我们理解责任政府及其责任的具体实现有积极的作用，所以责任政府的基本属性我们大概可以归纳为以下几个方面。

一、公共责任的同质性（即一致性）

权责对等是政府行使权力的一条重要原则，政府所享有的权力和所应承担的责任应该是对等的，有多大的权力就应该承担多大的责任，有什么样性质的权力就应该有什么样的责任来约束权力。没有责任的权力犹如"脱缰之马"驰骋在权力的旷野上，权力得不到约束就会被滥用。没有权力支撑的责任如同没有基石的大厦，会在没有保障的情况下"坍塌"。有权力就必然要有责任与之相对应，否则政府的违法或者不当行为就无法被有效制约，这样就会形成恶性循环，权力便会凌驾于责任甚至凌驾于法律之上。同样，有责任也必然会有权力与其对应，否则，无法保障责任的实现，责任就会成为一纸空谈。有权无责在现实生活中比较常见，它的危害也是显而易见的，因此，才会形成以责任制约权力的制度机制。[1] 相反，有责无权的情况就比较少见，现实生活中很难出现这样的情况。在政府职能设置和具体岗位职能设置时与责任的大小有关，而责任的大小更与行政人员自身的自立性有关。从公共选择理论角度讲，行政人员是理性经纪人，有自利的一面，所以在行政行为中，行政人员会扩张自己的权力同时减少自己的责任。因此，权责一致是责任政府的一个重要的属性。[2]

二、公共利益的至上性

责任政府的终极任务和政治使命是实现和增进社会公共利益，政府行使公共权力的出发点和落脚点是最大限度地增加社会公共利益，服务广大社会公众。政府行政行为的导向是为公众服务，谋取公共利益，以促进社会公共利益为己任，任何有悖于这一使命或目标的行政行为都应该受到约束和制裁。我国的国家性质是人民民主专政的社会主义国家，人民的利益高于一切，服务人民就是要增进社会公共利益。建设责任政府的直接目标是为了限制政府的权力，促进权力更好地行使，这些基本目标都是服务于最终目标的 [3]，即服务于社会公众、增加社会公共利益。由于我们当前的政府服务的责任意识不强，所以才有必要建设责任政府，将这种服务于社会公共利益的意识灌输、沉淀、内化在政府工作人员的理念中，方可实现建设责任政府的重任。

三、政府责任的确定性

权责对等就是强调有多大的权力就要承担多大的责任，将责任具体化和量化，只有确定量化的责任才能确定惩罚的力度。确定责任涉及两方面的内容——责任主体的确定性和责任内容的确定性。要确定政府的责任就是要明确由谁来承担责任，即责任的主体是谁，在主体不明确的情况下，责任本身多么的科学也落不到实处，否则，即便是对某些政府人员进行责任追究，也会导致责任的篡位，造成责任追究的冤假错案。[4] 明确责任主体之后才能考虑应当承担什么样的责任。其次，对于责任内容本身的确定，此问题确定之后就可以根据职责大小及其所产生的后果来评估和确定所应承担的责任。其中，评估责任较为重要，评估的科学性直接关系着责任的确定性。责任的最终确定既要有量的规定，又要有质的说明，只有质和量相结合，才能将责任的确定落在实处。责任主体确定的前提是责任内容的确定，只有确定责任主体才能明确责任的内容。

四、问责主题的多元性

责任政府的实现需要通过具体的问责制度，如果没有具体的追究政府责任的机制，那么政府责任的实现就无从说起。问责政府责任就要有明确的问责主体，这也是问责过程的关键。目前，我国政府责任建设中的问责主体主要局限于政府内部，主要指政府内部上级对下级的问责，这种问责主体过于单一，从而导致不能有效地实现责任政府，对责任政府的长期建设起消极的作用。所以，形成多元的问责主体才能起到问责的作用，才能最终实现责任政府建设。在通常情况下，多元的问责主体包括权力机构、司法机构、公民、社会公共组织、新闻媒体等。问责主体也是各具优势和特色，只要相互配合，共同问责一定会使问责效果达到事半功倍的效果。

五、问责客体的广泛性

问责客体是指责任政府要求政府根据具体的不当行政行为承担相应的责任，这些不当的行政行为就是问责的对象。明确问责客体，才能有效推进问责制度，问责客体不明确，问责过程就失去了衡量标准。从理论上来说，任何政府的不当行政行为，都会成为问责客体，也就是说问责客体极其广泛，并且问责客体的范围随着形势的不断变化而变化，所以有更多的新情况和新问题也值得考虑，要做到与时俱进、不断丰富和完善问责客体，这样政府的责任追究才能更全面，不至于把某些行政行为排除在问责客体之外，使问责客体过于片面化，这必将影响责任政府的实现。

总而言之，上述的五点属性是责任政府所应具备的最基本的属性，当然，责任政府还有其他的属性，但相比而言，这几个属性更基本、更有代表性，因此，梳理这些属性有助于整体把握责任政府的建设。

参考文献：

[1] 张贤明.论政治责任——民主理论的一个视角 [M].吉林：吉林大学出版社，2000.

[2] 陈洪生.行政问责制及其构架研究 [J].求实，2008（6）.

[3] 韩剑琴.行政问责制——建立责任政府的新探索 [J].探索与争鸣，2004（8）.

[4] 蒿亮.行政问责的主体分析 [J].求实，2006（12）

新公共管理下影响中国行政改革的国情因素分析

王海涛①

摘要： 新公共管理从西方发达国家扩展到了许多发展中国家，说明其对于各国的政府改革都有一定的适应性，但受到政治现实、公民社会的发展程度、经济体制等因素的影响，新公共管理下的政府改革其相似性也越来越少。本文尝试分析我国的国情是否具备引入新公共管理适应性，以及适合引入哪些改革理念与方案。

关键词： 新公共管理 中国行政改革 国情

一般来说，行政体制改革的国情应从三个维度进行分析，即国情的时代性、一个国家在现代化过程中所处的阶段以及一国行政体制改革的具体环境。

一、国情的时代性

时代性体现了世界发展的主题，它会影响一个国家融入时代潮流的时机与程度选择。它可以被视为国际社会与民族国家之间相互依赖、渗透的纽带和桥梁，能够推动一个国家主动或被动地调整本国的发展方向，有目的地增强自己的综合国力。就新公共管理改革来说，时代性越强的国家，越可能受其理论和实践的影响。

改革开放以来，中国主动实践和平与发展的时代主题，建立社会主义市场经济体制并推动政治民主化的发展，同时更加注重改善政府与社会的关系。这无疑为新公共管理的中国适应性创造了有利条件：经济上加入世贸组织，并改革本国的金融、产权制度以更好地达到 WTO 的相关规定，从而为中国实施新公共管理的改革提供其所需的市场和私营部门的基础；政治上更加注重公民权利，"国家尊重和保障人权"成为宪法的一个重要原则，这为政府更加重视对社会的回应性以及树立公民权的观念创造了有利前提；而政府管理也以主动与开放的姿态融入全球行政现代化的发展趋势。与外国政府间的访问学习以及中外学术界的相互合作与交流等，都是中国了解、学习成功管理经验的机会，这为中国的政府改革提供了更多可以借鉴的经验。

二、国情的阶段性

每个国家所处的发展阶段不同，自然会选择不同的发展模式，导致不同的社会形态与经济、政治结构，这就为选择适合本国国情的改革经验造成了障碍。中国尚未进入工业化社会，因此改革的基础必然会与其他国家存在较大的差异。

---

① 作者简介：王海涛（1989— ），男，黑龙江省哈尔滨市人，燕山大学文法学院硕士研究生，研究方向为政治学理论。

在是否要学习西方的新公共管理这个问题上，有的学者认为当前中国政府体制存在的若干问题是由官僚制不完善造成的，比如重人治轻法治、政企不分、权力过于集中等，因此，中国行政体制改革的方向便是要建立和完善官僚制。[1] 还有学者认为新公共管理虽然在西方国家取得了成功，但是其所要求的成熟的市场体制、发达的公民社会、完善的法制环境等基本条件在中国并不完全具备，因此应该以完善官僚制为主，同时有选择地学习和借鉴新公共管理的经验。但也有学者认为新公共管理代表了世界行政的发展趋势，并且中国已经处在经济市场化与政治民主化的改革道路中，因此中国走新公共管理的改革之路会是更符合长远发展的选择。

以上三种观点都看到了中国目前所处的发展阶段以及中国目前社会发展中所存在的问题，但笔者更倾向于认为中国应该以新公共管理的改革方向为主，同时借鉴官僚制的精华之处，使中国的行政体制改革能够走得更加稳固。因为现代化社会的发展瞬息万变，激烈的国力竞争根本不会允许中国按部就班地进行从不完善的官僚制到完善的官僚制再到新公共管理模式的变革，这样会使中国改革的步伐越来越远离发达国家。并且中国的改革始于经济领域，政治体制改革明显落后于经济改革，甚至已经阻碍了社会经济的下一步发展，因此中国想要实现跨越式发展，就必须紧跟世界与时代潮流。[2] 同时，中国的市场体制、公务员的法制观念、公民素质虽然仍欠发展，但是我国政府已经意识到问题所在并有所行动，这些都是中国可以借鉴和学习新公共管理的良好条件。

三、行政模式的中国特色

在政府与社会层面上，中国的一个政治传统便是强政府、弱社会，政府在社会生活中占据绝对的主导地位，政治权力可以触及社会生活的方方面面。而民众对政府有很大的依赖心理，中国的普通老百姓似乎对一个运转良好、政治清廉的人治政府的期待要超过对一个法治政府的期待。但改革开放以后，受农村剩余劳动力的转移、国有企业的改革以及东部沿海地区经济迅速发展等因素的影响，中国的人口流动速度加快，户口与单位的控制力也因此降低，民众获得了更多的自主权，也逐渐意识到自己的公民权利，虽然政府在公共生活中仍然占据支配地位，但它不得不更多地关注其自身的外部关系，包括利益集团与普通公众等，增强政府本身对社会的回应性，从管制型政府逐渐走向服务型政府，强化其战略规划者与仲裁者的宏观职能，弱化其全能者和垄断者的角色，并寻求与市场和社会的合作，这都体现了新公共管理所强调的分权、掌舵与划桨的分离、社区授权等内容。

在国家结构层面上，单一制的国家结构形式是我国行政模式的又一特色。从西方各国行政改革的实践来看，中央与地方的关系在一定程度上影响着改革的主体，限制着改革的范围与力度。在我国，中央相对于地方有着相对大的主导权，中央的支持与否成为地方改革能否继续进行下去的关键因素。如果没有中央的批准或授权，地方政府很难有实质性的作为，深圳的"行政三分制"虽然取得了不错的成效，但是中央政府并没有将其作为成功经验在全国推广，最后改革很难维持下去。[3] 因此，中国想要学习西方的新公共管理经验，就必须充分发挥中央政府的作用，如果政府能够以积极的姿态推行某个政策与改革措施，便会形成全国效应。在去年结束的十八大会议上，大部制改革再次成为瞩目的焦点，中央把大部制改革作为中国行政管理体制改革的一个关键方面，这引起了各地政府与学术界的广泛讨论与积极创新，这正是中国学习域外改革经验所需要的政策环境。

在政治与行政关系层面上，政治与行政的关系也是行政模式的一个主要内容。在中国的政党体制下，党政不分的问题依然存在，职能缺少清晰的法律界定与分工。一方面，使得党权置于政权至上，行政权的自主性有所欠缺，追求效率的动力不足；另一方面，政府、人民代表大会、司法的关系虽然在宪法上有明确规定，但在实际中行政权常常会干涉立法权和司法权，而对它的约束不足又导致了高行政成本，真正的民主与法治步履维艰。[4] 而管理自主化是西方新公共管理实践的一个重要内容，放权的一个重要前提便是能够对行政权进行有效的监督与约束，同时配套以相对完善的责任机制，因此中国的政治与行政没有完全实现行政现代化，但这些问题不是不能解决。[5] 比如可以通过改革加强人民代表大会的权力，使其在监督政府预算、维护司法独立等方面发挥作用；党更加关注决策与监督职能而将政策执行与服务提供机构分离出去，或者将普通公务员的管理权交给各级政府的人事部门，这将会改善政治与行政的关系，更好地平衡行政的自主性与责任性，同时又会加强党的执政地位。而这些正是中国的行政体制改革要努力的方向，必然会为新公共管理提供良好的机遇。

通过以上分析我们可以看出，中国的国情对于新公共管理的引进在总体上是具有适应性的。虽然仍然存在很多问题，比如市场化程度、法治建设、传统的行政文化等，但是我们不能否认的是，目前中国行政管理改革的确是渗透了新公共管理的因子，目前以决策权、监督权、执行权相分离为目标的大部制改革就是一个很好的例子，因此新公共管理改革在中国有着比较好的实践前景。

参考文献：

[1] 刘邦凡 . 论社会主义和谐社会建设与我国政府职能变革 [J]. 科学社会主义，2006（6）.

[2] 韩兆柱 . 新公共管理中的自由主义与转型中的善治 [J]. 理论与改革，2006（1）.

[3] 韩兆柱 . 新公共管理、无缝隙政府和整体性治理的范式比较 . 学习论坛，2012（12）.

[4] 谢中起 . "经济人" 还是 "社会人" ——对政府利益的实质性思考 [J]. 求实，2009（1）.

[5] 王爱冬 . 论公共权力监督的有效性 [J]. 河北师范大学学报，2007（5）.

政务微博在网络舆情治理中的作用

谢中起　冀旭妍①

摘要：政务微博在网络舆情治理中的优势在于政府与网民之间的互动更加充分，能够使公众的参与度以及对政府的信任度大幅提升，对网络舆情及时的引导性与回应性，净化了网络舆论生态环境，为构建社会主义和谐社会与推进社会民主进程做出贡献。

关键词：政务微博　网络舆情　回应性

一、引　言

自 2010 年以来，微博作为一种新型网络沟通方式，已成为我国公众信息交流的重要媒介。据中国互联网络信息中心（CNNIC）统计，"截至 2012 年 12 月，我国网民数量达 5.64 亿，互联网普及率接近42.1%"[1]。以微博、论坛为载体的网民间的交流成为网络舆情产生的大本营。网络舆情反映的是一种"原生态"民意，其表达程度体现着一个社会的政治民主化程度。目前，政务微博已成为政府与网民互动的理想平台，如何充分发挥政务微博的作用、合理引导网络舆情成为当代政府改革的一个重要内容。

二、政务微博对网络舆情的引导作用

网络舆情与政务微博有着较强的关联性，但两者并不总是相互一致的，也存在局部的背离和分歧。网络舆情是各种情绪、态度、观点的集合；而政务微博具有权威性与公共性，针对同一社会现象，公众与政府处于不同的角色，两者会出现背离，此时，需要政务微博整合利益需求，正确引导网络舆情。

（一）通过政务公开，提升政府的信任度

"网络舆情反映民生问题、国家利益问题、腐败问题等，网民的评论也不满足于就事论事，易将单个事件的发生扩展到某类事件以及整个制度机构等，因此，网络舆情具有很高的衍生性。"[2]政府与其被动应付曝光于网络的各种事件，不如借助政务微博这个平台推行政务公开，实现权力透明，让老百姓享有知情权、参与权、监督权，"政府的权威信息传播得越早、越多、越准确，就越有利于维护社会稳定和政府威信"[3]。

政务微博实质上是政府执政方式和执政行为的解读和延伸，它促进了公众对政府的认知与评价，当社会舆情发生时，政府如何表达和回应公众诉求，反映了政府的执政能力和管理驾驭能力。政府通过政务微博引导舆论发展，最根本的是要在信息内容发布上注重信息的实用性和亲民性，宣传形式具有创新

---

① 作者简介：谢中起（1964—　），男，博士，教授，燕山大学文法学院硕士研究生导师，主要研究方向：网络舆情、生态政府；冀旭妍（1989—　），女，燕山大学文法学院硕士研究生，主要研究方向：公共政策、网络舆情。

性，从而表明政府的态度和立场，寻求公众认同，掌握舆情应对技巧，树立政府的信任度，为我国和谐社会的构建打下良好的基础，因为"一个和谐的社会，应当是一个公共利益最大化的社会，一个公民与政府良好合作的社会，一个政治参与和政治透明程度较高的社会"[4]。

（二）及时披露和分析问题真相，实现舆论纠偏

"舆情是由个人以及各种社会群体构成的公众，在一定的历史阶段和社会空间内，对自己关心或与自身利益紧密相关的各种公共事务所持有的多种情绪、意愿、态度和意见交错的总和。"[5]当网络舆情朝着非理性的、与我国权威性制度规范相背离的方向演变时，政府可借助政务微博给予及时澄清和纠正，政府要针对每一次网络舆情发生的时间、背景、原因及发展趋势等做出深刻的理性判断。另外，政府监测机构还应加强对舆情主体的分析，找出舆情的主要推动者，实施重点帮扶。在复杂的舆情传播主体中，有时会混入一些别有用心的人，政府监测部门应准确识别，施以管制。

（三）发挥政务微博优势，弘扬国家主流意识形态

政务微博作为政府部门推出的官方微博，具有权威性和意见领袖性。充分发挥政务微博优势，合理引导网络舆情，在树立政府良好形象和弘扬国家主流意识形态等方面起到积极作用。

政务微博发布的主体决定官方微博的立场和意见，政府与民众之间的互动交流，不仅回应了公众诉求，尤其面对突发舆情的同时，官方通过微博发声可以净化微博发言环境，遏制社会谣言，传播社会正能量，传达更有价值的思想、观念和情感，正面宣传国家政策方针，引导公众形成正确的人生观和世界观，弘扬国家主流意识形态，助推精神文明的演变和社会的进步营造良好的舆论环境，使社会主义核心价值体系在政府与公众的近距离互动中得以弘扬光大。

三、政务微博对网络舆情的充分回应作用

政务微博对网络舆情有着充分的回应性，它注重政府与民众的互动，努力寻找政府与公众之间的共同语言。政府通过官方微博及时对网民疑惑给予解释和疏导，掌握危机传播主动权，通过多部门协同政务，通过整合政府现有资源，重组现有的政务流程[6]，提高回应舆情呼声的效率。

（一）体恤民情，善于捕捉热点问题

政务微博改变了政府以往的信息、举措重公开而轻反馈的理念，它允许公众在浏览政府信息的同时参与公共政策的讨论制定、发表个人意见、直接参与交流评论，同时也允许网民转载感兴趣的微博，以此来吸引更多网民的关注与讨论。对于政府机构而言，需要借助微博这一平台收集民意、体恤民情，善于捕捉当前社会热点问题，更多地发布一些民众感兴趣、参与性强的原创话题，多公布网民关注的政务信息，比如医疗问题、养老问题、就业问题、教育问题、卫生问题等。这些关乎社会公共利益的热点问题更能引起民众的共鸣，政府要更好地、更多地建设服务性、实用性的微博平台，加强与民众的交流，达到改善民生的目的。

（二）完善机制，及时有效地回应网民各方面的诉求

1. 信息发布机制的完善

微博的舆论影响机制主要流程为微博爆料→公众质疑→聚合民意→传统媒体跟进→与微博网友配合挖掘事件真相→舆情扩大→最终事件主体或主管部门回应处理。[7]政务微博应加强舆情信息管理手段，

及时捕捉舆情热点，当突发事件或舆情危机事件发生时，要第一时间发布权威消息；实行政务公开，更多地发布民众关注的热点问题；改变官方语言，信息的互动交流体现政府的亲和力。

2. 舆情监测机制

使用政务微博的相关部门及管理者可通过人工观察和技术监测掌握微博上的舆情信息，建立完善的舆情监测系统，在深入调查了解的基础上，尽早回应网民质疑，防止微博平台成为公众不良情绪的发泄地。

3. 人员管理机制

政务微博管理人员应具备较高的政治敏感性、政策理论水平，具有服务意识、全局意识和大局意识，富有正义感和社会责任感，熟悉网络传播特性及规律，有较强的舆情识别和应对能力，具有较好的沟通协作和文字驾驭能力，具有亲和力和适度幽默感。

4. 反馈处理机制

针对网民的质疑与疑惑，政府要设立专门的部门通过微博回应网民的各种诉求，对舆情信息及时地做出反馈和跟踪督办，时时关注舆情信息。首先，政府部门要加强网络基础设施建设，拓宽舆情表达渠道，运用技术手段开发交流互动平台，及时反馈回应公民诉求；其次，政务微博信息反馈遵循三平原则——平等的角度、平实的语言和平和的态度。

四、结　　语

舆情治理为政务微博的发展带来了机遇和挑战，未来的政务微博应尊重民意、公开运行政务，坚持以民为本、服务群众的核心理念，充分发挥政务微博在治理网络舆情中的突出作用，实现官民交流的创新，为网络问政营造良好的信息空间和舆论环境，进一步促进我国民主政治和民主社会的和谐健康发展，"因为只有政治民主，才能保证公民参政议政，使公众了解内情，才能运用各种新闻舆论工具对社会的阴暗面进行无情的揭露和批评"[8]。当然，政务微博不是万能钥匙，网络舆情治理仅靠政务微博是不够的，合理高效的舆情治理目标只有在坚持具体问题具体分析原则的基础上，科学选择综合性治理手段才能实现。

参考文献：

[1] 中国互联网络信息中心.第30次中国互联网络发展状况调查统计报告 [EB/OL].中国互联网络信息中心，http://www.cnnic.net.cn/hlwfzyj/hlwxzbg/hlwtjbg/201207/t20120723_32497.htm.

[2] 温家宝.让权力在阳关下运行 [J].求是，2012（8）：4.

[3] 盖宏，伟陈树，冬盖涛.简论我国政府信息公开的法制化 [J].政法论坛，2008（12）：187.

[4] 吴勇.马克思主义范式下的"治理民主"[J].中国行政管理，2007（8）：93.

[5] 刘毅.网络舆情研究概论 [M].天津：天津人民出版社，2007：51-52.

[6] 谢中起，刘维胜.协同政务：电子政务发展的必然趋势 [J].河北科技大学学报（社会科学版），2007（3）：26.

[7] 陈彤，胡建华，丁俊杰.政务微博实用指南 [M].北京：中共中央党校出版社，2012：143.

[8] 刘邦凡，王磊，李汉卿.新闻舆论体制与反腐败工作 [J].新闻与法治，2009（11）：62.

论"三个代表"重要思想与地方政府管理创新

沈海涛　刘邦凡 ①

摘要： "三个代表"重要思想不仅体现了新世纪、新时代创新之根本要求，新世纪、新时代我国政府尤其是地方政府的管理创新是我国真正、全面实现其他一切创新的关键一环。如何进行地方政府的管理创新，其基本理论与基本方法当然就是"三个代表"重要思想。一方面，"三个代表"重要思想是地方政府管理创新的基本原理与基本方法；另一方面，把"三个代表"重要思想作为地方政府管理创新的范式，不仅必须、必然，而且可能、可行。

关键词： "三个代表"重要思想　地方政府　政府管理　创新

一、地方政府管理创新的基本原理与基本方法——"三个代表"重要思想

一般而论，地方政府的概念相对于中央政府，而我们在这里仅仅指省级以下政府，主要指地区级政府、县级政府。

首先，我国地方政府正处在一个重要的转型时期。①政府管理的国际接轨。随着我国入世胜利钟声的敲响，我国政府的国际化进程也进入了一个新的时期，这是一个吸收外国先进经验理念的时期，是一个巩固我国原有正确路线体制的时期，更是一个创造性的将外来管理理念与我国实际情况结合、生发的时期。②政府管理在不同领域的战略调整。从计划经济到市场经济，我国政府已经做出了重大调整。面对国际市场的竞争，要求我国市场更加的规范化、国际化，要求我国经济的市场化发展更彻底。政府在保证我国社会主义性质的同时，应尽可能地合理利用市场来调节我国经济，在必须要国家控制的领域或新经济领域，应大力投入，而在其他领域可以有选择性的退出。③政府管理与经济的发展。在市场化越来越深化的今天，政府的经济职能非但不是衰退，而是有选择性的加强，这就要求政府在履行其经济职能时要高效合理。④政府管理的民主化。我国是人民民主专政的社会主义国家，建国以来，我国国民的民主意识越发强烈，对于自身权利的行使和落实也越发关注，这就要求政府管理活动的透明度。⑤政府管理新职能的实现。在当今社会，许多新的领域需要政府的协调与管理，如环保等，这就要求政府职能的转换。

我国政府现阶段的调整是史无前例的，其中必然存在着种种困难，这就需要创造性地运用科学理念加以指导，从而使其从理念、制度、体制及方式方法与社会发展相适应。

江泽民在庆祝中国共产党成立八十周年大会上的讲话中指出："'三个代表'重要思想要求，是我们党的立党之本、执政之基、力量之源，也是我们在新世纪全面推进党的建设，不断推进理论创新、制度创新和科技创新，不断夺取建设有中国特色社会主义事业新胜利的根本要求。"也就是说，"三个代

---

① 作者简介：沈海涛（1981—　），天津市和平区人，天津人民出版社编辑，毕业于燕山大学政治学与行政学专业；刘邦凡（1967—　），男，重庆市涪陵区人，汉族，博士，燕山大学文法学院教授，东北大学博士生导师，主要从事公共管理、哲学、政治学等研究。

表"重要思想首先是应时而生的，新世纪是一个以和平与发展为主题的世纪，是一个科技高速发展的世纪，是一个中华民族展翅高飞的世纪，这个世纪的瞬息万变本身也要求执政党领导管理理念的与时俱进。江泽民在其"5·31"重要讲话中阐述了"四个一定要看到"，他说："坚持与时俱进，就一定要看到《共产党宣言》发表150多年来，世界政治、经济、文化、科技等的重大变化，一定要看到我国社会主义建设发生的重大变化，一定要看到广大党员干部和人民群众工作、生活条件和社会环境发生的重大变化，一定要充分估计这些变化对我们党执政提出的严峻考验和崭新课题。"

"三个代表"重要思想不仅体现了新世纪、新时代创新之根本要求，"三个代表"重要思想继承和发扬了马克思主义理论、毛泽东思想和邓小平理论的精髓，是马克思主义理论、毛泽东思想和邓小平理论在新世纪、新时代的第一创新和伟大创新。而且，"三个代表"重要思想对新世纪、新时代我国各项事业的创新有着重要的指导意义，对新世纪、新时代我国各项事业的创新提出了新的要求。换句话来说，"三个代表"重要思想本身就是创新的体现，就是一种最高价值的理论范式和方法范式，它应成为我国新世纪、新时代政治创新、管理创新、经济创新、技术创新、生产创新的基本范式和主流范式。简而言之，新世纪、新时代创新之基本理论与基本方法就是"三个代表"重要思想。

新世纪、新时代我国政府尤其是地方政府的管理创新是我国真正、全面实现其他一切创新的关键一环。如何进行地方政府的管理创新，其基本理论与基本方法当然就是"三个代表"重要思想。

二、把"三个代表"重要思想作为地方政府管理创新的范式

所谓"范式"，从广义上讲就是指研究者所假定、接受和采用的基本信念、概念、模式、理论框架、价值取向和研究方法；从狭义上讲就是指研究者据以提出或建构特定的研究对象，并对有关这一研究对象的资料数据进行评判、分析、解释、概括的理论框架。管理创新从本质上讲就是一种面向实践的理论研究。把"三个代表"重要思想作为管理创新的范式，不仅必须、必然，而且可能、可行。

（一）必须和必然

说"三个代表"是管理创新的范式之必须，是由于"三个代表"重要思想是我们党的立党之本、执政之基、力量之源，是新时代地方政府管理创新的指导思想和基本原则。管理的创新不仅需要基于其自身变化，还需要外部力量的促进、正确理论的指导，从而保证创新沿着既定目标、既定价值努力。

说"三个代表"重要思想是管理创新的范式之必然，基于以下三个方面。

（1）"中国共产党始终代表着中国先进社会生产力的发展要求"之论断，使我国地方政府广大干部对社会主义建设与管理充满信心。"生产力是最活跃、最革命的因素，是社会发展的最终决定力量。生产力与生产关系、经济基础与上层建筑的矛盾，构成了社会的基本矛盾。这个矛盾的运动决定着社会性质的变化和社会经济、政治、文化的发展方向。"[1]与资本主义相比，我国的社会主义体制具有明显的先进性，更能适应生产力的发展要求。我国现阶段人口多、底子薄，发展不平衡的现状以及在改革过程中出现的种种问题，使某些干部群众产生了对社会主义制度先进性的疑问。然而通过生产力的发展规律，我们可以看出我国社会主义制度的先进性与优越性，从而对我国社会主义事业的前景充满信心。反过来，社会主义的根本任务就是解放生产力和发展生产力。这就要求我国政府机关努力调整自身，适应和促进生产力的发展，首先要坚定以经济建设为中心的理念，审视自身，实现社会主义制度的自我完善与发展，深化市场意识，充分利用市场，而又不完全放手，遵循适时调整有所为有所不为的宗旨。其次，"科学技术是第一生产力"。应具有较强的科学意识，在不断以科学理论武装干部队伍的同时，积极地

---

① 江泽民.在庆祝中国共产党成立八十周年大会上的讲话[M].北京：人民出版社，2001：13.

贯彻科教兴国战略，对科学教育、科研事业给以大力支持，对高新技术产业加以扶持和帮助。要提高我国现有生产力的总体水平，就要从占人口比重较大、手工劳动仍较普遍的农村着手，尽快完成由农业国向包含现代农业和现代服务业在内的工业化国家转变，打破小农经济式的孤立封闭，大力加强专业化的分工和协作，合理配置生产力及各种资源要素，从而提高社会化的水平。

（2）"中国共产党始终代表着中国先进文化的前进方向"之论断，要求各级地方政府机关及其工作人员把精神文明建设与物质文明发展紧密结合起来，我国社会、政治、经济及其发展状况是纷繁复杂的，要保证精神文明与物质文明结合起来、同步发展，必然要十分注重管理之创新。

（3）"中国共产党始终代表着中国最广大人民的根本利益"这一思想的具体体现就是全心全意为人民服务。一方面，政府的权力来自人民群众，是人民群众赋予的，政府要充分依靠人民群众，代表大多数人的意志和利益，从普通群众的角度来看待问题，考虑问题；另一方面，人民群众的利益高于一切，要求我国行政人员强化"主权在民"的行政意识，打破传统的"官本位"思想，抛弃官僚主义，明确行政工作的服务性与社会性，从而树立起公正、公开、公平、廉洁、效率、责任等基本价值观念。作为地方政府，"代表中国最广大人民"还有另一层涵义，即处理好地方利益与全国整体利益、短期利益与长期利益之间的关系。在注重本地经济发展的同时，要着眼全国，权衡自身在全国的地位和作用，充分发挥本地区的优势，在国家统一政策下，自力更生，积极进取，更重要的是，与国家发展相协调，带动和促进全国其他地区共同发展。不管从以上哪个方面看，每一级地方政府、每一个政府机关、每一位政府公务员都必然要十分注重管理之创新，才能真正、具体实现"全心全意为人民服务"之承诺。

（二）可能和可行

我国行政管理体制的改革，已经取得了很大的成就，并向着一个更高的层次迈进。政府组织结构、管理制度直接影响着政策、方针执行的效率。"三个代表"重要思想为我国管理体制的更新指明了方向，提出了新的要求。

（1）从政府组织结构的现代化来说：①随着多媒体技术等的应用，个体管理人员的影响力正逐步加强，这就使政府组织结构由层次结构向扁平结构转变，使构建授权式组织结构、矩阵式组织结构成为可能。通过这些转变，减少了政府机构的层次，减少了冗繁的人员配置，缩减了政府的开支，提高了政府行政活动的效率。②随着社会文明程度提高，政府将适时地下放一些权利，把一些政府部门转化为事业单位，完成部分行政主体（尤其是那些最基层的或紧密连接经济的部门）社会化。这样，一方面，通过行政工作的社会化，可以提高那些社会化的行政主体的效率和服务效果；另一方面，减少行政机构，为政府管理的高效提供了可能，为行政资源的合理配置创造了条件。

（2）从政府管理的体制改革来说，其前提是政府管理的法制化，只有"有法可依，有法必依"才能保证政府管理的科学性与规范性。具体来说，①人事制度，行政人员选拔制度的科学与否，直接影响我国干部队伍的素质高低。当代行政环境的复杂性，要求行政人员道德品质与科学文化兼具，专业素质与综合能力兼具，这就要求选拔方式要理论考察与工作业绩相结合并兼顾其他内容，从而尽可能的达到全面合理。人才的合理配置，行政人员的业务水平、专业能力应得到重视，加以培养或扶植。尊重个人选择，使其能在最适合的位置上发挥自己的才能，纵向升迁与平行调动相结合，更可以给予方向性的培养。②领导体制与决策体制。A.决策的民主与集中，决策尤其是重大问题的决策，应广泛听取意见，充分考虑参谋机构的各种方案，在此基础上发挥首长负责制的应时性与果断性。B.健全和完善沟通机制，上下级之间的沟通不仅能加强组织的凝聚力便于组织决策的贯彻和执行，而且能使领导干部充分了解组织的运行状况，及时调整自身的发展。C.加强各部门之间的协调与合作。一方面，防止政出多门，造成行政混乱；另一方面，面临新问题时，合作解决，意见较全面又避免了推诿状况的出现。③监督体制。在巩固原有的体制内监督外，要加大体制外监督的力度，充分发挥群众监督与媒体监督的作用。④奖惩制度与福利保障。以奖为主，奖惩兼备，激发行政人员的积极性与创造性，尽可能地提高和落实各种福利保障，减免行政人员的后顾之忧。

（3）以我国地方政府应全面提高自身管理方式方法的科技含量和文化含量、加速其信息化进程为例，我们可以看出，以"三个代表"重要思想为范式进行管理创新有着巨大的可行性。

提高政府管理的科学含量，是实现政府管理现代化的有效途径。在当今这一时代，科学技术作为第一生产力的作用越发明显。政府管理的科学进程要与社会同步，过快或过慢都不甚理想。科学含量的提高，是一个从理念到方式的全方位的过程。这一过程应注意三个结合：①传统经验与先进理论相结合，使传统上得到实践验证的方式方法得到保留；②当前的工作与长期目标、局部与整体相结合；③自然科学与社会科学相结合，共同指导政府建设。科学技术可以提高管理的效率，而管理学本身就是以社会科学为主体的，企业管理的先进理论的引进对政府管理是一个完善，如人际沟通的改进、工作流程的创新和以人为本的管理理念等。

提高管理方式中的文化含量，是现代管理的新课题。组织文化是一个组织机构的灵魂，可以增强组织的凝聚力和创造力，使每个组织成员具有责任感、使命感和认同感，觉得自身的价值得到了实现，即充分发挥了共同愿景的积极作用。共同愿景包括：景象，价值观，使命，目标。要塑造共同愿景，形成组织文化就要：①组织的共同愿景必须建构在个人愿景之上；②把握方向，塑造整体图像；③实现共同愿景，给组织成员以使命感；④发展核心价值观，融入组织理念。

信息化时代要求我国政府加速自身的信息化进程。朱镕基同志指出："各级政府、各个部门都要充分认识加快政府管理信息化网络化建设的重要性和紧迫性，要自觉地从思想观念、管理方式等方面适应加快信息网络化发展的要求，采取切实有力的措施，积极利用网络技术、数字技术，加快行政管理信息化、现代化的步伐，以适应改革开放和现代化建设新形式的需要。国务院各个部门的主要负责同志要亲自抓本部门的信息化和网络化。"这不仅代表中国先进文化的前进方向，更推动政府自身的现代化。信息化有助于政府行政的广度和力度，如"政府上网"等措施，就架起了政府与公众联系的一座桥梁，能广泛地听取意见和建议，从而改善政府行政状况。同时信息化也提高了政府的行政效率，实现了向"大社会、小政府"的转变，从而达到精简、高效。信息化是一个系统性、长期性进程，要在各方面条件允许并且与实际情况想适应的情况下，才可以有步骤地加以实施，这需要人才、技术、物质基础各方面的配合，要齐头并进，避免资源的闲置和浪费。在加快信息资源共享和电子政府启动的同时，不能忽视加强网络安全保护系统的完善。

当然，政府管理的创新是一个长期的、不断完善的过程，我们有理由相信广大的地方政府及其工作人员在"三个代表"重要思想的指导下，实现政府管理的一次又一次的创新。

参考文献：

[1] 张洪春.不断解决生产力发展中的新课题 [J].理论前沿，2003（6）：48.

[2] 李永平，王磊.我国发展电子政务存在的问题及对策 [J].云南科技管理，2003（6）：18-20.

[3] 林芳胜.电子政府在社会信息化中的地位和作用 [J].行政论坛，2002（4）：22-23.

[4] 史智忠.始终代表先进生产力的发展要求——学习江泽民同志"三个代表"重要论断的思考 [J].统计与信息论坛，2001（1）：80-83.

[5] 沈士光.论政府上网中的办公室角色 [J].秘书，2001（1）：37-39.

评价中心技术应用于党政领导干部选拔的可行性分析

仵凤清　赵瑞雪①

摘要：近年来，随着我国领导干部公开选拔制度的不断完善，党政领导人才选用工作取得了一些显著的成绩，但是目前我国的公选工作还面临着选拔工具落后、测评技术先进性不足和测评人员专业性不强等问题。评价中心技术是一种用于评价中高级管理人员的综合性人才测评技术，它以区分度强、信度高、效度好以及多种测评方法综合应用为特点，在中高级管理人员选拔中得到了越来越广泛的应用。因此，在公开选拔党政领导人才过程中大力推进评价中心技术将大大提高公开选拔制度的科学性和规范性。对评价中心技术应用于党政领导干部选拔的可行性分析研究，将对落实科学发展观，科学合理地选拔出党政领导人才，提高党的执政水平和执政能力有很大的帮助。

关键词：党政领导干部　公开选拔　评价中心技术　可行性分析

一、合理性分析

（一）评价中心技术自身的优越性

评价中心技术是以情景模拟为主，由多个评价者综合利用多种测评方法对受测者给予综合判断的素质测评技术。评价中心技术具有综合性、动态性、全面性和预测性等优点。其发展趋势是：越来越重视心理测验和培训发展的功能，逐渐加大对计算机和传统多媒体技术的利用，逐渐降低施测成本。近年来，随着我国企事业单位、政府部门日益重视并广泛使用评价中心技术，该技术已成为现在市场上众多人才测评方法中综合效果最佳的人才测评技术。将评价中心应用到党政领导干部选拔领域，必能极大地提高公共部门选人用人的科学性和公信度，提高党的执政水平和执政能力。[1]

（二）评价中心应用于领导干部选拔的合法性和合理性

中共中央颁布的一系列文件保证了评价中心应用于领导干部选拔的合法性和合理性。2002 年颁布的《党政领导干部选拔任用工作条例》规定"公开选拔、竞争上岗是党政领导干部选拔任用的方式之一"，明确了党政领导干部公开选拔和竞争上岗的合理地位。[2]2004 年颁布的《公开选拔党政领导干部暂行规定》

---

①　作者简介：仵凤清（1964—　），男，黑龙江省泰来县人，燕山大学经济管理学院教授，管理学博士，研究方向为科技管理、组织行为与领导；赵瑞雪（1989—　），女，汉族，河北省石家庄市人，燕山大学文法学院硕士研究生，研究方向为行政管理。

规定"公开选拔适用于选拔地方党委、人大常委会、政府、政协、纪委工作部门或者工作机构的领导成员以及其他适于公开选拔的领导成员"，明确了公开选拔的适用范围。2009年9月，中央组织部颁布的《党政领导干部公开选拔和竞争上岗考试大纲》为评价中心技术应用于公开选拔提供了理论依据。

（三）各地对评价中心的探索为其应用积累了实践经验

近年来，各地都在积极探索领导干部公开选拔的新模式，公开选拔逐渐被越来越多的学者和组织接受和认可，从而为评价中心技术的应用提供了良好的机会。各地均在积极探索先进的人才测评方法，研究与实践相结合，积累了大量的成功经验，为评价中心在党政领导选拔领域的推进奠定了夯实的基础。[3]

二、功能性分析

（一）选拔任用功能

评价中心有助于全面评价人才，公平地选拔任用人才。评价中心可以对人才的个性、能力做出一个完整的剖析，从而对人才进行全方位的评价。同时，评价中心技术也可以避免人才聘用中的各种主观偏见，从而公平、公正、客观、有效地选拔任用人才。在领导干部公开选拔过程中，只有综合使用多种测评技术、把握各测评技术的适用范围，才能准确识别被试者是否适合岗位的具体要求。[4]评价中心技术的应用明确了测评要素、测评标准、测评流程，使党政领导干部选拔用标准化的程序代替了主观性的评价，增强了测评结果的准确度，提高了选拔的信度和效度，大大促进了领导干部选拔的公平、公开、公正、竞争择优。

（二）人才开发功能

评价中心有助于人力资源的合理开发。如果对于人力资源只使用而不开发，那么它是有限的；如果对于人力资源既使用又开发，那么它就是无限的。评价中心技术，如公文筐测验、角色扮演、无领导小组讨论、管理游戏以及演讲等方法被逐步运用于公开选拔中，为公选的发展注入了新鲜的血液，增添了新的活力。评价中心注重挖掘人的潜力，能够测评出受测人是否符合目标职位的能力要求，并在一定程度上衡量出其能力素质与岗位期望之间的差距，同时为个人的培训计划提供科学依据，从而有助于合理有效地开发现有人力资源。[5]评价中心技术的引入为优秀党政领导人才提供了展示才华的平台，使更多有才之人脱颖而出，这不仅完善了干部选拔任用制度，更进一步促进了我国人事制度的改革。[6]

（三）政治发展功能

人才选拔制度是民主制度的一个重要组成部分，选拔中利用的测评工具和测评技术是选拔制度发展完善的基础。因此，人才测评工具和测评技术的组合与发展也会促进民主制度的不断进步，从而推进我国的民主政治进程。[7]国家的有效治理以及优秀的党政领导干部队伍建设都离不开干部选拔。将评价中心技术引入党政领导干部选拔领域，通过先进的人才测评工具和测评技术选拔出素质高、能力强、符合职位要求的人才，将会深入优化我国领导干部队伍的整体素质，从根本上提高党的执政水平。

（四）人员激励功能

评价中心技术有助于高效地激励人才。利用评价中心技术选拔党政领导人才，一方面能为每个被测者提供均等的机会条件，起到人才激励的作用；另一方面，评价中心技术的应用能够更科学地发掘受测者的潜力并有针对性地为其制定培养计划。[8] 评价中心技术中有如性格测验、人格测验、能力测验的测评方法可以判断出受测者的气质、个性和职业倾向，能够更加全面地了解受测者的实际情况，并使受测者随时在纵向上了解自己的优势和劣势，从而自觉地接受组织提供的培训，加强自身的能力和修养，以达到不断调整、不断提高的目标，帮助他们更好地规划自己的职业发展。

三、可行性分析

随着公选制度的不断改革与发展，公选制度对选人、用人提出了更高的要求。公选的测评技术是公选制度中的重要组成部分，因而现代公选制度对于人才测评技术的使用也提出了新的要求。评价中心技术是集人格测验、心理测验、情景模拟、职业倾向测验等为一体的综合性测评体系，它能够较为准确地判断出受测者是否符合目标职位的要求，进而提升测评结果的可靠性和准确性，而这些都是过去非结构化面试无法达到的。如果没有评价中心技术等现代测评技术的存在，公选制度的运行和发展只能是无水之舟。因此，党政领导干部的公开选拔是离不开评价中心等现代测评技术的。[9]

评价中心技术满足了我国干部选拔制度和干部考核制度的要求，适应了我国公选发展的必然趋势，因此，评价中心技术在我国党政领导干部选拔中是非常重要且可行的，同时也拥有广阔的发展前景。我们应树立科学的选人用人观念，落实科学发展观，将理论与实践相结合，积极探索先进的人才测评技术，提高领导干部的整体素质。

参考文献：

[1] 戴锦枝．评价中心在党政领导人才选拔中的应用研究 [D].长沙：湖南大学，2010.

[2] 孟卫东，于泽玮，司林波．评价中心技术及其应用研究综述 [J].燕山大学学报（哲学社会科学版），2011，12（4）：97-101.

[3] 司林波，孟卫东，吉进波，等．评价中心技术在地方政府后备干部选拔中的应用——以秦皇岛市农业局为例 [J].中国人力资源开发，2011（7）：45-48.

[4] 盖宏伟，贺伟艺．探析政府人力资源管理——从文化与人力资源管理的关系角度 [J].科技管理研究，2009（2）：82.

[5] 李玉杰，李景春，李春阳．论社会心理和谐的地位，特征及其构建方略 [J].沈阳师范大学学报（社会科学版），2009（3）：183.

[6] 仵凤清，尹尺．企业领导者综合能力测度模型构建及提升路径分析 [J].贵州财经学院学报，2010（3）：70-73.

[7] 孙敬良，韩兆柱．我国干部驻村制度实施中存在的问题及对策——以 2012 年河北省开展万员干部驻村活动为例 [J].商品与质量：理论研究，2012（7）：81-82.

[8] 韩兆柱．公共领导发展与公共冲突管理的双向互动分析 [J].行政论坛，2012，19（6）：22-25.

[9] 冶芸，郑志峰．西方精英理论的源起与发展 [J].人民论坛（中旬刊），2012（4）：152-153.

论我国问责官员复出的失范及规制[①]

王　静　刘邦凡　王　娟　詹国辉[②]

摘要：伴随着我国问责制的常态化，问责官员的复出成为一个不可回避的问题。目前我国问责官员复出实践的无序、随意、隐秘等失范现象严重损害了问责制的权威性以及政府的公信力，并与现代法治精神相悖。官员复出逐步制度化、规范化与透明化是规制问责官员复出失范现象的唯一途径，主要措施有对问责官员进行分类管理、力求程序正义、完善跟踪考评、全程监督及责任追究机制。

关键词：行政问责　复出机制　失范现象　规制

2003 年 "非典"事件中，我国政府查处了一批领导不力、失职渎职的政府官员，自此官员问责制浮出水面，并迅速成为媒体和公众关注的热点。2009 年《关于实行党政领导干部问责的暂行规定》出台，标志着中国官员问责制正式提升到了法制建设层面。近几年，随着我国建设责任政府、民主政治的力度不断加大，官员非正常 "下马"现象增多，"问责风暴"在全国各地形成，在一些重大事故和社会事件中，大批官员引咎辞职或者被免职。然而，在官员问责制日益常态化、制度化的同时，频频出现的问责官员 "悄然复出"现象也备受民众和媒体争议，已经被推上了舆论的风口浪尖。

一、问责官员复出的政治基础及法律依据

问责制实质上是对公务员进行监督制约和责任追究，目的是限制和规范政府权力，问责的制度绩效是如何用最小的社会代价实现最大的社会效益，并无意将受问责官员全盘否定。"惩前毖后，治病救人"是我党干部管理的一贯原则，将偶然犯下错误或因突发事件受到处分的官员一票否决，永不启用，不给犯错干部改正的机会，一定程度上是对资源的浪费，是制度缺乏理性的体现。问责官员复出是官员选任的修复机制，根据具体情况，将符合条件的被问责官员重新选拔任用，让其在合适的职位上发挥有益的作用，体现的是一种民主的政治理性和大度的政治胸怀。[1]

目前，我国也有涉及行政问责官员复出的法律规范：其中《关于实行党政领导干部辞职暂行规定》第二十九条规定："对引咎辞职、责令辞职以及自愿辞去领导职务的干部，根据辞职原因、个人条件、工作需要等情况予以适当安排。"《党政领导干部选拔任用工作条例》第六十二条指出："引咎辞职、责令辞职、降职的干部，在新的岗位工作一年以上，实绩突出，符合提拔任用条件的，可以按照有关规定，重新担任或者提拔担任领导职务。"《行政机关公务员处分条例》第九条也规定："行政机关公务员受

① 基金项目：国家社会科学基金项目《"三个倡导"视域下高校思想政治工作机制创新研究》；项目编号：13BKS080；项目负责人：何太淑。

② 作者简介：王静（1986—　），女，河北省衡水市人，汉族，燕山大学文法学院硕士研究生，主要从事电子政务研究；刘邦凡（1967—　），男，重庆市涪陵区人，汉族，博士，燕山大学文法学院教授，东北大学博士生导师，主要从事公共管理、哲学、政治学等研究；王娟（1987—　），女，山西省大同市人，汉族，燕山大学文法学院硕士研究生，研究方向为公共管理；詹国辉（1989—　），男，江西省婺源市人，汉族，燕山大学文法学院研究生，研究方向为政府管理。

开除以外的处分，在受处分期间有悔改表现，并且没有再发生违法违纪行为的，处分期满后，应当解除处分。解除处分后，晋升工资档次、级别和职务不再受原处分的影响。"[2]

问责官员复出在情理上是可以被接受的，在制度上、法律上是有依据的。公众质疑的并不是官员复出这一政策本身，而是复出的制度缺失以及目前的失范现象。

二、问责官员复出的失范现象及消极影响

（一）问责官员复出的失范现象

1. 必然性

让在各种事故、事件中负有一定责任的官员承担相应的后果和代价是对公众负责的体现，也是对干部队伍的一个警示，但实际操作中的一些不正之风却将问责效果虚化。当重大责任事故发生之后，为了平息来自舆论的压力和民众的愤怒情绪，有些部门表面上是进行了追究并实施惩罚，实际上是将问题官员暂时冷却起来，赋闲一些时日后又纷纷金蝉脱壳、东山再起，问责制中引咎辞职、责令辞职、免职等惩罚手段成了一些问题官员的"保护伞"、"避风港"，免职犹如休假。官员在经历了短暂的"问责风暴"后又被委以重任的情况似乎演变成了政坛新"惯例"。[3]

2. 随意性

曾经犯过错误的官员重新回到领导岗位并掌握一定的社会资源是一件严肃和敏感的事情，理应具有严格的条件，并遵循一定的程序进行。但由于现行制度弹性空间过大，缺乏操作性，官员复出呈现无序随意的状态，主要表现为：复出过快，被考察时间未达到法定的期限；复出条件和理由不明确，经常冠以"符合国家干部任免规定"、"适当安排"等模糊不清的措辞回应公众的质疑；复出的级别变动无序，有的平级复出，有的异地高升，让人费解；没有统一的程序，前期考察、公示、民意调查等环节缺失。

3. 隐蔽性

近几年接连不断的问题官员复出事件大多是在一种非公开、不透明的情况下进行的，组织人事部门对复出信息鲜有公示，公众的参与权、表达权、知情权得不到保证，公众只是在网络等非正式媒体曝光后才知晓复出的结果。"高调问责、低调复出"成了通行的做法，这种躲躲闪闪、神神秘秘的复出方式难免有暗箱操作的嫌疑，是对民意的漠视。

（二）问责官员复出失范现象带来的消极影响

1. 弱化行政问责制的权威性及作用

实施问责制是建立责任政府、推进民主政治建设的一个重要途径，有效的行政问责能对其他官员起到应有的震慑和警示作用。但是目前我国"先摘乌纱，风头一过，再戴花翎"的问责实践对整个干部队伍起到了一种错误的导向作用，引发了新的对上负责不对民负责的官僚主义，让一部分人产生了懈怠情绪和侥幸心理，在工作中难以恪尽职守，甚至会胆大妄为，问责制的威力被消解于无形。不仅如此，官员"带病复出"也使民众对问责制的严肃性和权威性产生了质疑，屡屡出现的复出门事件不断触动着公众敏感的神经，"官官相护"、"以公开问责之名行暗中保护之实"成为了公众的判断。

2. 损害政府的合法性基础及公信力

公众信任是政府存在的合法性基础，政府公信力是人民群众对政府的信任度和满意度的一种评价，是社会公众对政府整体形象的一种反馈，反映了政府行政能力的客观结果。被问责官员非正常复出，不仅关系到问责制本身的效果，而且关系到群众对党和政府的信任度。一定程度上，伪问责比不问责更可怕，如果说不问责尚可证明权力装聋作哑，是权力的傲慢与偏见的话，那么伪问责则展现了权力的奸猾和自负，是玩弄民意。如果问责制只是保护官员的权宜之计，如果猛烈的问责风暴只是给愤怒的民众以心理安慰，如果官员屡屡无理无据无程序地复出，那么政府必将流失宝贵的政治资源，甚至有可能付出沉重的政治代价。

3. 违背现代法治精神

法治精神是社会主体对法以及法治的理性认知和价值确信，也是尊崇法治和尊重法律权威的一种理性的精神状态，我们应该弘扬以维护法律尊严、保障公民权利、维护社会公正为核心的现代法治精神。如果问责官员的复出脱离了法律的规范和约束，单凭某些领导干部的个人权威和关系亲疏来决定，那么"依法治国"的基本方略就异化成为一句口号，这种缺乏公正前提和透明程序的官员复出，在很大程度折射出人治的色彩，违背了现代法治精神。[4]

三、问责官员复出失范的规制

造成问责官员复出失范的原因诸多，既包括问责官员复出的法律缺失和模糊，如复出条件、程序、期限不明确；也包括问责官员复出监督和回应机制的不完善，如缺乏多元化的问责主体，异体参与的主体缺位，公众与媒体监督不到位等。官员复出逐步制度化、规范化与透明化是规制问责官员复出失范现象的唯一途径。

（一）对问责官员进行分类管理

在问责制实施的过程中，官员问责结果取决于其承担的责任大小及类型，我们要运用马克思主义辩证法，具体问题具体分析，对问责官员进行分类管理。[5]首先，对"下马"的官员能否复出，不能盖棺定论，要因人而异，保持客观、谨慎的态度，公平公开地分清各级官员应承担的责任。要区分"带病复出"和"病愈复出"，对于那些只是承担了道义责任和领导责任的官员，以及那些确有所长或者在实践中重新赢得社会尊敬的官员，只要合乎程序、规定和民意，要允许其"病愈"归队；而对于那些严重违反伦理和职业道德、对重大事故有直接责任、引起民怨沸腾的官员，就应当终结其政治生命。其次，要明确不同问责方式的复出期限与级别，官员复出是否合理主要看其行为的社会和政治后果，以及是否承担了相应的代价。

（二）完善公开、公正的官员复出程序

问责官员复出之所以引起社会质疑，根本原因在于复出任职缺乏公开透明性，没有足够的程序正义。在选拔任用干部的过程中，群众享有"四权"，即知情、参与、选择、监督。一方面，问责官员复出要遵从民主推荐、组织考察、讨论决定、理由说明、任职公示等基本的领导干部选拔任用程序；[6]另一方面，不同于一般的领导干部任用，问责官员的复出应更加慎重，在程序上更加严格，应执行时间更长、范围更广的公示过程，并将每个步骤置于阳光之下接受社会的质询，应经过严格的提名推荐、听证考察、公示评议、试用任用程序。

（三）建立健全问责官员跟踪考评机制

跟踪考评机制是规避问责官员复出失范现象的关键。首先，问责官员不同于一般的领导干部，要将考核严格地区分为一般公务员任职的考核和问责官员的重新任职考核，对问责官员问责后及复出后这两个阶段进行全程、全方位的分阶段考核，内容既要包括德、能、勤、绩、廉，也要深入其政治思想、世界观和价值观等精神领域；[7]其次，要努力把民主测评和实绩考核两种方法有机结合起来，考评不但要求组织人事部门的参与，还应提高公众的参与性，确立公正的考核主体；再次，要将问责官员的政治绩效、个人作风、被问责的事由及责任、考察期间的表现等上报组织人事部门，建立专属档案，进行分类管理，以此作为复出的依据。

（四）对问责官员复出进行全程监督

首先，要健全"警察巡逻式监督"，即将官员复出的事前监督、过程监督和事后监督三者有机统一起来，以降低权力异化运作的道德风险；其次，要强化"消防员救火式监督"，对违规的复出进行严查、深挖、重办，注重权力运作后果的奖惩追究；再次，应加强同体监督与异体监督的双重作用，要增强公民的监督意识，普及"权由民授"的观念，发挥新闻舆论的监督作用，强化人民代表大会的问责监督主体作用。

（五）完善违规复出责任追究机制

有了完善的制度并不意味着制度就能够得到准确无误的执行，大家往往都关注于复出的官员而忽视了违规让官员复出的组织和领导，他们钻法律的空子，明知不可为而为之。因此，对于一意孤行恣意破坏制度，随心所欲启用被问责干部的相关部门、人员应做出相应的惩罚规定，这是保证问责干部复出制度化的外部约束。只有建立了责任追究机制，才能遏制"官官相护"，减少个体主观因素对官员复出的影响，使问责官员复出步入正常的轨道。

参考文献：

[1] 谢水明 . "被问责官员"合理复出彰显制度理性 [J]. 人才开发，2009（2）：38.

[2] 沈静涛 . 行政问责制下的被问责官员复出机制研究 [J]. 重庆科技学院学报，2010.

[3] 罗岩岩 . 行政问责视角下我国问责官员复出现象研究 [D]. 成都：西南财经大学，2010.

[4] 董林明 . 行政问责制下的官员复出问题研究 [D]. 北京：中国政法大学，2010.

[5] 刘美萍 . 论问责官员复出规制的构建 [J]. 成都行政学院学报，2010（1）：11-13.

[6] 施永福，刘邦凡 . 论服务型政府的价值目标选择及其实现 [C]// 中国行政管理学会 . "中国特色社会主义行政管理体制"研讨会暨中国行政管理学会第 20 届年会论文集，2010：5.

[7] 刘邦凡，潘媛媛 . 建设服务型政府 完善我国公共危机管理体系 [C]// 燕山大学公共管理学科梯队 . 东亚公共行政改革国际研讨会论文集，2012：4.

浅析亨廷顿的政治发展理论

王海涛 [①]

摘要： 政治发展是政治社会的基本活动和基本现象之一，是社会发展在政治生活领域中的表现及其结果。政治发展理论是政治学研究范畴中的重要主题，对于发展中国家产生了重要影响。本文主要研究亨廷顿政治发展理论的基本内容，包含政治现代化、政府、政治稳定、政治制度化、革命和改革五个方面，较为全面地展现了亨廷顿的政治发展理论体系，对我国当前政治与经济领域的改革与发展具有重要的参考和借鉴意义。

关键词： 亨廷顿　政治发展　政治现代化

第二次世界大战以来，第三世界国家在取得民族独立后，并没有像原来那样步入正常的经济社会发展轨迹，而是长期动荡不稳，处于混乱状态。面对战后发展中国家的政治动荡、现代化遥遥无期的现实，亨廷顿创造性地提出了他的政治发展理论，针对发展中国家的政治稳定和发展问题提出了独树一帜的见解。

一、政治现代化是政治发展不稳定的根源

大多数传统的西方政治学家认为，发展中国家之所以出现政治不稳定、社会动荡的现象，是因为这些国家的经济发展水平低，经济富裕的国家比贫困落后的国家更容易获得政治稳定。[1] 然而，亨廷顿创造性地突破了这一传统观念，他认为政治动荡与经济落后并没有必然联系。很多国家相当贫穷却拥有稳定的政治环境，例如 20 世纪 50 年代的印度；也有很多国家经济发达但是政治并不稳定，例如阿根廷和委内瑞拉。

亨廷顿经过进一步研究发现，较少出现政治动荡的国家一类是经济发达且已经实现现代化的西方发达国家，另一类是经济上极端落后且处于传统阶段的国家，而政治动荡频率最高的国家却是处于两类之间的，正处于现代化进程之中的国家。因此亨廷顿认为，贫困和落后二者之间的表面关系是一种假象，产生政治秩序混乱的原因不在于缺乏现代性，而在于为实现现代性所进行的努力。政治动荡的原因是一个国家开始了现代化却又没有完全现代化的完整过程，现代性导致国家的稳定性，而现代化却导致国家的不稳定性。政治制度化水平低是导致政治不稳定现象产生的关键因素。[2]

二、强大的政府是政治发展的核心

亨廷顿认为，发展中国家要想实现政治稳定与发展，首先就要有一个具备至高权威、强大有力的政

---

① 作者简介：王海涛（1989—　　　），男，黑龙江省哈尔滨市人，燕山大学文法学院硕士研究生，研究方向为政治学理论。

府机构，只有这样才能保证国家与社会顺利转型。在他看来，各个国家之间之所以会出现区别，是因为它们政府的有效性不同，而不是因为政府形式不同。[3] 所谓"强大政府"就是能够平衡政治参与与政治制度化水平的政府，能够在二者之间寻求一个有利于国家社会发展的最佳值，实现社会的和谐。

一个强大的政府需要具备高效的政府组织、完善的政党组织、民众的政治参与、文官对军队的有效控制、政府对经济的广泛影响、保证领导人和平更替、控制政治冲突等，值得一提的是，亨廷顿崇尚的"强大政府"与独裁统治是有巨大区别的。[4] 从根本上说，他反对独裁统治，因为它不能满足政治参与日益扩大的需要，它的简单与单一使其难以维持长久，亨廷顿始终赞同民主政治制度。

三、政治稳定是政治发展的基础

在亨廷顿的政治发展理论中，衡量一个国家政治领域的成功标准不是促进了经济发展和人们的自由权利，而是保持了政治稳定与社会安定。亨廷顿崇尚秩序甚于自由，因此，他将政治稳定作为发展中国家政治发展的基础。

亨廷顿认为，政治稳定并非停滞不动的政治状态，而是一种动态变化过程，锁着政治现代化的发展形势而变化。政治稳定体现在政治体制与社会环境的交流互动过程之中，只有当政治稳定不存在的情况下才更容易被辨别。

虽然亨廷顿一直强调政治不稳定带来的巨大破坏作用，并且认为它是政治现代化的"拦路虎"，但是他依然很欣赏许多新兴国家所出现的政治不稳与社会动荡，因为这些现象代表着这些国家的人们极力想摆脱贫困的社会状态。

四、政治制度化是政治发展的目标

亨廷顿认为，所有国家的社会中都存在某些强有力的纽带将社会各集团、各阶层的人们连接在一起，这些纽带包括血缘、种族、宗教等。并且，社会中也存在一些政治性的组织与团体负责维持社会秩序、解决社会纠纷、选举政治领袖等，这些组织、团体及其行为便在各种社会势力之上建立起了一种政治共同体。[5] 政治共同体的形成需要一致利益的挂念，需要对法律的共同认识，需要有规则的、稳定的、长期的联合行动。

亨廷顿对一个国家的政治制度化水平是有着双重要求的，如果一个国家的政治制度化水平高，那么这个国家的政治组织和秩序不仅会具有高水平的适应性、复杂性、自主性和凝聚性，而且政治制度还能有力地促进整个社会的公共利益和民众们的道德良知感。[6] 相反，如果一个国家的政治制度建设落后，那么政治稳定乃至政治发展都无从谈起。

五、革命和改革是政治发展的途径

政治发展目标不会随着发展中国家经济发展水平的提高而自动实现，必须通过某种途径或方式才能变为现实。而在亨廷顿的理论体系中，这种途径或方式便是政治革命和政治改革，革命与改革是政治发展的"催化剂"。

亨廷顿认为，发展中国家的政治体制要实现制度化目标，就必须增强其政策革新能力与较强的吸收能力。而发展中国家要想提升自身政治体系的政策革新能力和吸收能力，就必须想方设法地改变自身政治体系松散、脆弱的不良状况，改变的途径就是革命和改革。在政治学领域中，革命和改革是政治现代化实现的不同方式，而在西方后现代国家的历史进程中二者却是被交替使用的，相互之间存在着不可忽视的重要联系。

亨廷顿认为，革命只有在现代化进程中才会出现，如果没有社会转型、现代化的变迁，社会冲突就只能演变为起义、反叛和动乱。衡量改革甚至革命是否成功的标准是新兴的国家是否确立了政治体系的稳定性、权威性。[7] 一场革命要想发生，社会中必须具备两个必要条件：要求政治参与的社会势力和一直支撑这种政治参与的政治制度。

亨廷顿论证了改革与革命之间的相互联系。改革究竟是革命的替代物还是革命的催化剂？他认为，这取决于改革对象是哪个阶级或阶层。当改革对象是城市中产阶级或者是知识分子阶层时，改革就是革命的催化剂。因为这些人接受了许多现代化的新观念，他们深刻感受到现实与理想的差距，对他们进行改革会激发他们的挫折感和激进性，革命便无可避免。当改革对象是农民阶级时，改革便是革命的替代物。因为农民的思想相对具体和现实，一旦改革满足了他们的眼前利益，他们就会成为一支保守力量而不会选择去革命。

参考文献：

[1][美]塞缪尔·亨廷顿.变化社会中的政治秩序[M].王冠华译.上海：上海三联书店，1989.

[2][美]塞缪尔·亨廷顿.第三波：20世纪后期民主化浪潮[M].刘军宁译.上海：上海三联书店，1998.

[3][美]罗伯特·A·达尔.现代政治分析（第六版）[M].吴勇译.北京：中国人民大学出版社，2012.

[4]刘邦凡.作为政治的"治理"[J].前沿，2006（1）.

[5]吴勇.海伍德对政治学核心概念的独到分析和诠释[J].燕山大学学报，2007（4）.

[6]石敦国.马克思的政治哲学：对现代性的政治批判与政治现代性批判[J].思想战线，2009.

[7]闫顺利.面对现代性：走进还是走出？——现代性与后现代性论争及其启示[J].岭南学刊，2007（5）.

党政领导干部公开选拔运行中存在的问题

赵瑞雪①

摘要： 党政领导干部公开选拔制度是我国干部人事制度的重要组成部分。各级党政机关大力实施公开选拔制度以来，促进了人才的合理流动，改善了党政人才的配置状况，进一步优化了党政领导干部队伍的人才结构，但是在党政领导干部公开选拔的过程中也客观存在着一些不容忽视的问题。不断发现并解决我国公开选拔领导干部工作中存在的问题，努力推进领导干部公开选拔的科学化、规范化、制度化，对于造就一支高素质的、能够传递社会正能量的、符合社会主义现代化建设需要的领导干部队伍，具有十分重要的意义。

关键词： 党政领导干部　公开选拔　问题

党政领导干部公开选拔自 20 世纪 80 年代创立以来，在"公平、公开、竞争、择优"的原则指导下，在全国各地创造性地进行了大量的实践研究，党政领导干部公开选拔制度已经形成了一套比较完善的程序和做法，积累了许多有益经验，取得了很多优秀成果。但是，在运行过程中也暴露出一些问题，主要有以下几个方面。

一、公开选拔思想观念方面存在的问题

（一）公开选拔的组织者与参与者存在认识偏差

公开选拔的参与者与组织者的心理误区主要体现在以下两个方面：①由于受传统干部任用制度所造成的封闭式、神秘化做法和市场经济中买官卖官等事例的负面影响，有些参与者存在怀疑心态，对党政领导干部公开选拔方式不信任而选择不参与；[1]②在公开选拔的过程中，一些地方和单位的领导者与组织者存在抗拒，认为公开选拔的领导干部是"空降兵"，不能很好地融合现有的领导干部群体。[2]这两方面的因素会造成公开选拔的对象和范围相对狭窄与缩小，使得公开选拔难以达到预期的效果。

（二）程序多、周期长、成本大的错误观念

这种错误观念主要来源于简单地将公开选拔制度与推荐委任制做对比，认为推荐委任制操作起来相对简便快捷，所耗成本不大。[3]但是当今社会，人才是第一生产力，而党政领导干部又是人才中的重中之重。正所谓千军易得，一将难求，公开选拔表面上看，似乎显得程序多、周期长、成本大，但实际所产生的综合社会效益巨大，其花费的成本可以说是非常值得的。

---

① 作者简介：赵瑞雪（1989—　），女，汉族，河北省石家庄市人，燕山大学文法学院硕士研究生，研究方向为行政管理。

（三）论资排辈、平衡照顾的陈旧观念

我国传统的干部选拔任用制度主要依据干部的工作经历、任职资历与年龄选拔领导干部，因此目前仍有很多人事选拔的领导者和组织者持有论资排辈、平衡照顾的陈旧观念，这在我国中西部落后地区尤为明显。[4] 而公开选拔制度坚持人岗匹配、任人唯贤、德才兼备，突出干部的能力和潜质，这必然与传统的论资排辈、平衡照顾的陈旧观念相冲突。

二、职位分析的缺失

职位分析是指运用系统科学的方法，收集、分析、确定党政机关中各种职位的目标、定位、隶属关系、任职资格、业绩标准、职责权限及人员要求等基本因素的过程。[5] 职位分析是建立干部人事制度的基础和起点，是公选程序的逻辑起点，是公选考试命题及选举的主要依据，其科学性、规范性直接关系到公选的效度和信度。没有科学的干部分类就没有科学的管理职位分析。

而当前，我国公选实践活动还存在着较为严重的职位分析缺失现象，其主要表现在两个方面：①大多省市尚未建立起较成熟的标准化试题库，其命题具有一定的随意性和盲目性；②运用统一的试题难度、固定的考试形式以及统一的题型、统一的考试内容来选拔不同职位素质要求的干部。[6] 因此，要提高公选的准确性、科学性、适应性和针对性，必须抓好职位分析工作，否则基础不牢，地动山摇。

三、测评方法与技术存在问题，难以全面鉴定干部的素质和潜力

（一）笔试存在局限性

笔试偏重于考查应试人员的理论功底，它是检测、鉴别、预测被试者知识和能力的第一关，具有评分误差较易控制、成本较低以及适用于大规模人才选拔等优点。但是目前党政领导干部公开选拔一般遵循的是国家公务员录用考试的思路，笔试内容针对性不强、指向性差，并且试题与本地实情、岗位要求相差悬殊，不利于全面检测领导的能力素质，容易影响笔试的准确测度，造成考试测评失真。[7]

（二）面试方法相对单一，考官素质参差不齐

①从面试方法来看，目前大多数单位主要采用传统的结构化面试方法，而对于情景模拟、无领导小组讨论和评价中心技术等现代测评方法应用较少；②从面试考官来看，面试考官多是以本地组织、人事、纪检监察等部门和用人单位的领导干部为主，考官的专业化水平低，容易受主观判断影响，并且评分基本都参照拟定的标准答案，忽略了对应试者分析解决问题的方式和能力的考察；③评分误差较难控制[8]，由于思维方式、价值观及职业素养等方面的影响，面试考官在评价同一应试者时，可能造成面试评分结果不一致，误差不易控制的情况。

（三）公开选拔过程中测评工具的应用存在问题

测评工具是提高公开选拔科学性的重要手段，对于推动公开选拔的发展和完善起到了显著效果，但是在实际应用过程中还存在一些不足：①对于测评工具和测评报告的应用不够广泛，尚未实现现代测评工具与笔试、面试的有效结合；②目前一些测评工具是直接从国外引进的，本土化程度低，难以适应中国领导干部选拔的自身特点，影响了其在国内领导选拔应用的信度和效度；③目前公开选拔工作中测评

工具的研发面临着专业人才紧缺、理论基础薄弱、技术手段落后等问题，影响了测评工具研发的力度和进度。[9]

四、公开选拔的周期较长，成本相对过高

公选与竞争上岗的成本是指在公选过程中，直接和间接投入的人力、物力和财力的总和。目前，公开选拔在日常选任基础上又增加了诸多环节，成本明显增大，并且随着公开选拔工作的日益规范和选拔范围的不断扩大，公开选拔工作呈现出周期长、费用高、工作量大日益严重的趋势。[10] 从一些地方公开选拔工作情况看，组织一次公开选拔少则一个月，多则两三个月，甚至更长的时间。每次公开选拔，从宣传到组织考试、任前公示、任前培训，都需要一定的资金投入，不仅投入的资金大，而且逐年攀升。[11] 此外，由于公开选拔涉及的环节较多，程序较为复杂，而且考试涉及职位层次较高，质量要求严格，导致许多单位为了完成一次公开选拔，不得不抽调大量人员进行长时间工作，这必然会对单位的日常工作产生不良影响。因此，这些问题如果得不到有效解决，将会极大地阻碍公开选拔工作的进一步推广和发展。

我国的公开选拔领导干部制度更为有效地利用了储备资源，实现了储备人才、引进人才、发现人才的三大功能，促进了区域间人力资源的流动。尽管这项制度进程缓慢，但是因其公平、公正、公开的特点，切合了公共管理选拔人才的新趋势，必将成为未来我国领导干部干部选拔的主要方式。在这个发展过程中，客观看待出现的问题并以各种方式尝试解决问题，对进一步规范公开选拔程序、提升公选质量、提高公选效益、促进公开选拔发展具有重要的现实意义。

参考文献：

[1] 司林波，孟卫东，吉进波，等.评价中心技术在地方政府后备干部选拔中的应用——以秦皇岛市农业局为例 [J].中国人力资源开发，2011（7）：45-48.

[2] 郭庆松.领导干部公开选拔实施中存在的问题及对策 [J].中国行政管理，2010（7）：80-83.

[3] 万长松.领导者用人沉思录 [J].今日海南，2009（3）：26.

[4] 李木洲.试析公开选拔党政领导干部制度面临的十大困境 [J].理论与改革，2011（2）：44-47.

[5] 仵凤清，杨菲，陈娜.人才测评技术应用于我国行政人才选拔中的问题研究 [J].辽宁行政学院学报，2008（3）：11-13.

[6] 刘邦凡，焦瑞.增强党内民主意识是党内民主建设的重要路径 [C]// 全国马克思主义理论研究与教学高级研讨班会议论文集，2007.

[7] 宁本荣.党政领导干部公开选拔制度问题与改进——基于人力资源管理视角的探讨 [J].理论探讨，2009（6）：156.

[8] 仵凤清，李玉仙，魏勇.如何建立领导者威信 [J].科技资讯，2008（1）.

[9] 张创新，韩艳丽.我国行政领导干部问责层级的实证研究 [J].吉林大学社会科学报，2013.

[10] 刘邦凡，张杰.论胡锦涛党建思想的理论创新 [C]// 2007年全国马克思主义理论学科建设论坛论文集，2007.

[11] 仵凤清，赵丹丹.关于高校领导学教学方法的探讨 [J].南方论刊，2009（1）：50.

初探美国立法现状的形成原因

武月华　　刘邦凡 [①]

摘要：立法权是法治国家最重要的权利，美国的立法模式体现了权力制衡的思想。美国的立法权不仅体现在立法部门，还体现在行政机构和法院部门，造成这种现状的原因是多方面的。

关键词：立法权　国会　总统　法院　美国　国会

现代国家在建设现代化走向文明的道路上，法律在国家的统治与管理中占有重要的地位。立法权是法治国家最根本的权利。立法权的归属在一定程度上决定了国家的性质、政治发展模式以及一个国家未来的走向。美国从根本说是一个法治国家，美国立法权的归属明确地体现了美国人权力制衡的思想，也渗透着历史文化传统在美国立法体制上留下的影响。

一、历史传统

美国是一个在发达的历史时代才开始自己发展的国家，北美大陆在被哥伦布发现以前仍是一块儿空旷的大陆，一块儿几乎没有开垦过的荒原。美利坚的历史是从欧洲的移民到来才开始的。美国人是英国人的后裔，美国是一个由英国移民组成的国家。最初的这些英国移民并不是一些目不识丁的粗鲁汉子，他们在母国受到的教育使他们比大部分同时代的欧洲人更熟悉权力观念和自由的原则，并且那时作为民主制胚胎的乡镇自治制度已深深地根植于移民们的习惯之中。作为现代法制基础的那些普遍原则，那些在 17 世纪的欧洲鲜为人知，甚至在英国也不曾取得胜利的原则在新英格兰已全部位法律所承认和确立了。在新英格兰，早在 1650 年就建立起了独立的乡镇，乡镇的独立是本地的利益、权力、义务聚集的核心，给予自由一种活动的余地。虽然殖民地仍然承认母国的至上权力，但一种新的制度已经在乡镇建立了。

美国法制发展不是自上而下形成的，而是自下而上开始发育的，这对以后的美国立法模式产生了深远的影响：一方面，根据英国普通法形成的惯例，在通过殖民扩张形成的新领土上必须使用英国的法律，这就决定了北美殖民地必须以英国的普通法为最高规范，不管实际情形如何，在理论上这是一条最高原则。换言之，北美殖民地沿用英国法是由殖民地与宗主国的关系决定的。另一方面，由于北美殖民地的社会一开始就与英国本土存在着很大的差异，当英国本土还没有改变封建关系时，殖民地内部却已经形成了具有现代意义的自治群体。这种情形决定了殖民地既要沿用普通法，也要创制一个适合新形势的法律以适应殖民地社会自身的需要。实际上，殖民地沿用普通法从一开始就是有选择性的，他们沿用普通法并非英国传统意义上的普通法，而是作为以后生俱来的权利被作为财产、自由、正义的概念被带到北美去的普通法。当他们援用普通法，他们援用各自英国在普通法中的权利。这种援用普通法的结果是，

---

① 作者简介：武月华，女，燕山大学文法学院政治学与行政学专业毕业；刘邦凡（1967—　　），男，重庆市涪陵区人，汉族，博士，燕山大学文法学院教授，东北大学博士生导师，主要从事公共管理、哲学、政治学等研究。

一方面普通法作为殖民地与宗主国连接的纽带在理论上被承认而实际上已被放弃；另一方面普通法化为一种自由的精神被带到一种新的法律体系中去，这种法律体系既能适应于殖民地社会又能保持传统。

二、思想观念

近代英国，法国的政治哲学和法制学说所确立的理论观念及其理想法制模式具有极其巨大的批判启蒙的价值效应，并且深深影响着社会政治历史和法治文明的进程。这种效应和影响不仅仅限于欧洲，那些闻名遐迩的政治学家，不论是哈灵顿还是洛克，也不论是孟德斯鸠还是卢梭，其思想漂洋过海牢固立足于美国人的价值观念和思想体系之中。当然，美国人是富于独立精神、想象力和设计能力的。他们的政治思想奠基于欧洲的政治哲学，但又不拾人牙慧，做欧洲政治哲学的应声虫或对欧洲政治哲学进行注释。在实际的法制模式上，一方面，他们根据殖民地时期已经形成的习惯沿用英国普通法和衡平法惊醒英国美国化的工作；另一方面，他们根据早已形成的传统循着"宪法主治"的道路展开了法制建设工作。美国人接受了孟德斯鸠的人性论的观念，认为人性是不完美的，因而靠贤人之治是非常危险的。经验是美国人确信议部宪法也难以防范权力的凌侵，而必须分散权力中心，使权力互相牵制。"防止把某种权力逐渐集中于同一部门的最可靠的办法就是给各部门的主管人抵制其他部门侵犯的必要法定手段和个人的主动。"据此，美国人开始把孟德斯鸠的分权理论加以改造，使其即适用一个大的共和国又适用于一个联邦制的合众国。这样，在美国的复合共和国里，人民交出的权力首先分给两种不同的政府，然后把各政府分得的那部分权力在分给几个分立的部门，于是人民的权力就得到了双重保障。两种政府将相互控制，同时各政府由自己控制自己。这种分权包含了联邦政府权力的分立与制衡，也包含联邦与州的权力分立与制衡，这种模式用宪法的最高形式确认并固定下来，成为美国社会组织的最高原则。

美国给予保护公民权利的分权制衡思想体现在立法体制上就是在横向上表现为宪法规定了国会的立法权，总统的立法否决权、立法创议权，联邦最高法院的司法审查权；在纵向上表现为国会与州议会之间的立法权的划分。

三、宪政实践

对美国这样一个文化多元、利益不但交错复杂而且冲突剧烈同时又处在世界发展前列的国家来说，将其发展结果单纯地归功于自然因素和历史的发展的偶然性显然是缺乏说服力的，也是违背历史发展基本事实的。当我们回过头来仔细阅读美国历史之后，我们也许会同意：没有美国的宪法就没有美国的发展。美国的宪政实践对于美国的立法模式的发展具有重要影响。

美国宪法是一种政府设计，但也表现出了一种特定的政治理念，这点在美国的制宪会议上有充分的体现。1787年制定的宪法体现了美国人立法的理想和原则（包括崇尚天赋人权、追求自由平等等），提出了美国立宪的目的，这些理念和独立宣言的理想一起构成了一种至少在语义上具有普遍性的超然性意识形态。他们可以在适当的时候为美国社会中不同的利益集团用来作为自己争取权利、抗议不合理的宪政规则的思想武器，也为后来的美国人重新解读宪法并随着时代的发展赋予其新的语义理论上的根据。

美国联邦宪法不是由联邦议会通过，而必须得到3/4议员的批准。这使对联邦宪法的任何实质性的文字修改变得难上加难，因而在表面上，宪法条文具有初期的稳定性（从建国到现在只有26条修正案）但对于一个民主国家，时代变了，法律也要做出相应的变化：如果文字不变，文字对应的意义就要改变。如果民主机构不能及时对宪法文字做出修正，那么，或者宪法将因不能符合社会需要而将成为过时文物，或者允许法院随着时代的发展不断给宪法文字赋予新的意义，从违宪审查的创立看，美国选择了后者。

一部成文宪法是对立法机构的有效制约，现代立法机构不能再通过法律为所欲为，并且国会与各州议会不能再轻易修改宪法条文，对法院缺乏有效的法律制衡手段，这实际上是加强了法院的立法者地位，是法院倾向于政治化。

四、效率因素

在立法的效率方面，国会是无法与总统竞争的，总统拥有众多的专门机构来调查，雇用专家求证，制定和起草新的法律，而国会则没有这样的人力与专用人才资源，这使得国会的立法越来越依靠行政部门的专业委员会来做立法的建议与起草工作。与此同时，国会的立法程序也发生了重大变化。国会一般定出大的方向和程序，然后由行政委员会按此方向与程序去制定专门的措施，这样就形成了一种特殊意义上的小的分权。这不能不说是对日益复杂的经济和社会进行管理的一种有意义的回应，它使立法程序变得更加合理，也保证了立法的实用性，同时还相应提高了立法质量与效率，但这也使立法权界限变得模糊，相应扩大了行政部门的权利。

总之，美国现今具有特色的立法模式的形成既具有历史传统、思想观念、社会发展的要求的影响，也体现了美国利益多元化的特点，并且深受美国制安排的影响。随着美国的不断发展，意识形态、制度、社会、经济、道德等因素将进一步推动美国立法模式的改革。

参考文献：

[1] 王人博，程燎原.法治论[M].济南：山东人民出版社，1998：49，264-266，271.

[2] 王希.原则与妥协：美国宪法的精神与实践[M].北京：北京大学出版社，2000：42.

[3] 谭君久，当代各国政治体制：美国[M].兰州：兰州大学出版社，1998：187-189，201，207，217，237.

[4] 马啸原，西方政治制度史[M].北京：高等教育出版社，2000：201.

[5] 刘卫政，司徒颖怡.疏漏的天网——美国刑事司法制度[M].北京：中国社会科学出版社，2001：47.

[6] 张千帆.自由的魂魄所在——美国宪法与政府体制[M].北京：中国社会科学出版社，2000：1，14，78，110-112，206，211，214，223，234，240-252.

20世纪最后二十年美国联邦政府行政改革之概观

张　静　刘邦凡 [①]

摘要： 本文从政府功能定位的市场化取向、政府公共服务输出的市场化取向、政府内部管理改革的放松规制取向以及政府间制度设计的分权取向四个方面讨论了美国在现代信息社会条件下对政府管理模式的改革。

关键词： 市场化取向　福利政策　公共服务　放松规制　分权

　　自20世纪80年代以来，美国联邦政府进行了持续、多方面的行政改革。这场行政改革的总体方向与以往行政改革的方向是相反的。西方工业化国家以前的行政改革无不是以扩大行政权力、膨胀政府职能为前提的；现在的行政改革却是以收缩行政权力、缩小政府职能为前提的。以前的历次行政改革是不断地强化与完善官僚政府组织，以适应以传统工业技术为基础的政府管理的需要；现在却是在千方百计地寻找传统官僚政府的替代形式，寻求更好的政府治理模式，以适应以信息技术为基础的政府管理的需要。这场行政改革是上层建筑对经济基础变化的一种反映，它肩负着探索适应信息社会需要的政府管理新模式的历史使命。

　　市场化取向、放松规制取向和分权取向是20世纪80年代初以来美国行政改革的三大实践取向，而这三大取向在本质上可以归结为一个取向，即非官僚化取向。美国政府试图通过以非官僚化为取向的制度变革来探索与信息社会相适应的行政管理新模式（政府管理新模式）。美国行政改革有四大领域：政府功能定位的市场化取向，其实质是政府权威制度与市场交换制度的选择问题；政府公共服务输出的市场化取向，其实质是通过将权威制度与市场交换制度复合配置以提高政府功能输出的能力；政府内部管理改革的放松规制取向，试图调整的是政府内部互动模式，其实质是以结果为本，而不是以规则为本重新设计政府内部管理制度；政府间制度设计的分权取向，是市场化取向和放松规制取向制度变革的必然结果。美国政府试图通过上述四个层面的制度变革来探索政府管理新模式，这是生产力发展到一定阶段要求政治上层建筑变革的一种反映。[1]

一、美国政府功能重新定位的市场化取向

　　市场化取向是美国20世纪80年代以来行政改革的主要实践取向，市场化取向表现为两个层面，即市场功能定位的市场化取向和政府公共服务输出的市场化取向。政府功能定位的市场化取向涉及政府"做什么"的问题，即涉及政府与市场的功能选择问题。压缩福利项目收缩政府的社会职能，放松对工商业的管制，收缩政府的经济职能，是政府功能定位的两种具体体现形式。美国政府的福利改革基本点是：推行公共福利政策改革，收缩政府职能。

---

　　① 作者简介：张静（1982—　），女，四川省绵阳市人，毕业于燕山大学文法学院政治学与行政学专业；刘邦凡（1967—　），男，重庆市涪陵区人，汉族，博士，燕山大学文法学院教授，东北大学博士生导师，主要从事公共管理、哲学、政治学等研究。

压缩福利项目是通过公共福利政策改革来实现的。20 世纪 80 年代美国里根政府收缩政府社会职能的力度最大。20 世纪 90 年代克林顿两届政府强调 [2] 的是政府功能输出方式的变革。但克林顿政府 1996 年仍然进行了号称是"终结福利"的福利政策改革。可见，通过公共福利政策改革来压缩公共福利，是美国 20 世纪 80 年代以来既定的政策导向，是前后连贯、一脉相承的。政府必须依靠市场来分散自己的负担。政府权威制度供给社会福利属于公共选择过程，市场交换制度提供社会服务属于个体选择过程。两种选择的内在矛盾性质不同，结果也不一样。完全通过公共选择过程来提供社会福利，必将导致福利膨胀，政府财政危机在所难免。以部分的市场交换制度安排来完成社会服务的供给，则会抑制公共福利的不合理膨胀；并且，在适当的时候，这部分市场交换制度安排可以为政府转移财政负担提供不可缺少的支点。

美国公共福利政策改革有两个目标：改变公共福利的决策规则，杜绝或减少职业性利益群体寻租的机会；将职业性利益群体与福利的需求群体适度地分离，提高职业性利益群体的供给效率和服务质量。

20 世纪 80 年代的美国政府进行了五项福利政策的改革，即老年退休金政策改革，住房政策改革，收入补贴政策改革，医疗保健政策改革，病人和残疾人补助政策改革。20 世纪 90 年代的美国政府对整个福利政策做了较大的调整。综观上述公共福利政策改革，所采取的主要举措无外乎有七类：①提高接受福利者的资格。直接压缩享受福利的人数，在福利标准不变的情况下，达到压缩福利的目的。②将许多福利项目市场化。利用市场交换的优点去克服政府权威的弱点；利用私营部门的精打细算，量入为出，去克服公共服务部门的铺张浪费和预算膨胀；利用等价交换的市场个人选择机制去克服政府公共选择机制的部分弊端。③逐步采取联邦、州和地方三级管理体制，转移联邦财政负担。明确财政收支，划分管理权限，将社会福利项目分权管理，使管理层次接近受益者，是改革的一个方向。较低层次的政府对福利项目将有越来越大的决策权。④将社会福利改为"工作福利"。以工作交换福利，以克服搭便车的偷懒行为。⑤适当加重个人负担份额。提高社会保险税率，增加社会保险基金的总量。⑥老人老制度，新人新制度。改革旧的福利体制，做出新的规定，但推迟某些条款的施行时间，以求现在的群体对改革的支持。新人在不久的将来受条款的严格限制，但被法律预定，只能走新路。⑦将福利项目的直接供给者（职业性利益群体）与福利的接受者分开。在住房改革时，美国政府利用住房凭单制度，可将公房的供方集团和需方集团分开，以便需方手持政府发放的有价证券到供方市场进行自由选择，从而引发供方之间的竞争，以达到提高效率的目的。[3]

美国当前正在进行的社会福利制度改革虽然涉及众多的社会福利项目，但规模不算大。对此，国会保守派和社会上许多人认为目前的改革只是一个象征性的起点。在他们的压力下美国的社会福利改革将有可能呈现出如下基本趋势：①美国社会福利制度的基本框架结构在一个较长的时期内不会发生根本性的变化。在美国这个垄断资本主义的典型国家，社会福利制度和政策是垄断资本主义为了自身利益而广泛利用国家政府干预和调节经济的手段之一。美国的高福利已在不同渠道促进了高失业，反过来，高失业又加重了高福利的负担。所以，在失业率很高的情况下，降低社会福利标准的必要性和可能性之间存在着尖锐的矛盾，目前有限度的改革是为了缓和矛盾。②改革的重点将是联邦政府在社会福利体制中的主导作用有所弱化，政府福利机构的私有程度将有所提高，联邦政府的职能将逐渐从直接责任者向决策者和监督者方向转变。今后美国社会福利的财政来源将朝着私营化和分散化的方向发展。一方面，逐步扩大自愿捐款、民间筹款、社会福利事业收入、付费和收费等渠道；另一方面，采用一揽子拨款体制，把福利使用权力授予州和地方政府。③一些福利项目或其运作方式将有所改变，在现行体制中占主体的救济性项目将有所减少，半营利性社会保险项目将有所增加。④"工作福利"观念将进一步超越传统的"救济福利"观念，与之相适应，在职教育和再就业培训方面的福利经费有可能增加。

收入保障的目的是帮助非残疾的穷人。里根政府收入保障政策改革的目的是：最小的补助只给最穷的人；减少自愿事业，提高失业者寻找工作的动力。其核心的三个项目是未成年儿童家庭补助、失业保障、食品券。里根政府的收入保障政策改革有三个目标：①通过降低补助的水准和提高补助的资格直接降低收入补助的开支；②将食品券和未成年儿童家庭保障的责任全部推给州；③企图通过提高领取收入补助的工作条件，来限制未来可能领取收入补助的人数。

1981 年的《混合预算调和法》（*Omnibus Budget Reconciliation Act*）决定大幅削减未成年儿童家庭补助，国会预算办公厅估计自 1984 年财政年度以后，联邦政府仅该项每年就可减少开支 6.8 亿美元。[4]联邦政府和州政府压缩事业保险的一系列措施也取得了成功，1986 年领取失业补助的失业者占失业者人数的 50%，1988 年则仅为 32%。企图把食品券和未成儿童家庭补助的责任全部推给州的新联邦主义政策由于没有在联邦政府和州政府之间进行结构改革而宣告失败。

美国 20 世纪 80 年代福利政策改革与控制政府收入来源是相结合的，这是美国福利政策改革取得部分成功的重要原因。

二、美国政府公共服务输出的市场化取向

所谓"小政府"并不是不要政府。美国政府通过压缩社会福利收缩政府的社会职能，通过放松对工商业的管制收缩经济职能。但总有一些职能政府是放不出去的，政府必须根据社会的需要进行正常的政府功能输出。但美国政府所面临的财政压力和需求压力巨大，自身供给能力却很低。为了解决这一问题，20 世纪 80 年代以来美国各级政府在公共服务领域引入市场机制，将政府权威与市场交换的功能优势有机组合，即以一种复合制度安排来提高政府功能输出能力。这就是政府公共服务输出的市场化取向，也是美国政府行政改革最富有成效的一部分。[5]

对政府公共服务市场化可以这样的理解：①决策与执行分开。公共目标由政府来确定，但不一定非要由政府行政部门来实现，而是可以通过非政府的力量去完成。在实现公共目标的过程中，市场机制是连接政府部门与非政府部门之间的中介。即政策制定是政府的职责，政策执行的职责可由公共部门、私营部门、非营利部门来共同承担。政府的政策制定体现公平，多种组织的分工协作体现效率。公共服务的决策和执行要体现公平和效率的统一。②公共服务的供给者需多元存在，竞争发展。政府为公众提供的公共服务，不一定非由私营部门承担才有效率，关键因素是公共服务的供给者需竞争共存。以竞争代替垄断——无论是政府垄断还是私人垄断——是提高公共服务生产效率的关键。大规模的政府职能膨胀已历经半个世纪，民众已习惯于接受名目繁多的福利项目，社会问题也有增无减，各利益集团通过议会继续显示了对公共物品和公共服务的巨大需求。故必须通过公共选择的过程确立公共目标，改变只靠权威制度的运作来供公共服务的垄断的制度安排，而是在实践中引入竞争机制，以求最大限度地解决官僚执行决策过程中的各种弊端。如凭单制度、用者付费制度、合同承包制度的创新，使政府以四两拨千斤之术调动了私营机构、非营利组织的社会力量，扩大了政府功能输出能力。凭单制度使消费者拥有了政府直接补助的资源，拥有了对公共服务的选择权，引发了供给者的竞争。用者付费制度运用了价格机制，显示了消费者部分真实的需求。合同承包制度使某些具体公共服务的供给过程按市场逻辑运作。到 1987年，联邦政府通过签订合同，发包了价值 1 963 亿美元的工作，而州政府和地方政府通过与承包商签订合同发包了价值 1 000 亿美元的工作（其中包括监狱管理），城市平均地把其城市服务工作的 27% 承包出去。资料表明，联邦政府在 1992 年财政年度发包了 2 100 亿美元的公共服务，占联邦支出的 1/6。据管理和预算办公室报告，承包商几乎全部承担了能源部、国家航空和航天局的全部工作。③消费者对公共服务的选择权利。公共服务的消费者需具有在多元的供给者之间选择的权利以及用以选择的资源。相对于政府部门只有消费者才最关心自己所享用的服务的数量和质量。只有把资源放在消费者手中让其选择，才能使公共服务的提供者为他们的顾客提供最好的服务。各种有价证券、现金补助和提供资金制度就是把资源直接交给消费者的几种形式。没有消费者的选择就没有所谓的市场机制，也难以激发供给者的竞争，也就难以诱使供给者对公众负责，并激发供给者的革新。[6]

1993 年美国《戈尔报告》第二章的题目就是"顾客至上"（Putting Customer First），所提出的第一个建议就是"倾听顾客的声音——让顾客做出选择"。认为政府与公民的关系如同企业与顾客的关系，参照企业经营理念中的顾客、服务、质量、效益等概念，破除行政本位、管理导向、对上负责的传统行政观念，确认纳税人或公众为政府的顾客，由对上级负责转变对顾客负责为主。在1991年之前的二十年中，美国公民对政府的信任率下降了17%，他们抱怨政府没有治理好国家，没有运用好纳税人交的钱。所以，政府雇员首先要改变思想观念，把公民放在第一位，确立为纳税人服务的观念。在公共行政中，强化服务意识、淡化管理意识，并力求提供优质服务，强调少花钱、多办事、办好事的行政法则。例如，威斯康星州麦迪逊市的警察局，定期向各社区居民寄送《警察服务调查表》，要求居民给有关的警官打分和提出自己的要求及建议。马里兰州政府、密歇根州商务局和佐治亚州公用事业委员会等，设立了投诉政府官员官僚主义行为和反映问题的 800 个免费热线电话。他们还了解到，提供直接服务的第一线的雇员对顾客的态度，对于顾客对政府的满意程度十分重要。而第一线的雇员对自身的工作，对领导及同事关系是否满意，就会在服务顾客中表现出来，影响到服务工作。因此，他们注重在政府雇员中建立和谐友好的关系，以便为顾客提供更好的服务，他们还要求各级政府制定让顾客满意的"行为准则条例"。[7]

三、美国政府内部管理改革的放松规制取向

20 世纪 80 年代以来美国的行政改革在重新调整政府与社会的关系的同时，也进行了政府内部管理改革，其内容十分庞杂，如政府机构调整、人员精简、文官改革、预算改革、压平层级、重理行政程序、分权、非集中化等，但放松规制是其主流取向。美国政府对放松规制的界定是：设计一种"政府官员对结果负责，而不仅仅是对过程负责"的新体制。[8]放松规制的目的在于，把行政组织中的公务员从陈规陋习中解放出来，以便他们对结果负责，而不再是仅仅对规则负责。因为在过度规制的状态下，对规则负责与对结果负责已形成矛盾，放松规制不是简单地取消一些规则，改变一些规则，而是必须扬弃过度规制中的一些沉规旧习，但要保留其内在的核心价值——保证政府官员对人民负责，防止行政权力腐败等——同时又要提高行政绩效以及对公民的回应性等，即放松规制的目标有两个：既要借规制之放松来提高政府绩效和政府对公民的回应性，又要保留过度规制所蕴涵的核心价值的延续。

20 世纪 90 年代克林顿政府发起了重塑政府运动，美国各级政府进行了以放松规制为取向的政府内部管理改革，政府移植私营机构的管理规则（如全面质量管理，绩效评估，绩效工资，合同管理）来刺激职业官僚的积极性。克林顿政府重塑政府的指导性报告《戈尔报告》（1993）的标题为"从繁文缛节到结果导向：创造一个花费少工作好的政府"。克林顿矢志削砍 1/2 的政府规则，以便促成其企业家政府的出现，克林顿政府制定了精简 10 万联邦雇员及削减 25% 白宫雇员的目标，白宫内设立了全国经济顾问局以处理国内问题，国会颁布实施《政府业绩与结果法案》，要求所有联邦机构制定五年战略规划，年度业绩计划并报告其业绩。[9]

1994 年，国会通过《联邦雇员重新调整法案》，要求联邦政府 1999 年前裁减 272 500 人，并授权联邦机构"买出"雇员以鼓励雇员离开联邦政府。政府管理改革法案扩充其内容，要求准备和审计 24 个 CFO（Chief Financial Officers）机构全部运作的财政报告，建立联邦采购精简法案（FASA）改革采购制度。

1995 年，联邦政府建立整个政府范围的电子合同体系（Electronic Contracting System）。重新授权实施《报表削减法案》（Paperwork Reduction Act）。《无经费命令改革法案》（The Unfounded Mandates Reform Act）限制国会发布新命令给州、地方政府及三政府（立法、司法、行政）的能力，除非国会同时愿意为实施这些命令提供经费。

1996 年，《联邦采购改革法案》（The Federal Acquisition Reform Act-FARA）通过《信息技术管理

改革法案》要求联邦行政机构中立一名信息官员并建立信息技术管理与获取的图表。总统签署《基层项目否定法案》，此法案授权总统取消部门自行处理权、新项目授权及税收提供权。

1997 年，所有联邦机构提交《政府业绩与结果法案》（*Government Performance and Results Acts*，简称 "GPRA"）要求的战略计划。

1998 年，提出近三十年来第一个平衡预算议案。1998 年 3 月 3 日，美国业绩评论委员会更名为 "美国重塑政府合作伙伴委员会"（National Partnership for Reinventing Government，仍简称为 "NPR"）。[10]

美国的重塑政府运动已经取得了一定的成就。联邦政府比过去几十年都要 "苗条" 得多。联邦预算赤字已大为减少，政府开支总计节约 1 370 亿美元。①政府规模缩小。在重塑政府运动的五年间联邦雇员总数减少 351 000 人（16%），现在的联邦政府是自肯尼迪（Kennedy）总统执政以后雇员总数最少的时期。作为全国职工人数的百分比，目前的联邦政府亦达到自 1931 年以来的最低点。②精简规章制度。联邦机构取消 16 000 页规章制度。克林顿签署了总统令，要求规章制度及政府文件重新用通俗易懂的文字书写。顾客导向。联邦机构为 570 个组织和项目发布了 4 000 条顾客服务标准。③奖励。1 200 多个 "斧头奖" 颁发给了各联邦合作小组及他们在企业、州、地方政府的合作伙伴。这些获奖者均运用了重塑政府的原则以创立一个工作好、花钱少的政府，他们所提供的是美国人所关心的服务。④创建重塑政府实验室。建立起 340 个重塑政府实验室为政府行政和采用技术注入活力，这些实验室采用更为灵活的内部管理体制和改进的服务让顾客及公务员满意。⑤法律保障。国会通过、克林顿总统签署了 83 项法律以实施 NPR 的重塑政府主张。经过 "重塑"，一批过去让公众感到 "积重难返"、招惹非议的联邦机构已经并正在获得新生，他们以改善的质量服务于社会。美国国内税务局、美国环境保护局、美国联邦危机管理局等联邦机构都在显著地提高它们的服务质量和管理水平，重新树立联邦政府为公众高效率、高质量服务的形象。

联邦政府公务员制度是克林顿政府 1993 年开始的行政改革的一个重要内容。随着政府所处环境的变迁，社会公众对公务员制度提出了新的价值要求：新时代要求公务员制度具有效率和灵活性，要求政府能够适应于不断变化的环境。[11]

保证连续性的终身任用在某种程度上意味着公务员是一些无头针，进去就拔不出来，随着时间的推移，终身任用的优势逐渐变成了劣势。职位和工资的永久性符合连续性的要求，但它不符合时代对政府必须具有灵活性、效率性的新要求。体现功绩价值的僵化的职位分类及资格要求、集权化的评估体制，在实践中暴露出越来越多的弊端：能力和功绩已退居次席，从而使形式代替了本质，手段代替了目的。复杂的保护体制是管理者难以及时辞退不合格的公务员，难以实现公务员队伍正常的新陈代谢，僵化的录用规则使政府用人部门难以及时录用到合格的优秀人才。[12]

美国的公务员体制改革的新趋向是：①淡化职位分类，美国国家行政学院（The National Academy of Public Administration）提出以 10 个职业类代替 22 个大类。永业性全日制公务员与部分时间制合同公务员并存，临时性公务员增加。②工资体制的个人化倾向，在假定有一个准确的评估体制下，强调对个人进行金钱等物质方面的奖励。③破除束缚行政官员的陈规旧习，解放官僚内部的生产力。规则控制是官僚制的一个本质特征，但规则过度一则束缚了官僚的创造性，二则仅吃规则饭的人就构成了一个庞大的利益群体，规则的制定者、规则的管理者、解释者、执行者本身要花费巨额的税收。④人事部门的一些传统职能，通过市场机制由企业来承担。如大部分培训项目由大学或有关公司通过市竞争来承包；一部分人员背景调查、人员需求调查和人才市场调查也由私人公司在市场竞争的基础上承担。这样，不仅可以减少政府人事部门的机构和人员，减少项目费用，同时又保证了质量。[13]⑤人事管理机构及其职能合并。传统的方法是每个管理部门都有自己的人事办公室，从而使机构膨胀人员增加。现在，不少地方由几个机构合用一个人事管理机构或人员，把原先分别由几个机构各自承担的人事管理职能合并到一个机构。⑥加速人事管理的自动化和计算机的运用程度。在美国，联邦政府不少人事管理的内容已经无需专门的人事部门管理，而由计算机自动管理。人工智能、国际互联网络的发展，使人事管理的技术方法的变化越来越大。

四、美国政府间制度设置的分权取向

（一）关于美国联邦、州、地方政府之间的关系

美国宪法规定了联邦政府与州政府的分权原则。美国联邦制实质上是一种有限分权制：联邦政府在法律上高于州政府，州政府享有法律所赋予的特权。在联邦政体下，美国联邦与州之间，不存在直接的领导与被领导关系。各州都有宪法，有自己的立法、司法和行政机关，独立性较强。对于克林顿推行的行政改革，各州没有必须执行的义务。各州是否要改革、怎样改革，完全由各州自主决定。正因为如此，纽约州直到 1995 年 1 月后，才自主决定推行公务员制度改革。美国州与地方政府的关系，总的说是有行政隶属关系的。虽然地方政府也拥有较大的自主权，但在许多方面受州政府管辖，要执行州政府制定的政策。[14]

重新调整联邦制下中央与地方的关系，权力的下放与责任的转移是关系调整的主流。20 世纪 80 年代美国联邦政府分权的主要目的是转嫁负担——压缩政府规模，减少预算开支。20 世纪 90 年代分权的主要目标也是承上启下，萧规曹随。处于第二位的目标是，权归州及地方，充分调动州与地方的创造性，在承受预算的压力下提高公共服务的供给能力。地方分权一则可以使消费者多样化的消费偏好更好地得到满足；二则可以使公共物品的成本与收益更直接相连，部分克服消费者的搭便车行为；三则可利用地方经济发展的竞争而产生的抑制公共服务膨胀的自我约束机制（某一州扩大公共服务的结果是富裕人家搬走，更多的穷困阶层迁入）；四则可利用分权之机实现联邦负担向州与地方的转移。

罗斯福的合作联邦实际上收了州政府的权力。20 世纪 50 年代末联邦财政补贴占州总开支的 30% 以上。尼克松提出"一般收入分享"、"特殊岁入共享"计划被国会通过，虽然收效不大，但其分权趋向明朗。里根提出"新联邦主义权力逐渐返还至州政府"，9 项新的"整笔补助"取代了 57 项"分类补助"；粮食补给（Food Stamps）由联邦承担，未成年儿童家庭补助（AFDC）和医疗补助由联邦与州共同负担，并削弱了给地方的补助，转移了联邦的财政负担。目前 1 200 万—1 510 万全日制文官为州和地方政府服务，绝大部分的公共服务由地方政府供给。克林顿政府在重塑政府运动中利用各州建立地区性的联盟进行保健改革（Tallon and Brown，1994）。各州之内的非营利组织负责将领域内的人进行登记，统一实行"承担责任的健康计划"，可见分权步伐又在加大。

（二）20 世纪 90 年代以结果为本的分权制度设计

20 世纪 90 年代的分权与 80 年代的分权的最大的相同点是：控制福利规模，减少预算赤字。最大的不同点在于：20 世纪 90 年代的分权强调在分散负担的同时，不能把民主党进步主义集权所取得的成果抛弃。故 20 世纪 90 年代美国重塑政府运动提出以结果为本的政府间分权制度设计之设想，这是一种企图鱼和熊掌兼得的设想。分权的侧重点也随之发生了转移：继续以整笔补助放松规制的同时，把侧重点放在注重社区自制的基础上。直接分权社区是美国 20 世纪 90 年代分权的一条全新思路。这种思路及实践取向既有保证分权结果的考虑，又有权力自国家向社区转移的潜在趋向。1993 年克林顿政府设立了社区事业委员会（The Community Enterprise Board）（副总统戈尔任主席），目的是在联邦和州的资助下，有机协调凝聚社区自上而下的创造力以及私营部门的创新力。联邦政府强调让社区优先设计解决问题的方法，然后根据社区的要求有针对性地提供定向资助，利用选择性刺激手段提高社区解决问题的能力。

最有效的项目来自基层，这是公共管理者的共识。[15]社区发展、工作训练、家庭服务、社区诊所等公共服务，填补了立法过程和政府所不能介入的空间。

综上所述，美国政府正在寻求更好的政府治理模式来代替传统官僚政府，以适应以信息技术为基础的政府管理的需要。信息社会对传统的行政管理模式提出了挑战，美国政府的行政改革既取得了很大成就又存在着许多的问题，重塑政府运动任重而道远。放眼世界，许多国家都在进行着内容相似的政府改革：比如以提高政府办事效率，节省政府开支，在一个全球一体化的"地球村"中增强各国自身经济竞争实力为目标的改革，比如以提高公务员素质、改善政府服务质量、赢得公众信赖为导向的改革，比如以简政放权、简化规章制度、放权于基层、充实政府前沿战斗力为策略的改革。这些改革的一个共同点就是要在公众心目中树立效率高、质量佳的政府形象，然而，由于不同的历史渊源、社会制度、文化传统和经济发展水平，各国的改革无不带上自身的烙印。这场行政改革是上层建筑对经济基础变化的一种反映，它肩负着探索适应信息社会需要的政府管理新模式的历史使命。

参考文献：

[1] 赵春明，郑海燕. 美国社会福利保障体制改革及其对我国的启示 [J]. 亚太经济，2000（5）：25-27.

[2] 张玉柯. 美国社会福利制度及其改革趋势 [J]. 世界经济，1998（2）：48-52.

[3][4] 宋世明. 美国行政改革研究 [M]. 北京：国家行政学院出版社，1999：4.

[5] 马力宏. 美国联邦政府的公务员制度改革 [J]. 中国党政干部论坛，1997（10）：43-45.

[6] 汪玉凯. 美国行政改革的最新发展及其启示 [J]. 考察报告：79-85.

[7] 宋世明. 公共选择理论与美国行政发展 [J]. 世界经济与政治，1997（5）：40-44，60.

[8] NPR 美国业绩评论委员会报告 [R]，1993：13.

[9] 何传添. 美国政府职能转变与新经济及其对我国的启示 [J]. 探求，2001（4）：73-74.

[10] 张梦中，[美] 杰夫·斯特劳斯曼. 美国联邦政府改革剖析 [J]. 中国行政管理，1999（6）：42-45.

[11] 吴湘玲. 具有企业家精神的政府：美国行政改革的新趋势 [J]. 武汉大学学报，2001（7）：505-507.

[12] 田兆阳. 美国行政改革走势 [J]. 中国公务员，1999（3）：47-48.

[13] 刘为国. 美国重塑政府理论及其启示 [J]. 岭南学报，2001（5）：83-85.

[14] 吴志华. 美国的政府企业化改革及其对我国的启示 [J]. 中国软科学，1999（8）：19-20.

[15] 张梦中，[美] 杰夫·斯特劳斯曼. 美国联邦政府改革剖析 [J]. 中国行政管理，1999（6）：42-45.

历史和逻辑地考察"政治"之定义

刘邦凡 [①]

摘要: "政治"的定义与其他许多政治学概念一样,一直是个争论不休的问题。本文不但从语词、概念、政治学的角度分析了对政治的定义,而且较系统地总结了11种具有代表意义的政治之定义,以求得整体而宏观地把握政治作为政治学基本概念的内涵和外延。

关键词: 政治 语词 概念 定义 政治学

一

"政治学"作为一个概念,也有人为的不同因素,不同文化、不同学派、不同学者、不同层次、不同深度、不同用途,对"政治学"都可能做出某个不同的定义。因此,从以上不同情况去定义或圈定"政治学"的范畴,在本质上就预设了"政治"作为一个概念的内涵和外延。也就是说,对于不同的"政治学",就有不同的"政治"之定义。政治学不是唯一、简单的事物,而在与其所处的环境(自然的、社会的)或一系列变化着的环境的复杂关系中,汇集了各种兴趣和活动,因此,政治学具有多个侧面,具有多个价值,具有多个目标(目的),具有多个传统与历史,具有多个发展。例如,作为传统的政治学,作为学科的政治学,作为专业的政治学,作为科学的政治学,作为事业的政治学,甚至还有作为技术的政治学或作为观念的政治学(作为意识形态的政治学),或作为符号系统的政治学,或其本身作为一个政治系统(或次系统)的政治学,或作为某种特殊价值或特殊用途的政治学(如作为大学教材的政治学)。这些不同的侧面,对政治学在理论与实际运用上都有不同的要求,从而反映出在作为政治学基本概念——"政治"的定义上显然出发点与归宿点就应该是不同的。但遗憾的是,很多政治学家、政治学论著没有对此有清晰的认识,他们对于"政治"的定义往往与他们所论著的主题或中心是相悖的,逻辑上是矛盾的。这就使我们读了这类论著后,往往对"政治"不是明晰,而是更加莫衷一是不知所云了。

基于以上认识,我们认为,改革开放以来,我国出版的政治学论著(主要是大学教材)大多对西方近当代资产阶级政治家、政治学家关于"政治"之定义持批评、否定的态度,而缺乏吸收、"设身处地为人着想"的态度。马克思主义对政治、政治学的理解无疑是深刻的,也是非常正确的。但这并不是说马克思主义已对一切政治活动、政治现象都做出了论断和结论。因此,从不同角度、不同侧面、不同价值去定义政治,去认识政治,也未尝不可。事实上,对于"政治学"的定义,单从学术价值的角度,不存在对与错,只存在不同价值观不同经济观下的不同政治学主张。而我国许多撰写政治学论著的人都从自己所处时代的狭隘偏见来评价众多"政治"之定义,显然是不明智的。

---

① 作者简介:刘邦凡(1967—),男,重庆市涪陵区人,汉族,博士,燕山大学文法学院教授,东北大学博士生导师,主要从事公共管理、哲学、政治学等研究。

二

政治（Politics），不论是作为一个语词，还是作为一个概念，都是人们无法回避的。对于一个现实生活中无甚学术兴趣的常人而言，他不需过多考察"政治"是语词还是概念的问题，他对政治只要感觉、尝试、接近、运用即可。但对于政治思想家、政治学家以及那些对政治、政治学学术感兴趣的人而言，"什么是政治，政治是什么"一直是困扰他们的问题，多数人力求给出令自己满意或符合自己观点的回答，但也有些人认为讨论这些问题对政治、对政治学都无较大价值。对此，或者避而不答，或者认为根本不值一提而不提。把他们的政治学论著设定在一种见风使舵的处境中。这样的论著，如果读得多了，就让人觉得什么问题就是政治问题，什么学术就可以直接或间接成为政治学。这在表面上拓展了政治学的生存空间，实则是瓦解了政治学。因此，我们认为，对"什么是政治，政治是什么"这一问题的回答至少对于一个严肃的政治学研究者而言，不做出明确的表达显然是不可取的。

作为一个语词的"政治"，不仅为政治学研究者们所关注，而且为社会学家、文化学家、语言学家们所关注。因此，讨论与研究作为语词的"政治"，把"政治"不同语言、不同文化、不同民族的理解，把"政治"在不同语言中不同时间的理解彻底弄清楚，也绝非易事。当然，这样的工作，本质上已超过政治学的范畴，而属于人类文化学的范畴。为什么这么困难，不容置疑，一个重要原因就是自有阶级社会以来，政治一直存在而且还将存在。所以，作为一个"政治"完整定义，需要阐述作为语词"政治"的理解。

作为一个概念的"政治"，应该从两个方面去把握：①"政治是什么"，这个问题是回答"政治"的本质、"政治"概念的内涵（本质属性）是什么；②"什么是政治"，这个问题是要求回答"政治"的形式、范畴，"政治"概念的外延有哪些。以往很多政治学研究者在对"政治"作为一个概念的理解上，要么只回答了"政治是什么"，要么只回答了"什么是政治"，要么把"政治是什么"、"什么是政治"二者混淆起来，未能把握住"什么是政治，政治是什么"这两个问题何者为先为主、何者为后为次的问题。由此而来，很多政治学研究者关于"政治"的定义存在或多或少的不足。

我们的观点是，定义作为一个概念的"政治"，首先应回答"政治是什么"这个问题，因为这实质问题就是政治学研究者的出发点和目的点，不同的人对这一问题有不同的回答，他就有理由确定自己论著的内容、体系或框架，他就有理由富有系统而科学地论述他的政治学理论；其次在回答政治是什么之后，讨论和回答"什么是政治"是对"政治是什么"的进一步理解与把握，是把"政治是什么"贯彻于实际之必要，是政治学与现实社会联系起来的桥梁。所以，定义作为概念的"政治"既要先回答"政治是什么"，也要回答"什么是政治"，辩证地从这两方面把握"政治"，是给出一个准确的"政治"之定义的必要条件。

另外，对于任何一个定义，都有逻辑学与语言学方面的要求，考察以往众多"政治"这一概念以及其他政治学概念，或多或少违背了逻辑学或语言学的基本原则、基本要求，特别是循环定义、定义同语反复（被定义概念、语词出现在定义项中）的逻辑错误出现较多。这样的定义，在逻辑上就不能给人以说服力，在认识论中有多大价值就很值得怀疑。

三

对语词"政治"的深刻、全面的论述，正如上文所说，是人类文化学家们的工作，但对"政治"做一个简单、明了的语词意义、文化意义的概述，是政治学所必需的。但就我国政治学研究现状而言；这方面是做得不彻底的：大多政治学论著仅限于对汉语"政治"、英语"Politics"的基本含义的介绍，而对其他语言、文化对"政治"一词的表象及其含义缺乏介绍。这势必造成我们对"政治"的语言、文化感觉、认知也是不全面的。

汉语中的"政治"一词，在《尚书》、《周礼》等典籍中早已出现，如《尚书·任命》中有"道洽政治，泽润民生"，《周礼·地官·遂人》中有"掌其政治禁令"，《新书·大政下》（贾谊著）有"有教，然后政治也；政治，然后民劝之"，《说苑·敬慎》也有"政治内定，则举兵而伐上"等语句。但在中国古代，更多情况是"政"与"治"分开使用，"政"主要指制度、行政、准则、道德等，《论语》有"政"字50多处，如《论语·颜渊》说"政者，正也，子帅以正，孰敢不正"，《论语·为政》说"为政以德，譬如北辰，居其所而星共之"；《左传·昭和六年》也有"政者，制也"，"启以夏政，而作禹刑"。"治"是指治理，即管理国家和民众，如《礼记·经解》中有"治者，理也"，"安上治民，莫善于社"等语句。大体上，在古汉语中，"政治"一词指君主和官吏管理国家及民众之事，即所谓的"治国平天下"。从西方文化传入我国以后，特别是从我国近代新文化运动以后，"政治"一词的使用逐渐世俗化，为人民之口头禅，"政治"一词的含义也随之复杂起来。现今汉语"政治"一词，各种汉语词典对"政治"解释为根据马克思主义经典作家（如马克思、列宁等）关于政治的定义进行阐述，从语言、文化的角度明确给出"政治"一词的解释。

在英语中，"Politics"（政治）一词最初由古希腊文"ЛОλιs"（polis，城邦）演变而来。其他西方语种，如德语的"Politik"（政治）、法语的"Politique"（政治）、俄语的"лопиα"（政治）等，都与古希腊语"ЛОλιs"或与英语"Politics"有词源关系，且在拼读上也十分相似。因此，西方文化中，"政治"一词最初含义就源于城邦(City-state)，"政治"一词的本义就指"城邦或城邦活动"。而在传统中国文化中，"政治即治国平天下"。可见，"政治"从一开始在不同文化中是有所区别的：中国文化"政治"就是政与治，就是国家的统治与管理，求得天下的太平；欧洲文化中关于"政治"就是城邦，是一种为国家的实践，追求国家利益的实体与实证。欧美政治、政治家、政治学者历来有重视政治（学）实证，重视政治（学）科学化、系统化，讲究法治；而我国历代政治、政治家、政治学者重视政治以德为先、攻心为上，讲究德治，其中一个重要原因就在于中西方文化赋予"政治"不同的本质内涵。

四

在西方政治学发展的不同阶段，由于以上原因以及不同政治学主张的实际研究对象及范围的不同，西方政治学、政治学家对"政治"概念的界定是各不相同的。据粗略统计，我国和西方学者或论著对"政治"做出明确的且有较大区别的定义也有100多种，大致可以分为以下11种。

1.道德论

把政治说成是一种道德与伦理，是一种善业或善举。在我国，以孔子为代表，孔子曾说："政者，正也。子帅以正，孰敢不正？"（《论语·颜渊》）即是说，政就是正道，就是符合礼仪的道德，"政"只要按礼仪就能很好实现"治"。古希腊柏拉图认为"理想图"就是"公道或正义之国"，亚里士多德把政治看作实现正义，为民谋利以求善业之行为。康德和黑格尔也认为国家是伦理精神完全理性的体现，政治是实现这种体现的最高道德。

2.神权论

这种观点认为政治是一种超自然的、超社会力量的体现或外化，即是一种神的力量的体现。在中国殷周时就已产生"君权神授"之思想；到了汉朝，董仲舒造"天人合一"、"天人感应"之说，鼓吹"天子受命于天，天下受命于天子"。西方中世纪神权政治观的典型代表托马斯·阿奎那也有类似的观点：尘世乃神之安排，国王受命于上帝，国王权力是神授的。

3. 权 力 论

20 世纪 30 年代在西方国家开始流行这种观点，认为政治即与权力有关的现象。这种观点又分为国家权力说和泛权力说。泛权力说认为人际关系中所有的权力现象都是政治现象，也就是说，在个人与个人之间、集团（团体、群体）与集团之间、个人与集团之间，凡是发生的权利现象，都属于政治现象。例如当代美国政治学家哈罗德·拉斯韦尔认为"政治"即"人际关系中的权力现象"，"政治研究即是对于权势及拥有权势者的研究"。[1] 他在其代表著作《政治学与精神病理学》及其他著作中更明确指出研究政治就是研究权力的形成与分享。在我国 20 世纪三四十年代也有一些政治学者持这种观点，认为"政治是命令与服从的强制关系"，"政治就是公共的强制力对众人之事的治理"。[2] 国家权力说缩小权力现象的范围，认为那些与国家活动有关的权力现象才属于政治研究的范畴，认为政治学是研究与国家行为相关的权力现象的科学。这种理论以马克斯·韦伯为代表，他曾说："政治就是国与国之间或国内各集团之间力争权力分享，或力争对权力分配施加影响。"[3]

4. 国 家 论

政治即国家的观点从文化学角度也看得出某些痕迹：英文词"government"不仅有"政治"的涵义，而且还有"政府"（City-state）的涵义。这种现象是亚里士多德政治理想之继承。持这种观点的学者认为，政治学就是研究国家的科学。"国家现象在其千变万化之中，对于家庭、部落、民族以及其他社会团体而言，虽不是毫无关系，但终究有所不同。这种特殊的国家现象，就构成政治学的研究主题。简言之，政治学从头到尾是一门研究国家的科学"[4]；"政治就是国家机关和国民行为直接关于国家根本之活动底总称"[5]，一句话，"政治就是国家。政治学便是以国家为研究对象的，或竟可以称之曰：国家学"[6]，"政治学可以简捷地定义为国家说"[7]。分析马克思主义政治学说，从中可以看出，马克思主义经典作家也是把政治与国家紧密联系起来讨论的，列宁曾说："政治就是参与国家事务，给国家定方向，确定国家的活动方式、任务和内容。"[8] 因此，从某种程度上讲，马克思主义政治学说也是一种国家政治学说，只不过它比其他国家政治学说要全面、深刻、辩证得多，只不过马克思主义政治学更强调社会革命和阶级在国家学说中的地位和价值。另外，我国传统政治思想"治国平天下"也是把政治与国家联系起来。

5. 管 理 论

把政治解释为一种管理（管理行为或管理活动或管理系统），也为历代政治家、政治学研究所重视。孙中山先生曾说："政治两字的意思，浅而言之，政就是众人的事，治就是管理，管理众人的事，便是政治。"[9] 我国政治学家吴恩裕也曾说："政治乃是用公共的强制力对于众人之事的治理。"[10] 我国政治学家高一涵也说："政治是管理众人的事。"[11] 孔子曾说："政者制也。""政者，事也。"（《左传·昭和六年》）即政治制度、行政、准则；孔子又说："治者理也。"（《礼记·经解》）也就是说，治就是治理也。所谓"治国平天下"，也是指君主与官吏管理国家及民众之事。由此看来，把"政治"理解为一种"管理"或"治理"，基本上概括了中国古代及近代对政治含义的理解。国外行政学界也大都视"政治"为"管理"。

6. 分 配 论

第二次世界大战后一些西方学者把"政治"理解为：为社会做出和执行权威性分配（或有约束力的决策）的行为，即认为政治就是通过政策的制定和执行，实现对各种价值物的权威性分配。那些属于权威性政策的制定和执行过程及其各种相关因子或影响因素，就是政治现象，就是"政治"之外延。持此观点者认为，政治的起源与形成过程是：任何社会中的价值物都不能满足人们的需要，为避免和解决人们为分配价值而产生的冲突，就必然产生政治系列——一系列的社会机构和官吏。分配论在第二次世界大战后一直在西方盛传，尤以美国为最，代表人物是美国著名政治学家戴维·伊斯顿，他曾说："政治研究的首要目的就是试图对一个社会中从事价值分配的权威性政策作一系统了解……政治学就是

研究一个社会中对价值的权威性分配。"[12]

7. 法 律 论

西方自然法学派和纯粹法学派认为，政治是一种法律现象，是制定、执行和遵守法律的过程。在他们看来，作为政治主要现象的国家知识法律的产物，国家就是为制定和执行法律而设置的。同时，也认为国家就是具有独立人格之法人，是权利和义务主体，有表示意志及行为之能力。如纯粹法学派代表人物凯尔丝（Kelsen Hans，1883—1973）曾说："我们只是把国家当成一个法律现象，一个法人……国家是国内法律秩序所创立的社团。国家作为一个法人，是这个社团的任务化，或是构成这个社团的国家法律秩序的人格化。"[13]

8. 过 程 论

当代行为主义政治学派认为政治就是制定和执行政策的过程。第二次世界大战后，行为主义政治学开创了由静态转向动态研究政治的新动向，注重对政治过程的研究，强调对政府的实际活动即制定和执行政策之过程之研究成果，并将其视为政治及政治学研究成果的主要内容。布莱克维尔的《政治学百科全书》就认为："政治可以被简要地定义为一群在观点或利益方面本来很不一致的人们做出集体决策的过程。"[14]过程论大多强调制定政策和执行政策，因此，也可称为"政策论"。

9. 世俗论或统治术论

从世俗的观点来看待政治，把政治说成是"权术"、"统治术"、"阴谋诡计"、"权谋"、"策略"、"厚黑之术"等，这统称为"世俗论"。持这种观点的人，古今中外大有人在。在中国，以战国法家为代表，法家集大成者韩非将法、术、势相结合，认为政治就是君主的"南面之术"，就是集势以胜众，任法从齐民，因术以御群的统治权谋。在国外，以15世纪的意大利政治学家马基雅弗利（Machiaveli Wiccoló，1469—1527）为典型代表，他在《君主论》一书中说：君主要像狮子一样凶猛，狐狸一样狡猾；政治就是用权力统治人，用权力欺骗人；为达目的可以不择手段，残酷、欺骗、背信弃义、不合法等均可。德意志帝国首相俾斯麦（1815—1898）也持类似观点：政治就是当政者运筹帷幄之活动。目前，流行于民间的、产生于我国港澳台地区的所谓"政治厚黑学"也是这种论调的典型，其基本观点就是政治就是一种厚黑术。国内外一些学者正感兴趣的挣扎运筹学，也或多或少有这样的倾向。总之，持这种观点的人实际上把政治庸俗化，过度强调政治的丑恶和实际运作。因此，这种论调也可称为"挣扎概念庸俗化"。

10. 活 动 论

把"政治"视为一种活动、一种行为，是中外很多政治学家、政治家所认同的观点。在中国古代，政治一向被视为治国安邦之活动。在国外，也为大多数政治学者、政治家所赞同，认为政治或者是国家的管理活动，或者是政府制定和执行政策的活动，或者是"选择公务员并促进政策的活动"[15]，或者是"在共同体中并为共同体的利益而做出决策和将其付诸实施的活动"[16]。政治作为一种活动，由常识就可想见，但人们在实际中、在理论研讨上都往往忽视这一点，这是使得许多政治学论著不能产生应有的作用的一个重要原因。事实上，作为活动的政治显然有能动的一面。随时间之推移，政治的形式也在发展变化，政治也越来越复杂，牵涉到越来越多的问题，这就在于政治是一种活动。这种观点，是我国政治学界所认同的。

11. 本质论（马克思主义政治定义论）

马克思及马克思主义经典作家对政治之含义也做了多方面的论述，其基本点是力求从政治之本质去把握"政治"，认为政治是一个阶级概念，是经济的集中表现，认为政治的核心是国家政权问题，政治是管理国家的艺术。但马克思及马克思主义经典作家都未给"政治"做出具体的界定。他们关于"政治"含义的论述无疑是正确的，是我们确定政治之内涵的科学依据。由此，建国以来，我国各种政治学论著（主要是大学教材）结合马克思主义的政治概念论给出了大同小异的定义，如《政治学原理》称："政治是阶级社会的产物，是有阶级社会的经济基础的上层建筑，是经济的集中表现，是以政权为核心的阶级关系和人民内部的全局性的关系"[17]；《政治学》称："所谓政治是指一定阶级或社会集团，为了实现和维护本阶级的根本经济利益所进行的夺取国家政权、组织国家政权、巩固国家政权，并运用国家政权进行阶级统治和社会管理的全部活动"[18]；《政治学概论》称："政治是建构在经济基础之上的社会上层建筑的核心部分，是经济的集中表现，是经济利益不同的阶级、社会集团间的矛盾和斗争，是以国家政权为中心的特定的实体、关系、活动和观念的总和。"[19] 从逻辑学的角度看，这些"政治"之定义一个不足之处就是不甚简明，未能简明地揭示出"政治"与其属概念（活动、关系等）之间的种差，因而，常人（包括那些初学政治学的人）对这些定义的理解是有困难的。近年来出版的政治学教材或论著力求给出一个简明的政治之定义，如《现代政治学原理》有："政治是特定的集团和个人，为了自身利益，围绕国家政治权力而进行的活动和产生的关系。"[20] 尽管如此，从逻辑学的角度看，以上把"政治"或"政治权力"作为定义"政治"与其属概念之种差的尝试，却犯了循环定义或同语反复的逻辑错误。同时，这些定义大多只讨论了"政治"的内涵，而没有讨论"政治"概念的外延，也就是说，这些定义只回答了"政治是什么"，而未继续回答"什么是政治"，即"哪些事物属于政治"。

参考文献：

[1] [18][19] 张开诚 . 政治学概论 [M]. 青岛：青岛海洋大学出版社，1990：2，6.

[2] [美]H·D·拉斯韦尔 . 政治学 [M]. 北京：商务印书馆，1992：1.

[3] 吴恩裕 . 政治学问题研究 [M]. 北京：商务印书馆，1948：2.

[4] [美]J·W·加纳 . 政治学与政府 [M]. 纽约：纽约基础出版公司，1928：2.

[5] 李剑农 . 政治学概论 [M]. 北京：商务印书馆，1934：1.

[6] 张明澍 . 政治是什么 [J]. 政治学研究，1987：5.

[7] 列宁文稿（第 2 卷）[M]. 北京：人民出版社，1978：407.

[8] 孙中山选集 [M]. 北京：人民出版社，1981：2，692-693.

[9] [10][20] 石永义等 . 现代政治学原理 [M]. 北京：中国人民大学出版社，2000：3-4.

[11] [美] 戴维·伊斯顿 . 政治系统 [M]. 纽约：纽约克诺夫出版公司，1953：155.

[12] [13][16] 王惠岩 . 政治学原理（修订版）[M]. 长春：吉林大学出版社，1996：3，10.

[14] 吴志华 . 政治学原理新编 [M]. 上海：华东师范大学出版社，1998：4.

[15] 邓正来 . 布莱克维尔政治学百科全书 [M]. 北京：中国政法大学出版社，1992：583.

[17] 王松，王邦佐 . 政治学 [M]. 北京：高等教育出版社，1991：6.

浅论美国政策运行中的利益集团

魏亚宏　刘邦凡[①]

摘要： 在美国的政策运行中，国会、行政机构固然是必不可少的，但是随着生产力和科学技术的进一步发展，一些大的利益集团越来越多，经济需要政治来服务，需要国家政策为他们开绿灯，因此利益集团越来越重视政治决策，并且凭借着其雄厚的经济实力想方设法地参与其中。

关键词： 利益集团　院外活动　游说

众所周知，美国政策的制定和执行要经过几个大的环节。首先是民主党和共和党两大政党为争夺总统宝座和在国会中争夺多数席位而激烈竞争。在这一轮结束后，在国会竞选中占多数席位的政党控制国会权力，由国会制定各项法律，做出各种重大决策，最后由总统和行政机构实施法律和各项政策。随着生产力和科学技术的进一步发展，社会规模越来越大，而且社会事务也越来越复杂，再加上社会复杂多变，国会的决策往往很难适应现实需要，因此总统和行政机构对一些具体问题也做出重大决策，而且决策权呈扩大趋势。

在这一政策制定和执行过程中每个环节都离不开利益集团的活动，尤其是近年来，随着美国竞选费用的大幅度上升以及经济政治化和政治经济化这一趋势的加强，美国利益集团在政治舞台上的活动越来越积极，影响也越来越大。

一、利益集团的含义及活动方式

所谓"利益集团"，不同的人做出了不同的界定。美国建国初著名的政治家麦迪逊可以说是第一个集团问题的理论家，他在《联邦党人文集》第十篇论文中给"派别"下了一个定义："党争就是一些公民，不论是全体公民中多数或少数，团结在一起，被某中共同情感或利益所驱使，反对其他公民的权利或者反对社会的永久的和集体利益。"戴维·B 把"利益集团"界定为：一个具有共同态度的群体"通过影响政府而向社会中的其他群体出一定的利益要求或某种声明"。罗伯特·达尔在《美国的民主》一书中认为，从最广泛的含义上说，"任何一个群体为了争取或维护某种共同利益或目标而一起行动的人就是一个利益集团"。哈蒙·齐格勒则认为：利益集团就是指"一群人自觉的联合起来加强自己的力量，在同本组织有关的问题上，商讨共同的对策，并且为达到自己的目标而采取行动"。英国学者格雷海姆·威尔逊在《美国利益集团》中指出："一个利益集团是一种组织，它设法代表着一些有着一种或几种共同利益或共同信念的个人或社团。"[1]

总之，利益集团有如下特征：①利益集团是在社会生活中，对涉及自身利益的某些政治问题有共同意见和共同看法的社会成员组成的，是建立在他们共同利益之上的，因此利益集团的利益和目标往往具

---

① 作者简介：魏亚宏，女，燕山大学文法学院政治学与行政学专业毕业；刘邦凡（1967— ），男，重庆市涪陵区人，汉族，博士，燕山大学文法学院教授，东北大学博士生导师，主要从事公共管理、哲学、政治学等研究。

有单一性；②利益集团是社会成员在自愿的基础上，并且按照一定的规则形成的政治组织；③利益集团还要参加或影响政策的制定或执行过程，这也是利益集团最重要的特征；④利益集团是一种群众性的政治组织。一句话，利益集团就是具有某种或某些共同利益、政治主张或价值取向的人们或机构，为了通过影响政治决策的制定和执行来实现自己的利益或达到共同的目标而组成的政治团体。

近些年来随着美国利益分化的进一步加剧，利益集团也越来越多，并且每个利益集团都要求占有更多的社会资源，而社会资源毕竟是有限的，有占有多的，也就有占有少的，如此，利益集团之间的竞争必然越来越激烈。他们都想方设法地通过各种手段和途径来影响政策的制定和实施，使其向着有利于自己的方向发展。利益集团干预政策的制定和执行的方式和途径可谓多种多样，概括起来有以下几种。

（1）利益集团通过政治捐款影响选举，使支持自己的政党、政党候选人、议员候选人、总统候选人上台执政，以使他们上台后维护自己的利益，保证本集团利益顺利实现。

（2）利益集团通过游说活动来影响政治决策系统，所谓"游说"，就是指利益集团代表或者其雇用的一批院外活动人员，进入议会或行政系统及其他部门，向政党要员、议会议员、行政官员及总统陈述自己的要求或表达自己的意愿，要求他们在立法或做出重大决策及实施过程中注意维护他们的利益。游说分为直接游说和间接游说，直接游说就是利益集团通过向国会议员或政府要员直接提供信息和资料，向他们陈述自己的观点和要求来影响他们，以使其能够通过有利于本集团利益的议案和政策；间接游说就是指通过影响舆论或选民来间接影响政府决策。

（3）参加国会或行政系统中的听政会，在听证会上提出有利于自身利益的证据，并对某项议案或决策阐述自己的意见或主张。

（4）通过向法院诉讼或支持与本集团利益和观点相似的人或集团对不利于自身利益的决策提起诉讼，争取通过法院的裁决来改变国会或行政机关做出的决定，使有利于自身的决策通过。

（5）通过与政党、议员、行政官员或总统等建立良好的人际关系来影响政府决策及其执行。

（6）示威，这种方法一般是那些资金和成员都很有限的利益集团来表达自己的意愿和主张的一种非暴力方式。

（7）有些利益集团还通过各种途径对那些不支持自己的议员或行政官员等进行抨击或诽谤，把他们赶下台来促使自己目标的达成。

（8）利益集团还在竞选中对那些不支持自己的或不与自己合作的人员百般阻挠，以使他们落选，避免以后不利于自己的政策出台。

利益集团除了以上几种活动方式外，还有许多其他方式来影响整个决策系统，可以说这些方式贯穿整个决策系统的全过程。以上笔者只是简单介绍一下，在以下论述中会更加详细地加以阐述。值得一提的是，这些活动方式在政党竞选、议会决策、政策实施几个环节中各有侧重，并且由于各个利益集团资金、人员、组织能力等的不同，各个利益集团采取的方式也不同。

二、利益集团与政党

利益集团对政党施加影响是其影响决策系统的第一个环节。在美国，政党和议会的关系是密不可分的，由于国会在国家政治生活中有很大权力，如立法权、财政预算批准权、高级行政官员的批准权、弹劾权等，因此政党如果能控制国会，就意味着此政党在国家政治生活中起着重要的甚至是决定性作用。而美国与其他国家还有一个不同，就是美国控制国会的政党不一定是执政党，一个政党能否成为执政党关键还要看其在总统选举中能否成功，竞选成功的政党才是执政党。正因为如此，两大政党在这两大系统中竞争非常激烈。无论是民主党还是共和党要想在竞争中获胜，其中有一个关键因素就是要有实力雄厚的大财团的支持，这是由美国的金钱政治所导致的。

近年来，无论是在国会中争夺多数席位，还是争夺总统宝座，都需要花费大量的金钱。同时，各政党还需要大量维持其正常运转的资金，如发放其政党成员及其领导人的薪金，购买一些办公设施等。所有这些开支仅靠党员党费和国家补贴是远远不够的，他们需要利益集团的大力支持。事实也证明他们得到那些大公司、大企业及利益集团的支持越多，越能在政治生活中处于有利地位。

利益集团正是利用这些，凭借着其雄厚的资本，以团体个人的名义给政党进行捐款，因为他们知道政党的决策就是潜在的议会或政府决策，只要这些政策对他们有利，他们就会受益无穷。而且他们知道自己的钱不会白花，政党会尽量满足他们的要求。

各利益集团在政党中的活动主要有以下几种：①他们通过给政党大量的金钱来影响政党竞选，以使自己支持的政党控制国会或上台执政后，能代表自己，替自己说话办事。②网络一批退职或退休的政党要员，因为这些人员在政治生活中有经验，对政策运行过程比较了解，能够为利益集团出谋划策。更重要的是，他们往往与现任的议员和行政官员甚至是总统有着良好的私人交情，通过他们之间的直接接触，能更及时深入地了解政策动向，并适时地对其进行干预。③他们平时给政党大量的捐款，在这点上，利益集团的总裁们很聪明，他们为了不让自己的钱白花，一般把自己的钱送给控制国会的党或执政党。如果民主党既控制国会又是执政党，则利益集团大部分的钱就进入了他们的腰包，而如果一党控制国会、一党执政，则一般是平分秋色。

利益集团正市通过这些活动与政党保持着密切的联系，他们会想方设法第向政党提出自己的要求和愿望，并向他们提供有利于自己的信息和资料，而且还要让政党信任他们，因为如果得不到他们的信任，其利益也难以保障。

当然世界上没有免费的午餐，政党拿了利益集团的钱，也会给他们以回报的。他们会利用手中的权力，为支持他们的利益集团服务，为他们谋福利。在他们的方针政策中，他们会照顾利益集团利益的，二者就这样达到了平衡。

三、利益集团和国会

在美国，国会是重要的立法和决策机关，也是利益集团院外活动的主要目标，正因为如此，国会制定的各项决策无一没有利益集团的影响。

美国国会由众议员和参议院两院组成，众议院人数较多，议员的时间比较充裕，而且活动也较为灵活，因此利益集团更易于与他们面对面交谈，采取各种方式与他们直接交往，同时还可以按照他们的规则直接参与其决策之中。而众议院则不同，他有 100 名议员组成，工作任务大，议员们比较繁忙，而且他们的决策还要遵循全体一致原则才能通过。因此，利益集团常常采取间接手段来影响他们，如打电话、写信或通过媒体对他们施加影响。但从总体上看，他们与两院的关系还是相当的，不相上下。

一些大的利益集团对国会政策施加影响有一个重要的机构，那就是商业圆桌委员会，该委员会是商业中最有影响力的利益集团为了更好地影响决策而彼此协调的组织。该委员由国家中二百家大公司的总裁经理组成，而且会议也必须有他们亲自参加。[2] 这个委员会的成立可以说是美国经济政治发展的必然，以来是因为近年来美国国会和行政机关管辖的范围越来越多，权力也越来越大。这些经济界的精英门需要联合起来与他们争夺更多的资源；另一方面，他们都想让国会制定有利于自身的决策，为此他们之间往往勾心斗角，激烈竞争，纷纷花费大量的金钱，发动大量的说客进行游说。但由于他们的力量不相上下，因此往往斗争的结果很难预料，而通过这个委员会可以弥补其不足。这些精英们利用商业委员会对一些问题进行讨价还价，彼此做出妥协，最后形成统一意见，确定目标和计划，然后再由董事长和经理亲自向国会施加压力，左右他们的行动，这样一来可以保证他自己的愿望和要求得到迅速满足，二来还可以节省大量的人力、物力和财力。但是由于受欲望的有限性和资源无限性这一规律的制约，这种办法不能从根本上解决问题，而且商业圆桌委员会成员有限，涉及的利益集团数目较少，总体上看，利益集团对国会施加影响常常通过院外活动进行。所谓"院外活动"，从狭义上讲就是利益集团为了满足自己的特定要求聘请一些代理人作为院外活动人员，通过他们在国会两院中进行游说，有意识地影响其决策的活动。

利益集团对国会采取的策略有内部策略和外部策略，所谓"内部策略"就是指利益集团直接向国会议员陈述自己的立场和观点，以影响决策。所谓"外部战略"，就是靠刊登广告，发表谈话发布消息评论，宣传该集团对某个问题的主张，争取公众的了解和支持，形成舆论压力从而影响国会的决策。具体来看，利益集团的活动主要有以下几种。

（1）利益集团常常想国会递送一些有利于自己的并且站得住脚的情报和资料，而议员们也需要这些情报和资料进行决策。但这些情报和资料一定要言之有理，否则难以为议员们决策时所利用。利益集团还常常派人帮助他们进行专题研究，协助他们起草议案和报告，出席他们的委员会和小组委员会，就有关议案发表意见。

（2）利益集团还常常雇用一些前任议员充当说客，对国会进行游说。由于这些说客和议员私人关系比较好，能有很多的机会与他们面对面交谈，从而时刻注意国会政策的动向，随时采取行动维护自身的利益，同时他们还利用这些说客及时地传达自己的要求和意愿。

（3）举行与国会议员建立良好人际关系的社交活动，这是任何利益集团都注重的一种手段，因为与议员们建立良好的人际关系后就可以轻松而深入地进行游说了。这些游说活动包括请议员吃饭、邀请他们旅游、请他们看橄榄球赛，同时还送给议员及其家人一些小礼物等。

（4）支持议员竞选，在这一过程中，利益集团常常通过支持候选人提名、提供政治捐款、动员选民投票等活动支持对他们友好并支持他们意见的候选人当选，在这一过程中，金钱也起了相当大的作用，因为候选人要想竞选成功迫切需要这些钱，而金钱也就为影响国会决策铺平了道路。就连国会议员们也承认，捐赠金钱的多少决定了其要求和愿望得到满足的程度。曾经有一位国会议员说过："谁捐钱谁就能使国会议员和他们的工作人员俯首听话，捐钱的人便有了敲门砖，敲门砖便是权力和能量，敲门砖能通神，这也就是它的道理所在。"[3]

利益集团通过这些活动也确实能产生实际效果，他们常常使国会丧失独立性，使其在决策时不得不考虑利益集团的利益和要求，遇到一些事情还要征求他们的意见，必要时还要他们参与政策的制定，下面这个例子能很好地说明利益集团对决策的影响。

20世纪40年代末，美国援外援华集团曾为蒋介石作过成功的游说，在中美建交后，台湾当局仍继续以官方驻美机构"北美事务协调委员会"为中心，以多种方式进行院外活动，试图影响美国在台湾问题上的立场，影响美国的对华政策。

1994年美国提出的《与台湾关系法》优先于《八一七公报》就与此机构进行的游说有关。1995年，李登辉访美一事也是我国台湾地区在美国的利益集团和游说组织幕后操作的结果。为了能使李登辉直接或间接地访问美国，我国台湾地区对美国国会进行了耗资千百万美元的大规模游说活动。1994年5月，美国国务院拒绝了李登辉去拉美途中在美国过境停留的请求，这引起了亲台参议员的不满，在他们的一致要求下，国务院不得不做出让步。最后也终于在两院的强大压力下，克林顿不得不在1995年5月做出决定，允许李登辉以私人身份访问康奈大学。通过这个例子可以看出利益集团在政治生活中的地位和作用。[4]

四、利益集团与行政机构

从宪法角度讲，行政机构没有制定法律和政策的权力，只有执行权力，但是在现代社会中，随着生产力和科学技术的发展，社会规模越来越大，行政机构管理的事务也越来越多，范围也越来越广，与之相适应权力也随之膨胀。正因为如此，行政机构在一些具体问题上也有很大的决策权。因此，利益集团也越来越把目光转向行政系统。

利益集团对行政机构的影响首先表现在对总统的影响方面，在美国，总统既是国家元首又是政府首脑，同时又掌握着海陆空三军，权力相当大。因此利益集团尤其是那些大的利益集团总是想尽一切办法影响总统决策，而他们最常用的办法就是控制总统竞选。

我们都知道美国总统在竞选过程中需要大量的资金，除了极少数总统候选人能自己拿出这笔钱外，大多数根本不具有这样的能力。因此，他们只能求助于那些有钱有势的利益集团，几乎每一个候选人在竞选之前都要和那些大财团联系，或邀请他们面谈，或举行一些酒会，总之只有一个目的，就是想他们宣传自己的主张和观点，并且还要暗示出自己很可能当选，以及当选后保证给支持他的利益集团以回报。

而这也是利益集团所希望的，因为他们知道候选人不会不明白自己的利益，不会不了解他们的观点和立场。同时利益集团拿出钱来支持总统选举也是有法律依据的，美国是一个崇尚自由的国家，据宪法修正案解释，他们把金钱看作是言论自由的一种形式。认为如果一个人愿意把自己的钱给某个候选人也是一种利益表达。但是美国也害怕这种自由会破坏其所谓的民主，会出现权钱交易等腐败行为。因此他们严格限制了个人或公司直接捐款或赠给某个候选人的金钱数量。按目前的规定，个人直接捐款给某个候选人的数量不得超过 1 000 美元。但是那些聪明的大财团们想方设法地绕开这个规定，寻找其他途径，于是政治行动委员会便派上了很大用场。[5]可以说利益集团的院外活动能够成功在很大程度上得益于它，该委员会可以说是给利益集团设的银行账户，让他们的捐赠合法化，也供候选人合法地筹集金钱。尽管政治行动委员会向全国党委会贡献不得超过 15 000 美元，对候选人贡献不得超过 5 000 美元，但这对于个人不得超过 1 000 美元的规定来说也是一个大大的进步了。因此，就目前情况来看，个人一般都先把钱捐给政治行动委员会，再由其转交给候选人，这也是近年来政治行动委员会猛增的原因。

当总统候选人在这些利益集团的支持下竞选成功后，他们也会考虑其利益和要求的，并且在制定对内对外政策时还有可能征询一下他们的意见或让他们进入智囊团参与政策的制定，这样利益集团的目的也就达到了。[6]但是在现实中利益集团与总统直接接触似乎不那么容易，而且能够直接与总统联系的也只有那些大的利益集团，因此大多数利益集团把精力转移到了与他们事务相关的行政部门。

事实上在美国行政部门也确实有很大的实力，它们往往是一些政策的直接执行者，还是一些具体事务的决策者，也是对利益集团进行直接管理的部门，它们的一些活动往往会直接影响到利益集团。因此，利益集团也着重选择与自己有关的机构和人员，与他们建立起密切的联系来影响他们的一些决定。

利益集团对这些部门的影响最常用的办法就是与政府官员建立良好的私人关系，通过他们及时地了解行政部门的动向；其次就是当官僚们希望获得高级官职的任命时，如果利益集团觉得该官员的立场符合本集团的利益，会在自己的领域内大有作为，他们就会大力支持并帮助他获得晋升。事实上总统在任命高级官员时也总是要听听利益集团的意见，因此在这方面，利益集团很有优势。再就是利益集团在行政部门决策时还常常给他们提供一些情报、数据资料特别是专业方面的材料和信息。而行政部门由于管理的事务较复杂也需要这些，他们还常常聘请一些利益集团代表人员作顾问，这样利益集团更可以深入地影响其决策了。除此之外，当利益集团认为行政部门不能解决他们的问题或对其解决方法不满意时，他们还可以向法院提起诉讼，通过法院的裁决来保证自己要求的满足。[7]

在政策制定并执行后，最后一个环节就是政策的评估。在这方面政府需要通过各种反馈途径得到民众的意见。但这个"民众"并不是指美国全体公民，他们对大多数选民的意见和呼声是漠不关心的，尽管在议员和总统选举中他们也卖了很大力气。他们看中的是那些大财团、大利益集团的意见，因为这关系到政策能否获得巨额金钱的支持并使之胜利进行下去。

利益集团也不能闲着，他们也会根据他们的爱好、利益和价值，通过各种组织如银行、保险公司及媒体等提供的信息，对政策进行判断并做出评价。[8]当利益集团发现政策没有能够为他们的利益和价值服务，或者可以对政策进行更好的设计以达到其目的时，他们就会对有关部门施加压力，要求他们对政策进行改正。如果政策能使他们满意，那么利益集团们就会以大量的资金支持，并且与他们保持密切的合作关系，以保证政策能顺利进行下去。

当然利益集团也不愿让他们的金钱付诸东流，他们会在政策运行过程中对此过程进行严密的监视和监督，以保证政策自始至终能维护自己的利益。[9]

在美国的政策制定和执行过程中，国会负责政策制定，行政机关负责贯彻执行，而利益集团给他们提供了大量的金钱和信息，三者在同一政策领域中发挥着各自的能量，并且相互依存，保持着密切的联系，形成了一种稳固的"铁三角"关系，因此才使政策得以顺利运行。

参考文献：

[1] 赵成根 . 民主与公共决策研究 [M]. 哈尔滨：黑龙江人民出版社，2000：10.

[2][3][4] ［美］托马斯·R·戴伊 . 自上而下的政策制定 [M]. 鞠方安，吴忧译 . 北京：中国人民大学出版社，2002：102-105.

[5] 孙哲 . 美国国会研究 [M]. 上海：复旦大学出版社，2003：45-47.

[6] 梁琴，钟得涛 . 中外政党制度比较 [M]. 北京：商务印书馆，2000：11-15.

[7] 贺艳青 . 当代西方利益集团对政府的影响及评价 [J]. 探求，2003（1）：46-48.

[8] 杨珍，郑令宇 . 当代西方利益集团的立法影响及评价 [J]. 人大研究，2001（5）：32-34.

[9] 姜曦，陈兆河 . 美国政治进程中的利益集团剖析 [J]. 武汉理工大学学报（社会科学版），2001（1）：21-24.

浅论政治发展理论的变数与可能

魏　玮　刘邦凡 [①]

摘要： 本文从内涵、外延、范式、现状与可能几个方面，对政治发展理论做了一个简明的概括。政治发展理论主要围绕六个主题：政治发展，发展与民族主义，现代化，不发达，依附性，帝国主义。政治发展理论在我国也早有探索。早在民国初年，孙中山先生的军政、训政、宪政就可看作对发展阶段论的涉及；建国后的毛泽东思想、邓小平理论、"三个代表"重要思想等，都是立足我国的发展理论经典。

关键词： 政治发展理论　内涵　外延　范式

一、政治发展理论的源流

（一）政治发展理论的内涵

政治发展理论起始于 20 世纪五六十年代的美国。第二次世界大战后，旧殖民体系彻底瓦解，亚非拉地区相继出现了一大批新兴的独立国家。这些新兴国家获得独立以后，面临着如何实现国家现代化的问题。在这种背景下，美国社会科学界开始把研究的视野扩展到发展中国家和地区，一时间，这些国家的发展战略和现代化问题成为最热门的研究课题。经济学家、社会学家、政治学家、历史学家都参加到这一领域的研究中来，美国官方和各大基金会也慷慨解囊，大力资助。如此，到了 20 世纪 60 年代，就形成了一股跨学科、多面向的理论思潮，其中包括发展经济学、发展社会学和政治发展理论等。可见，政治发展理论是美国现代化理论思潮的一个支流。实际上，我们也可以把它与发展经济学和发展社会学并称，叫作发展政治学。

1954 年，在美国著名政治学家加里布埃尔·阿尔蒙德（Gabriel Almond）的主持下，成立了社会科学研究会比较政治委员会，该委员会把不发达国家的政治发展问题当作重点研究课题，并于 1959 年召开了一次关于政治现代化问题的讨论会。在福特基金会的资助下，比较政治委员会的成员合作研究、出版了一系列有关"政治发展"问题的专著。到 20 世纪 60 年代中期，政治发展理论基本形成独立体系。

亨廷顿和齐尔科特都认为政治发展理论是比较政治学的一支。事实上，政治发展理论与政治文化、政治经济、国家系统等理论属于同一层级，在政治学领域中属于认识论，而比较政治学本质上属于方法论。政治发展理论既把比较政治学作为自己的主体研究方法，又把比较政治学作为自己理论发展的主要课题。另外，政治发展不等于现代化，因为政治发展研究关注政治变革的实际状况，既关注正面的政治民主的积极发展，也关注政治衰败。

---

① 作者简介：魏玮（1981—　　），河北省沧州市人，燕山大学政治学与行政学专业毕业；刘邦凡（1967—　　），男，重庆市涪陵区人，汉族，博士，燕山大学文法学院教授，东北大学博士生导师，主要从事公共管理、哲学、政治学等研究。

（二）政治发展理论的外延

政治发展理论主要围绕六个主题：政治发展，发展与民族主义，现代化，不发达，依附性，帝国主义。前三者构成了主流范式，后三者构成替代性理论构架。

1. 政治发展

政治发展这一主题主要关注：与民主有关的问题、集中政治变革与发展、政治发展的危机与结果等。民主是政治学家普遍讨论的，在政治发展的理论研究中民主一直是核心概念。政治变革理论从未占过主导，美国政治委员会承认了此理论的贫乏。作为本理论的后续，他们转而研究发展的危机与后果，他们试图超越比较研究的"政治与体制偏见"，寻求一种理论基础。他们的概念集中于一种"发展综合体"或政治体系的分化、平等、能力。但不久这些专家自己就对综合序列理论提出疑问。这类理论由于概念的模糊和观点的重叠，从而走向终结。

2. 发展与民族主义

经典意义的民族主义是由法国大革命和拿破仑向欧洲扩张激发起来的，大致分为八类：土著民族主义、传统民族主义、宗教或象征民族主义、自由民族主义、整体民族主义、资产阶级民族主义、技术民族主义、激进民族主义。在不同学者的政治发展研究著作或论文中，民族主义很多时候被模糊使用。在一些政治学著作中，常常把"发展"解释成不断增强、增大、增多或者不同步的变革与成长，但在政治发展理论中，"发展"就是从传统阶段到现代阶段的直线进展。在研究亚非拉新兴民族国家时，发展与民族主义关系往往被强调。

3. 现 代 化

20 世纪一些新兴的民族国家需要实现由传统社会向现代社会转型，无疑需要理论的支持，于是现代化研究应运而生。到如今，现代化学说已十分庞杂，我们在这里梳理成以下三种观点。

（1）阶段理论与现代化。战后不发达的西方资本主义国家集中于利润、开发原料和新市场，而且试图凭借大量经济、技术援助把农业社会变为工业社会，这促成阶段论产生。这个理论的前提是：①通过变革达到高水平秩序；②变革会通过一系列阶段必然发生并趋向某些西欧社会特有的性质；③变革来自同样原因。阶段论专家以此为前提对社会发展做出了许多划分，但往往是同一层次上的不同说法，划分范围也有重合。

（2）现代化与社会衰败。这是保守派普遍认同的观点。亨廷顿在《变革社会中的政治秩序》中谈到现代化意味着工业化、经济增长、社会升迁加速以及政治参与，他主张通过约束团体与政治、限制大众传媒和进入高等教育以及控制社会动员控制调节现代化进程。亨廷顿主张维持现状而不主张不稳定和革命的不确定局面，尽管亨廷顿称他的发展观是辩证的，是在要求与能力间变动的，但他最终偏重于一个参与性与动员性社会体制的稳定而不是潜在性破坏的要求。他一再提及列宁主义以及共产主义社会治理、提供有效权威，并使动员性的党组织合法化的能力。其实他强调的秩序对一切政治制度都极为重要，他事实上贬低了现代化的动员与参与形式。纳尔逊用五种发展模式来研讨发展问题——自由派模式、资产阶级模式、专职模式、科技治国模式、民众主义模式。他把这五种模式用于两个阶段：一个阶段是经济发展中经济不平等开始出现；另一个阶段是社会各阶级开始要求取得政治参与和权利。所有这些都是理想模型，学者们试图把自由派与其他四种分开来说明政治参与的张弛影响社会平等的程度。

（3）现代化政治。戴维·阿普特在《现代化政治》一书中论述一种政府类型学以及变革的某些理论。他指明两种模式——"世俗—自由派"或多元主义系统以及"神圣—集体主义"或动员系统。它们分别用于美国为代表的自由民主主义和中国、埃及等以动员系统为代表的国家。后来安朗多·帕斯吉诺在评价时，把阿普特的政治系统类型与罗斯托的经济增长阶段论联系起来并对他们的动员概念提出批评：概念过于笼统，有待准确。

4. 不发达

"不发达"研究也是政治发展理论的又一主题。政治发展理论所关注的"不发达"主要围绕发达国家的经验、资本、技术向不发达（欠发达）国家渗透、扩散，从而解决贫困、饥饿、医药等问题及其相关问题。不发达研究主要分为两派：马克思主义的和非马克思主义的。持马克思主义观点的人大多对发达国家经验、资本、技术的渗透、扩散抱有戒心。非马克思主义观点最早来自阿根廷劳尔·普雷维什领导下的联合国拉美经济委员会的经济学家们，他们认为欠发达国家的本国经济面临外来渗透时，新的工商业资产阶级将作为国家利益的支持者而崛起。

5. 依附性

"依附"这个概念一直普遍使用在亚非拉的政治比较分析中，这个概念最早出现在20世纪60年代的拉美，在一些有关非洲、亚洲的著作使用，后来被广泛使用，成为一个社会科学领域的常用词汇。这样一来，"依附"一词的涵义就有些混乱。不同的学者对"依附"就有不同的定义。例如，列宁的"依附"不限于殖民与殖民地，还包括各种形式政治上独立而经济上具依靠性的附属国；智利的奥斯瓦尔多·松凯认为"依附性"概念把国际上战后资本主义演化同当地发展进程各有区别的性质联系了起来；巴西的奥托尼奥·多斯·桑托斯的"依附"是说依附国的经济取决于发达国家的发展和扩张；等等。这种混乱状况招致许多批评，而批评者本身也陷入混乱和不准确，但批评间的分野很明显。正统派的资产阶级对依附性的看法通常侧重在帝国主义范围内建立资本主义；激进或马克思主义的看法则是消灭依附性同工人推翻资本主义生产资料所有制并建立社会主义的斗争联系起来。由于人们基本观点的不可兼容，"依附"研究并没有形成系统的理论。但它却仍在发展政治理论著作里频频出现，一股致力于重新评点此论的浪潮正在涌起。

6. 帝国主义

帝国主义是一个历史性话题，广义的概念源于16—17世纪重商主义的西欧国家在亚非海岸夺取贸易据点，后转为大规模掠夺。一般意义的帝国主义产生于18世纪70年代，对外表现为对殖民地的控制与影响变为正式、"合法"。马克思主义观点认为这种扩张由资本主义生产方式的矛盾造成。另一种理论以自由派为推动力，他们认为不平等完全可以在国内调整。谈及现代帝国主义，有两个观点影响较大。来自中心国家的观点强调帝国主义对发达资本主义经济是必要的；来自外围国家的观点集中于资本主义对世界贫困社会的消极结果，后者已和依附论融合。对于帝国主义理论，仍可分为非马克思主义和马克思主义，前者有霍布森、考茨基、熊彼得等，后者包括卢森堡、布哈林、列宁等。

（三）政治发展理论的范式

政治发展理论的主流范式来自西方发达国家，其基本特征是：讨论问题事无巨细，观点抽象，缺乏对具体情况的分析，把国家搁置在理想构造的静态框架中，有意或无意地充满种族中心主义和资本中心主义；扩张是必然且必须的，扩张可助于不发达国家的经济发展和现代化，而那些因不发达而失去扩张机会的国家就只能靠自己发展。

主流范式自身的痼疾使它招致外界的许多批评，在替代范式凸现的境况下逐渐为人们所抛弃。政治发展理论的替代范式来自第三世界国家和社会主义国家。第二次世界大战后政治获得独立的国家，迫切需要摸索一条立足国情的独立发展道路，不同的国家都做出了自己的尝试。例如，前东欧社会主义发展模式、中国特色的社会主义等。

以上两种范式不仅在方法论上有分歧，而且在价值取向上也是不同的。所谓的"主流范式"从总体上是马克斯·韦伯式，替代范式基本上遵循卡尔·马克思所指点的框架。分析马克斯·韦伯与卡尔·马克思对于"政治发展"的理解，也就能把握这两种范式之关系。

从哲学上看，韦伯近于康德，而马克思更近于黑格尔；韦伯的理想类型学是实证主义的，分析显得零碎而静态，马克思是辨证主义的，特点是整体、动态。

从政治学上看，首先，韦伯的"政治发展"静态概念提出基于认为工业社会中科层秩序的理性和功能性；马克思提出"政治发展"的动态概念，其前提是人与生产力、生产方式所处物质世界的相互作用。其次，韦伯的"政治发展"是渐进的、理想主义的，关注的是发展的必要条件，强调常规化、效率、专业化与世俗的差以及专门化对于观念和社会的影响；马克思的"政治发展"是革命的、现实主义的，基于历史与现实寻求政治结构的基础变革。

从历史观和价值观看，韦伯的观点是片段的、经验的、非历史的、不完全的，事实与价值观相分离是研究的基础；马克思的观点则是全盘的、历史的、以生产力为基础的，价值观与事实相结合，价值观源自物质基础。

二、政治发展理论的现状与可能

政治发展理论也和政治发展问题一样，充满着变幻不定、难以捉摸的变化。两大范式的此消彼长并不能否认政治发展共同的目标，单方的理念框架有互补充实的必要。事实上，二者一直在努力吸收对方之长，以确保自身持久的张力。

一度衰微的主流范式在 20 世纪 80 年代重整旗鼓。阿普特重新提出现代化问题，宾德和埃克斯坦对发展理论表示希望，阿尔蒙德、亨廷顿、帕肯汉重申主流派发展理论的霸权。苏联和东欧的马克思主义政治发展理论实践之失败，重新唤起了民族主义的兴趣。主流范式在融合了激进者合理观点后试图再度指导不发达国家，走向西方式的现代化。例如，贝茨的"个人选择与非洲资本主义市场"；沃伦致力于把帝国主义研究同发展理论结合、强调资本主义积极面；萨米尔·阿明、克来夫·托马斯和弗朗西斯科·洛佩斯·塞格雷拉等人在积极讨论欠发达国家的发展问题时，诚恳地通过向马克思主义学习，力求理论综合、建立可行的理论。尽管如此，主流范式的政治发展理论仍然存在一些问题：①主张价值与事实分离、轻视价值判断，这往往使得它失去向发展中国家提供有效政策建议的机会，使理论流于无用武之地；②忽视了发展中国家的具体实际和政治传统，使得它在为发展中国家出谋划策时，不能切中要害；③西方发达资本主义中心论的过分宣扬往往掩盖了理论的实在价值，难以为发展中国家所接受。

不论是主流范式，还是替代范式，无疑，大力开展"政治发展理论"的研究，都有助于那些政治急需发展的国家，从中获得一些启迪或警惕，从中了解国际秩序的不平衡发展，促使人们注意滞后资本主义发展的有关问题，思考资本主义的行为方式，寻求适合自己的发展道路。

政治发展理论在我国也早有探索。早在民国初年，孙中山先生的军政、训政、宪政就可看作对发展阶段论的涉及；建国后的毛泽东思想、邓小平理论、"三个代表"重要思想等，都是立足我国国情的发展理论经典。

西方主流政治发展理论从 20 世纪 70 年代末传入我国，早期著作有陈鸿俞的《政治发展理论》（1982），此书由于它的时代局限，更像个启蒙读本。今天国内有关政治发展的书十分丰富，但缺乏系统性。北京大学的政治发展研究与教学早而持久，1986 年以来，先后承担国家社会科学"七五"规划"中国政治体制改革研究"、"当代中国政府体制发展研究"、"中国政治发展研究"，国家社会科学"八五"规划"我国地方行政体制研究"、"发展中国家政治发展模式比较研究"，以及国家社会科学"九五"规划"政治改革与经济改革互动关系研究"等重要课题。目前，国内 20 多所大学开设了"政治发展理论"的课程教学与课题研究。王沪宁、张锡镇、萧功秦、张炳九等学者长期致力于政治发展理论的研究，在我国政治发展理论的标准、模式、阶段和发展基础、发展条件、发展动力等方面已有系统的见解。

我国特色的政治发展理论也正面临西方当代政治发展理论的挑战，为保持我们的独立和特色，为应付可能的变数，我们应注意以下几点：①立足本土。建立基于中国政治发展现实的概念体系，为中国政治学提供具有本土特色的研究方法和理论框架。②纵横整合。以国别、区域和国际等为横轴，以政治发展进程为纵轴，整合多种角度和线索，使中国政治学研究具有更为丰富的理论体系。③学用结合。通过理论研究与应用研究的结合，既为理论研究培植更为深厚的现实基础，增强理论研究的解释力，又为应用研究确定更为明晰细致的方向，提高应用研究的分析水平。④综合借鉴。综合我国现有政治发展理论，吸收经济学、社会学等其他社会科学以及自然科学的最新成果，借鉴国外政治学研究的经验和方法，参考国外政治发展理论的合理之处，开辟我国政治发展研究新领域。⑤关注现实。注重我国政治发展的实际进程，为我国政治发展研究不断注入新的生命力，从而增加我国政治发展研究实际价值。⑥培养人才。一个系统、科学的理论体系，需要很多人做出努力，而我国从事政治发展研究的专业人才又严重不足，这势必会影响我国政治发展理论进一步研究工作的开展，因此，必须加大政治发展理论专业人才（尤其是高级研究人员）的培养。

参考文献：

[1] 李红波，颜佳华.国内政治发展理论研究综述 [J].云南社会科学，2006（2）：26-30.

[2] 孟军.国内外亨廷顿政治发展理论的研究综述 [J].中南大学学报（社会科学版），2007（6）：646-650.

[3] 周玉琴，宋鑫华.我国民族政治发展理论研究综述 [J].社会科学管理与评论，2009（1）：89-96.

[4] 孙圣民.制度和发展的政治经济学：制度变迁理论最新进展综述 [A]// 中国制度经济学学会筹委会、山东大学经济研究院（中心）、中国制度经济学年会组委会、《制度经济学研究》编辑部.中国制度经济学年会论文集 [C]，2006：10.

[5] 廖继红."发展社会主义民主政治，建设社会主义政治文明"理论研讨会综述 [N].人民政协报，2003-01-21（A03）.

政党与政治发展关系浅论

李　青　刘邦凡[①]

摘要：政党是现代政治生活的主导力量，政党功能的发挥有助于政治系统的高度结构化和专业化，有助于保障政治秩序、维护政治稳定，有助于提高公民的政治参与能力。同时，政治发展的过程也是政党发展完善的过程，政党与政治发展是互相促进、紧密联系的统一整体。本文最后以中国共产党与中国政治发展的关系作结，从实践的角度论证政党与政治发展的关系。

关键词：政党　政治发展　政治参与　政治民主化　政党权威

一、政党与政治发展的辩证统一

在政治发展的过程中政党的领导地位得到确立与巩固，与此同时，政党的存续、政党功能的发挥也有利于政治发展目标的实现，二者是彼此依存、互相联系的统一整体。[1]

政治发展的过程是由无数的社会变革与革命共同建构起来的，在不断的摸索中，各种阶级与阶层都为国家的政治发展发挥了重要的推动作用，那些最能代表广大人民群众的利益需求，选择了正确的政治发展模式的政党，必将在政治实践中取得执政党地位。政党是其所代表的阶级利益的忠实代表，是具有相同政治见解的一部分人结成的政治团体。政治发展的实践为这部分政治人的聚合提供了外在的凝聚力和推动力。为实现共同的政治发展目标，一定阶级中的一部分政治精英组织起来形成具有严密的组织机构、明确的政治目标、严格的组织纪律的政党。政党在现代政治生活中发挥其特有的功能，推动政治的稳步发展，使社会获得稳定可靠的政治秩序，广泛地扩大公民的政治参与，提供更多的政治产品。伴随有形的和无形的政治目标的逐步实现，民众的支持率自然会持续提升，政党的执政地位得到了巩固。

政党依靠其严密的组织机构，为国家的政治发展构建起高效率的行政网络，政府在政党的领导下高效、有序地处理国家内外事务，行政效率不断提升；政党领袖一般都是国家的政治领袖，国家公职人员绝大多数都是由政党推荐或由政党成员中选举产生，可见，国家政治生活的主要操作者均与政党紧密相关；政党为获得更加广泛的社会支持，广泛开展各项政治活动，通过舆论宣传、政治实践活动向公民灌输政治价值、政治信念、政治规则、政治行为模式等，以求形成广泛的社会认同，形成一致的公民政治文化。政党的这些努力直接或间接地推动了政治民主化的进程，有利于政治发展的进行，在政治发展的过程中，扮演着举足轻重的作用。

中国共产党领导中国政治逐步走向名著化、法制化的过程充分地证明了政党地位与政治发展之间的这种辩证关系。中国共产党领导中国人民打倒帝国主义的压迫，完成新民主主义革命，带领中国人民走向民主、法治的现代化社会。正确的政治发展模式的选择，势必增强民众的信任，巩固党的领导地位。

---

① 作者简介：李青，女，燕山大学文法学院政治学与行政学专业毕业；刘邦凡（1967—　），男，重庆市涪陵区人，汉族，博士，燕山大学文法学院教授，东北大学博士生导师，主要从事公共管理、哲学、政治学等研究。

事实证明，中国共产党作为执政党，作为我国政治生活的中心，不断根据变化着的国内国际形势，出台各种政策、法规、思想理论等，切实地推动了我国的政治发展步伐。在政治方面，中国共产党建立的具有中国特色的多党合作、政治协商制度，是反映广大人民群众的社会主义民主，是符合我国国情的政治制度，是加速我国民主化进程的正确途径。中国共产党领导中国人民在探索改革开放、实现现代化崭新道路的过程中还提出了"依法治国，建设社会主义法治国家"的方略，规划了中国政治发展的宏伟蓝图，为中国的政治发展揭开了崭新的一页。在经济方面，中国共产党根据政治发展与经济发展的关系，适当安排当代中国政治发展的实施战略，政治体制改革与经济建设、经济体制改革相适应。中国共产党执政至今，中国社会一直保持稳定，政治效率不断提高，政治民主不断发展，政治发展的目标正在逐步实现。[2]

二、政党的发展有利于政治民主化

政治民主化是由传统社会向现代社会转行过程中政治发展所面临的首要任务。政治民主化是各国政治发展的共同目标，但是由于各国独有的文化传统和特殊的历史条件，民主化进程的速度和民主化的模式大相径庭。民主作为一种国家形式，"是承认少数服从多数的国家"[3]，总是属于一定阶级的。政党作为先进阶级的代表，自政党成立之日起就承担起了领导国家政治民主化进程的历史使命。政党在本党指导思想的指引下，依据所确定的政治发展模式，结合本国国情，选择革命或民主改革的方式，为民主化进程营造稳定的发展秩序、空间，为民主化的实现提供法制化、制度化的保证。

政党的发展和政党制度的确立与完善是政治民主化的重要组成部分。脱离政党的建设来谈政治民主，只能是空话、套话。政治民主化只能在稳定的政治体系中发展，没有政党的领导，就不可能有稳定的社会秩序，尤其是在从传统的政治权威向现代法制权威转型的时期，社会冲突与矛盾重重，极易出现社会失衡现象，只有政党能够依靠其强大的生命力、敏锐的政治观察力、精密的机构设置来调节各阶级与阶层之间的矛盾，保障政治社会的法制化、民主化、制度化发展。

1989 年以来席卷非洲的政治民主化浪潮，是非洲国家独立以来最广泛而深刻的一场政治变革，尽管它曾经引发空前规模的政治和社会动乱，但迄今的事实表明，其成果是不容置疑的。到 21 世纪，非洲53 个国家中（增加新独立的纳米比亚和厄立特里亚两国），只有六七个国家还坚持实行军政权或个人统治（包括索马里和利比里亚这类军阀混战的国家），40 多个国家实行了政治民主化。这些国家都经过全民公决通过了新宪法，进行了总统大选和立法议会选举，从而确立了法治体制。其涉及国家之众多，群众参与的广泛程度，在非洲历史上是前所未有的。

多数国家在其执政党的领导下进行了广泛的反对人治的斗争，在宪法中明确规定了"多党"或"反对党"的合法地位。政治民主化承认反对党的合法存在，也就意味着反对党所代表的不同部族利益和要求、不同政治势力和派别存在的合法性，这为非洲国家真正实现长治久安奠定了基础。在过去实行一党制、军政权或个人统治的国家，固然有些领导人和执政党奉行了比较正确的政治经济政策，能够妥善处理部族矛盾、各派政治势力的矛盾等，因此，积累的政治社会矛盾较少，领导人有较好的群众基础，如坦桑尼亚、津巴布韦、加纳罗林斯时代、乌干达穆塞韦尼时代甚至塞内加尔、科特迪瓦等国。但在人治条件下，这些大都取决于领导人的个人素质，而缺乏一种法律上的监督机制以约束领导人必须这么做。当然，这类国家在政治民主化浪潮波及之后尽管也出现政治反对派和局部动乱，但总的政局比较稳定，执政党及其领导人能经受风浪继续执政。而在人治时代，许多国家的执政党及其领导人对其他部族的利益和要求，对不同党派、不同政治势力采取排斥甚至镇压的政策，这样表面上保持了政局的暂时稳定。而实际上，这种错误政策恰恰是非洲国家独立以来部族矛盾难以解决、政局长期不稳、军事政变不断、有些国家甚至出现武装对抗的重要原因。在这次政治民主化的大氛围中，大多数国家改行多党制，从法律上承认反对党的合法存在，也就意味着承认反对党所代表的不同部族利益和要求，不同政治势力和派别存在的合法性。有些国家的执政党甚至号召以前因遭镇压而流亡国外的反对派领导人回国。各党派在宪法和法律的范围内进行公开的、公平的竞争，或进行协商、合作，有些国家各党派团体、各派政治势力、各部族的代表坐在一起共商国是。唯其如此，大多数非洲国家才能由前几年的政治动乱走向现今的政局稳定。安哥拉和莫桑比克以前坚持实行一党制，反对派只能以武装对抗来维护自己的利益和地位，因此两国长期战乱不休。在政治民主化浪潮推动下，两国执政党在1990年先后宣布实行多党制，并相应修改了宪法，承认反对党的合法地位，反对党也相应改变对策，放弃武装斗争，改行政治斗争。这样经过几年艰难曲折的谈判，基本实现了民族和解，结束了内战。

非洲国家抵制了西方国家试图将自己的政治模式和价值观念强加于非洲的图谋，开始探索适合非洲国情的政治发展模式和政党制度。在实行政治民主化过程中，非洲国家并未原封不动地照搬西方国家议会多数党执政、少数党在野的政治模式，而是开始探索适合非洲国情的政治发展模式。目前看来，这些都是有利于政局稳定、民族和解的成功尝试。

许多国家还颁布政党法或通过其他立法形式，对建立政党做了具体规定，例如，吉布提的宪法规定，政党必须非种族化、非部族化、非宗教化和非地区化；莫桑比克1991年颁布的政党法规定，各党派必须遵循维护国家统一、发扬爱国主义精神和巩固莫桑比克民族三原则，强调各政党必须具有全国性质，不得以个别地区、部落、宗教为基础，必须有利于国家和平稳定，不得谋求通过暴力改变国家政治与社会秩序，不得搞分裂主义，每省至少有100名党员方可登记，其总部必须设在首都。圣多美和普林西比1990年9月颁布的政党法规定，一个政党的最低定员数不少于250名，且必须在国家最高诉讼法院登记注册后方为合法。这类规定既保证了政党的合法性和多元性，也保持了全国的统一和团结，防止部族主义、地方主义、分裂主义。总而言之，既实行了政治多元化，又有利于政局的稳定。乌干达试行无党派体制，禁止政党进行政治活动，但并不限制舆论，人们享受着新闻、出版、言论的自由，这也是一种有益的尝试。

由以上案例可以看出，非洲政治民主化的趋势不可逆转，各国均在本国政党的领导下，顺利地完成了政治民主化进程，政治发展成绩斐然，各类政党均在政治实践活动中得到了发展壮大，同时也对本国政治的发展起到了不可估量的作用。

三、政党权威与政治发展

政治发展是一种制度和体系的变化过程。亨廷顿认为政治发展对政治系统有两方面的要求：①政治系统内部的权力分配必须具有革新政策的能力，即通过国家的行动促进社会和经济的改革；②必须具备能成功地把现代化所产生的社会力量吸收进政治系统的能力。[4]现代政治中的主要政治力量正是这种革新功能与整合功能的主要载体。

对于一个政治体系来说，政治权威是其存在与发展的基础。现代政治国家普遍处在现代化社会的转型时期，即由传统的人治权威向现代的法制权威的转变，作为转型的重要的过渡时期，政党权威有效地弥补了人治权威向法理权威过渡的这段真空时期。亨廷顿曾经指出："许多现代化中国家出现的权力和权威的真空或许由个人魅力型领袖或军事力量来填充。然而，只有政治组织才能永久地填充它。""在现代化国家中，谁有了政治组织，谁就控制了未来。"[5]显然，政党是最有效的政治组织，依托政党组织，建立起政治权威地位几乎成为发展中国家的共同发展历程。

转型国家的政治发展过程中，人们的利益和价值观念都发生了重大的变化，人们从过去的迷信权威、崇拜权威发展到怀疑权威，再加上社会"失范"现象的大量存在，社会的秩序和权威被动摇了，但转型社会的特殊性又要求转型社会中必须形成强有力的政治权威，这点对后发型国家来说更加重要。因为后发型国家的一个显著特征是实现现代化的赶超性，这就要求具有强有力的政治权威来发挥其导向和组织功能，而且面对社会转型过程中大量的社会矛盾和利益冲突，也需要通过强有力的政治权威来予以协调，以保持社会的稳定和秩序，否则，社会转型与政治发展的进程就会失去秩序保证，出现所谓的"现代化中断"现象。[6]为了避免这一现象的出现，必须在转型过程中确立一种强有力的政治权威。以政党为载体的"政党权威"的确立恰恰符合了这种需求，有助于保障转型时期政治发展的有序进行。[7]

四、政党与扩大公民政治参与

如何扩大公民有序的政治参与，是21世纪各国政治发展面临的重大课题。政治参与（political participation）是指公民"或多或少以影响政府人员的选择及（或）他们采取的行动为直接目的而进行的合法性活动"[8]。政治参与旨在影响政府决策的行为，目标指向是影响社会价值的权威性分配。政治参与有两个基本特点：自愿性；选择性。公民政治参与的程度，一般取决于现实的政治系统是否提供了充分、有效、平等的参与通道，政治系统民主化程度越高，为公民提供参与的通道就越畅达。"政治参与是以受保护者集体和派系以及政党为基础组织的。"[9]政党的领导是政治参与的重要保证。

现代政治国家大多数实行代议制民主制度，政党通过选举确定其领导地位，推选其内部成员担任公职，伴随现代民主制的不断发展，选举过程越发开放，政治系统内部和外部之间的交流渠道更加多样化。政策决策过程，政府公职人员的选举等不只是向政党开放，而是越来越多地吸收普通民众的加入，这种在政党领导下进行的现代民主政治，有助于从量上和质上双重扩大公民的政治参与程度。

政党的功能之一就是作为国家与公民之间的终结，向公民宣传达成普遍公式的某种政治意识、政治观念，帮助公民形成以高度的政治参与程度为标志的较高层次的政治文化，促进公民对政治体系的认同。[10]政治发展的目标之一，是公民广泛的政治参与。政党在其发展的过程当中，通过舆论宣传和政治实践活动向公民传输其政治价值、政治信念、政治规则、规范以及政治行为模式，促使公民形成一定的政治心理和政治思想，强化其对某种政治体系的认同。伴随政党这一功能的发挥，公民的政治能力得到提高，接受了平等原则和普遍性的法律、法规，意味着政治系统在控制事端和满足人民需要方面能力的提高，意味着更多的政治机构分化和功能专门化以及各机构和组织更加高度一体化，也即意味着政治发展的目标的实现。

五、中国共产党与中国政治发展

政治发展是现代化的一个重要内容，也是现代化的一个重要动力。因此，中国共产党自诞生之日起，就以政治革命为先导，依靠政治发展来开创和推动社会主义现代化事业，同时，在社会主义现代化建设的过程中，稳健地推进社会主义政治发展，从而把建设有中国特色的社会主义现代化事业推向了一个崭新的历史阶段。中国共产党领导的多党合作、政治协商制度是具有中国特色的社会主义制度，是经过实践证明和时间检验的具有蓬勃生机的政党制度。[11]在中国共产党的领导下，中国开创出了一条特殊的政治发展道路，充分地从理论和实践两方面论证了政党与政治发展之间的关系。

（1）中国共产党领导中国人民成功地进行了新民主主义革命，实现了政治发展的历史性变迁，为中国实现社会主义现代化奠定了可靠的政治制度保障。近代中国实现现代化首先要求在政治发展上取得突破，建立独立、统一、民主的国家，打开走向现代化的通道。中国共产党提出了新民主主义革命理论，在理论和实践中成功地解决了近代中国政治发展的目标、道路问题，开辟了中国社会主义现代化的发展前景。中国共产党领导中国人民创建了具有中国特色的社会主义民主制度，为社会主义现代化奠定了坚实的基础。

（2）中国共产党领导中国人民在探索改革开放、实现现代化崭新道路的过程中，提出了"依法治国，建设社会主义法治国家"的方略,规划了当代中国政治发展的宏伟蓝图。"依法治国,建设社会主义法治国家"标志了当代中国政治发展目标的历史新高度。"依法治国,建设社会主义法治国家"标志着国家必须拥有合理的自主性。"依法治国,建设社会主义法治国家"标志着政治系统运行的制度化、程序化。"依法治国,建设社会主义法治国家"标志着建设以公民权利为本位的政治文化。

（3）中国共产党在把建设有中国特色的社会主义伟大事业全面推向新世纪的过程中,根据政治发展与经济发展的关系,根据政治发展的内在要求,适当地安排了当代中国政治发展的实施战略。

参考文献:

[1] 朴林.关于有效发挥政党功能的思考 [J].理论前沿,2001（10）:31.

[2] 程竹汝.论政治发展的内涵 [J].山西师范大学学报（社会科学版）,1997（1）:7-10.

[3] 李济深.在新政治协商会议筹备会开幕时的致辞（1949年6月15日）[EB/OL],http://www.minge.gov.cn/txt/2008-09/16/content_2475639.htm.

[4] [美]西里尔·E·布莱克.比较现代化 [M].杨豫译.上海:上海译文出版社,1996:32-35.

[5][6] 戴维·伊斯顿.政治生活的系统分析 [M].王浦劬等译.北京:华夏出版社,1999:121-124.

[7] 杨松.政党权威与当代中国政治发展 [J].学术界,2001（4）:19-29.

[8][9] [美]格林斯坦,波尔斯比.政治学手册精选 [M].北京:商务印书馆,1996:102-105.

[10] 陈子明等.现代政治学导论 [M].银川:宁夏人民出版社,1988:111-113.

[11] 权英.中国政治发展与共产党领导的多党合作和政治协商制度的互动作用 [J].长春师范学院学报,2001（1）:4-6.

中国公众政治参与和政治态度之分析

魏　玮　刘邦凡①

摘要: 政治参与就是公众或公众团体参与政治系统中的活动,企图参与、影响政治决策的制定与执行,主要包括:参与选举和竞选,参加政党组织活动,参与社区问题的协商与解决,关注和收听有关大众媒介的政治信息以及与政府官员交换意见等。政治态度是公众在政治参与中所形成的政治意识形态、政治文化、公共舆论。本文基于社会调查,对我国当前公众政治参与、政治态度,不但做了状况分析,而且做了传统、社会、文化、发展的角度分析;不仅做了理论分析,而且做了实践分析。

关键词: 公众　政治参与　政治态度　调查　分析

一、问题的提出

我国在社会主义道路上正进行着一场前所未有的改革,政治也在常规化的转型中与时俱进。这其中,伴生的应当是政治的民主,行政的效能,市民社会的成熟,政治文化的发展。公众的政治参与和态度正是使这一系列变迁、互动、相生的纽带和成果的反映。今天,我国的始发性改革——政治发展,已步入了它敏感的深水区,对这些问题滞后的解决成为掣肘经济、社会发展的深层问题,而一个古老民族传统的政治生活模式往往是积重难返的。这就形成一个特殊局面:一方面,现代化进程中躁动的公众对利益的表达呈现出种种失范状态,亟待政治体系内部的输导、整合;另一方面,就在阿尔蒙德等西方学者忧心"参与爆炸"的同时,广大公众自觉参与政治的心态却有待起动、引导。及时、准确、细致了解转型期我国公众的政治参与及态度具有重要意义,而对此现状的调查、分析、探讨是任何一个致力于政治学专业的成员都责无旁贷的。因此,我们组织了覆盖全国14个省、社会各阶层的"我国公众政治参与和政治态度状况的社会调查活动",旨在对我国公众政治参与和政治态度有所认识,对人们进一步认识我国公众政治参与和政治态度提供一个参考。

参与本次调查工作的是燕山大学政治学与行政学系学生,调查区域为覆盖全国的14个省份和地区:天津、黑龙江、吉林、辽宁、河北、山西、山东、河南、陕西、四川、湖北、江苏、浙江、湖南,兼及城镇、乡村。时间是2001年6月16日—8月10日。活动中,我们采取了抽样调查的基本方法,操作中多数采取发放—回收的问卷方式,少数使用电话访谈的方法笔录,有个别样本通过面谈并依照其在谈话中的表现为其估测代填。鉴于保持问卷的回复率、有效率及对于回答结果进行统计分析和对比研究的便利,设置的问题是封闭型的标准化问题,最终我们得到有效样本问卷1 500份。

① 作者简介:魏玮(1981—　),河北省沧州市人,燕山大学文法学院政治学与行政学专业毕业;刘邦凡(1967—　),男,重庆市涪陵区人,汉族,博士,燕山大学文法学院教授,东北大学博士生导师,主要从事公共管理、哲学、政治学等研究。

二、政治参与、政治态度的界定和政治类社会调查的分析模式

什么是政治参与，在学术界并没有形成统一意见，因为活动的主体、客体、内容和方式，随时间、地域变化而变化，而且政治现象本身也具有不可度量性与复杂性。我们这里采取一个较宽泛而柔性的界定：政治参与就是公众（较长时间生活在一个地区、社区，具有完全行为能力的 18 周岁的人，包括不具有这一地区、社区居留权的人以及不具有这一地区、社区所在国家国籍的人）或公众团体参与政治系统中的活动，企图参与、影响政治决策的制定与执行，主要包括参与选举和竞选，参加政党组织活动，参与社区问题的协商与解决，关注和收听有关大众媒介的政治信息以及与政府官员交换意见等。参与形式可能是不同的或不定的，也许个人，也许群体，也许合法，也许非法，也许有效，也许无效，等等。

政治态度是一个很容易让人产生直观误解的概念，在我国学术界，事实上对这一概念也并没有形成定论。我们对政治态度的理解也是宽泛的：政治态度是公众在政治参与中所形成的政治意识形态、政治文化、公共舆论。

近几十年，国外学者对政治参与研究的关注点一直在发生着变化。20 世纪 30—50 年代的关注点是机构和政治动员，关注选民的投票行为和组织竞选活动；20 世纪 60 年代后，随行为主义的发展与兴旺，社会、文化的因素成为新的焦点，政治参与研究扩展到整个社会、文化领域。李普塞特认为，公众政治参与行为主要由四种社会因素影响：公众政治关心的程度，公众获取信息的范围，团体压力的特点，在选举中是否遇交叉压力。而阿尔蒙德则从政治文化角度将政治参与领域分为四部分：系统的一般性目标，输入目标，输出目标，作为能力参与者的自我，并根据社会中一般公众对这些目标认知和情感评价的取向情况将政治文化分为三种类型。①当公众对四项目标都缺乏认知及在感情和评价上呈现低取向时，形成地域型政治文化，此文化氛围中的公众没有政治角色观念，对政治不抱希望要求，感觉不到政治系统应照顾他们的需要；②当公众对一般性目标及输出性目标有所认知并在情感评价上呈现高取向，但对输入目标及自我政治能力无认知或低取向时，就形成臣民式的依附型文化，此文化中的公众具有参与政治的心理基础，但他们对参与的理解限于消极服从的一面，很少向政治系统提积极要求，对自身政治能力不抱信心；③当公众对所有四项都有高认知和评价取向时，就形成了参与型政治文化，此时的公众对政治参与高度热情，熟悉有效参与路径，行为也要政治系统鼓励。三种状态都是理论中的理想状态，而在现实中总有某种文化在一国中主导。我们认为这四项划分应是进行政治类社会调查的基本设计模式，我们进行的这次调查正是这样做的。

今天我国社会的背景不是高度统合的而是一种转型的复杂状态，许多阶层、利益群体只以雏形状态存在。革命后社会的回落需调和、宽缓，这就使本篇放弃阶级—冲突的分析方式。结构主义者的偏执今天已遭到其继承人的非难，文化符号与物质间的互动作用被重新认识，我们认为"社会—文化"分析模式将成为政治现象分析的一个主要框架。因为人是社会人，在其成长过程中深受政治的营养和摧残，而这营养和摧残表现在公众整体上便形成特定的政治文化，从而影响公众的政治选择。

三、当前我国公众政治参与和政治态度的基本特征

（一）参与动力

从调查资料统计反映出我国公众的参与动力基本属于信念性参与和服从性参与。

信念性参与是指为了实现某种理想参与政治生活的实践。在这方面，我国有浓厚的传统基础，天下兴亡匹夫有责一直被我们作为政治态度的座右铭。建国后，一系列运动把所有成员的政治觉悟（包括政

治态度）提高到史无前例的高度。改革开放后，这种"政治觉悟"大大降低，但它的惯性仍然在作用，使人们对政治关心、热忱有时超过对自己切身经济利益的关注，例如调查显示：受访者在看电视、报纸中消息时，67%经常关注政治消息，但只有35%经常关注经济消息。

而统计的另一组数据则显示公众服从性参与的特征。服从性参与是一种被动型参与动机，这种动机是由于受他人命令、动员、暗示形成。这种特征与我国社会组织化程度高有关，几乎每一公众都处于一个或数个组织中，无业游民也不能摆脱居委会管辖，组织的特征之一就在于命令与服从的关系。服从性的另一原因与权威人格有关，权威人格属政治文化层面的心理特征，这也许是由我国建国后很长时间处于"Charisma"型的政治文化中形成的。本次调查结果显示，20%的公众参与当地政治参与是出于对领导安排，关注政治新闻的人有15.6%承认对政治新闻本身的关注低于对政治新闻中人的关注，有89.9%承认是否关注一个政治新闻、是否参与一个政治参与主要是看有无重要、高级官员出现或参与。

（二）政治地位

无论与历史纵向或与其他国家横向比较，我国公众的政治地位都较高。《中华人民共和国宪法》明确规定中华人民共和国一切权力属于人民，且以一系列制度，如人民代表大会、政治协商等予以落实，反对官僚主义。然而，调查显示公众对自己的政治效能没有多大把握，缺乏对政治决策、政治系统施加影响的信心。66%人对自己参与当地选举的作用选择"小"或"微不足道"；当个人政治权利受到侵犯时，有53%选择"不管"，只有14%选择"向上级反映或通过其他途径维护自己的权利"。

（三）组织程度

某种意义上我国公众是世界上组织最好的公众之一，几乎每个未成年或成年公众都属于某政治团体，这使我国公众的政治参与呈现相当的整合性。然而，虽然我国政治组织形式庞大严密，但除执政党外，其功能过于单一，自立性差，不能充分表述成员利益，难以对成员各种政治要求做积极反映。统计体现公众在主动参与政治参与表达利益时较少以组织名义出现，除动员性参与，其参与行为较少体现组织特征。不论是保障个人权利，还是参与政治方面，其态度都体现为松散、个体，大多选择绕过组织直接以个体名义向体系施加影响要求的方式。在加入政治组织方面，多数人表现淡漠，在关于加入政党一题中，53%认为不会加入。我国基础政治组织大多不是民间自然规律形成，而是自上而下动员形成的，如此，这些组织的内部建设与公众日益复杂的要求相比，明显滞后。这一问题的解决也许有待于我国多元利益传导方式畅通的市民社会形成之后，阶层分化清晰了，民主的深化发展了。

（四）政治介入

我国公众有较高的政治介入，这不仅指在被动员下频繁参与政治，而且主观有较高的关心和政治责任感。例如，高比率（89%）的人关心两会（全国人民代表大会和中国共产党全国代表大会）；政治关注范围圈定全球，对中美撞机事件、美轰炸我驻南使馆、台湾回归等大事都表现出积极的兴趣与认知；58%的人经常看电视新闻。

（五）政治认识

政治认识指"关于政治制度、政治制度作用以及这些作用的执行者、政治制度输入和输出的知识和信仰"。我国党和政府向来重视公众的政治思想教育，因此我国公众的政治认识呈现较高的水平，有78%的人对我国政治制度及其相关问题都有一定的认识，认识程度与文化程度成正比。

（六）公众对政治现状的态度

改革的顺利运行需要稳定，而这很大程度取决于公众对政府政策（决策）的认同、政府管理合理性的肯定。我国公众对目前政府内政外交的一系列决策是满意的，例如，公众对我国政府处理中美撞机事件、美轰炸驻南使馆以及台湾回归政策的认同率分别是 75%、66%、91%；尽管腐败、下岗问题已被 63% 的公众认为是最严重的问题，但也有 56% 的公众认为这些问题我国政府是有能力解决好的。

四、形成当前我国公众政治参与和政治态度状况的主要原因

（一）政治参与传统

在漫长而复杂的政治发展史中，我国公众的政治参与发展似乎处于一种僵直、滞留不前的状态。我国社会的商业发展始终局限在封建社会框架里，资产阶级革命的不彻底无法进一步解放生产力、劳动力，这使我国缺乏市民社会的基础。在传统上，我国不同于西方的希腊、罗马，把政治的概念定为公共事务。我国封建政治社会的特点是一个以家庭为依附建立起来的"家天下"结构，封建帝王以天下为家，即韦伯所言的"私产制"，政治是少数人"私域"的理念深入人心。

这就使我国社会的政治参与在历史上就具有如下特点：①政治参与渠道单调、狭窄，平民难向政治系统输入意见；②政治参与带非法性，对政治参与无法律保障，全凭统治者个人好恶裁断，这使参与政治成为风险行为；③政治参与具有精英色彩，限于参与渠道和方式，有机会影响政治过程的只是占人口少数的士绅、官僚阶层，一般农民、市民是无缘政治的人；④政治参与没有形成规则，它只是一种为达到某一目标的具体手段，而没有发展成制度。

传统使当代我国社会政治参与的参与受到影响。一方面，它使我国在开始其政治参与的建设时经验空白，只能将国外的机制引入国内，难以将现代的政治参与建立在本国政治的"传统"上；另一方面，我国历史传统上长期无政治参与发展的状况，以及我国历史上明显带有畸形色彩的政治行为都成为现代政治发展的障碍，人们短时期很难从几千年形成的习惯和行为模式中解脱，使改革中"穿新鞋走老路"的现象时有发生。

（二）政治生态环境

我国历史上政治参与只是非制度化的偶发现象，对其做出合理解释必须深入到产生这一现象的社会根源中，即对政治参与（包括政治参与）所处的社会环境进行分析。

一些社会环境构成了政治存在所需的生态系统（这一系统可以称为政治生态环境），在这样的系统中，对政治参与产生最直接影响的因素是：①生产方式。自给自足的封闭式小农经济是我国传统社会最具代表的生产方式，这种生产方式束缚了政治参与发展。政治参与发展有赖于公共生活的形成，只有具有人们普遍关注的公共生产领域才有参与意识行为产生，而自给自足的生态圈使生活无法扩展到公共领域。政治参与还有赖于公众形成主体意识，小农经济中的公众只是一个被动接受政治的角色，分散的小农力量无法与官府抗衡，而脆弱的小农经济必须仰仗政府水利工程等农业基础设施的保护，这样，农民放弃了政治人格和政治参与权，去保证经济利益。②社会结构。我国传统社会结构是一个上层的高度整合（封建官僚体系）和社会基层高度分散（村落家族社会）并存的二元结构模型。这种结构阻碍我国政治一体化的进程，使我国的基层社会游离在政治系统外，停留在家族或宗族类的低级社会共同体形式中，政治系统对基层控制乏力，从而使反对力量积聚，当基层社会的政治要求聚集到一定程度时，反对力量就很可能利用这时的公众政治要求，导致农民起义，形成大规模、无规则的政治参与。因此，可以这样说，

一次农民起义就是基层社会政治要求的总释放和公众政治参与的大爆炸。③政治体制。我国传统政治体制是集权式、金字塔式的权力结构。"全能主义"观念在人们意识中根深蒂固，权力行使和更迭缺乏程序，这使传统政治具有等级性、封闭性。皇帝至上，官僚被称为父母，统治者全凭个人主观臆断处理政务；政治是极少数人的事，绝大多数人没有参与政治的任何渠道。

（三）政治文化传统

长期不发展的我国政治参与历史以及造成这种不发展的各种社会存在和社会环境必然形成一种文化积淀，这种积淀构成我国政治参与系统的文化环境，政治参与文化是一种主体文化，通过参与过程的种种心态表现出来。概括地讲，我国政治参与文化有以下特点：①家族意识和乡土观念浓重，使得所有的政治生活和政治意识无不打上家族、乡土的烙印，这种文化环境使普遍政治参与不可能产生与形成。②重礼俗不重法制。我国传统基层社会对王朝权力体系和法律制度认同不高，倾向以人、礼俗来调节公共生活的冲突，就是费孝通所谓的"无讼"意识，这阻碍了我国公众从"族氏"、"村民"向"公众"的转变。③对权力既崇拜又疏远的心理。这是由小农经济的软弱和政治的高度集中所造成的，而对权力的崇拜和逃避都不利于政治参与的发展，前者导致人格依附，后者导致政治冷漠。④胆小怕事和盲目从众的心理。小农心态使公众"政治意念"缺乏和"经济自立意识"增强，其政治行为几乎一直在两个极端摇摆，或忍气吞声，或揭竿而起。而无论是"顺民"还是"暴民"，都不是建立理性基础上的政治参与的公众。

（四）建国以来的政治积累

1949 年建国以来，我国民主的生成、公众政治参与的发展做了许多奠基工作，如确立了我国人民民主专政的国家性质，使政治参与的主体最大限度地扩展到人民，创建了一系列有利于政治参与发展的政治制度并扎实推进了政治参与的实践，然而这一建设由于传统因素和现实问题复杂交错，注定一波三折，命运多难。

在建设中，一些实质的变化悄悄发生。建国初期作为制度而建立起来的公众政治参与被群众运动所替代，政治参与的规模不断扩大，而政治参与没能成为公众自觉利用的手段，反成为一些别有用心的个人或帮派作为调动群众的工具。同时，世界政局的持续紧张也使内政长期保持高度集中，在政治意识形态"非常状态"的强化中，也无疑注定把政治参与引向歧途。

历史经验证明，在经济不发达的国家建设民主政治，必须经历一个商品经济充分发展的阶段，不承认需要这个阶段或企图超越这个阶段建设民主政治都不可能成功。因为"一个社会即使探索到本身运动的自然规律它还是既不能跳过也不能用法令取消自然的发展阶段"（《马克思恩格斯选集》）。建国后我国经济体制"跳过了"自然发展阶段，为民主政的长期建设埋下陷阱。"政治主导型"经济体制产生了"倒政治参与"。政治参与不再是公众从外部对政治体系介入，而是政治体系自我扩大，把社会、公众吸纳其中，政治表现出极大的包容性，而社会、公众则处于被动位置，这与政治参与发展的趋向恰好相反，集中的管制使底蕴深厚的官僚传统再次强化，从而被挤压畸形的政治空间，压抑、钝化了公众参与政治的自主思考。

总体上讲，1978 年前公众参与政治参与的积极因素是受抑制的，1978 年后的改革开放促成了政治体制和社会结构的一系列变化，它使社会环境从相对稳定的状态进入了全面转型状态，社会战略目标由政治转向经济。社会心理在现代化大氛围下发生转变，改变了社会和行政系统内部的群体动力系统。政治体制、结构性变化为政治参与的积极发展提供了较好环境和机制，同时，新的政治运作程序和信息沟通方式，也给政治参与的发展在目标、原则、功能上提出了新要求。

五、如何实现当前我国公众政治参与和政治态度转型

（一）培养转型社会的各种政治带动力量

这种转型社会政治力量，是一个占有相应社会财富的成熟阶层，他们有一个表达统一、利益统一的组织。他们一方面起稳定社会作用，另一方面是进一步改革动力的载体。但就这次调查统计的结果看，这样的政治力量并未显影，这也许与我国经济体制的一些弊端有关，例如，政府对组织过多地介入，使新兴政治力量缺乏在合法原则下的独立运作机制。事实上，合法的支持或反对政府的组织，对于执政党或执政政府完善公众政治参与、政治表达机制，都是很好的监督。

（二）大力进行公众市民化转型，形成市民社会

目前我国政治生态环境的现实是：①中央集权高度整合以至形成政治参与僵化，在一定程度可能会阻碍政治民主的发展；②民间社会尚处松散状态未形成效能的民间组织，同时，公众的政治参与，由于制度、传统等原因，不可能成为公众表达政治要求的自觉、坚定的主体行为，因此，相当长时间不会形成一个同政权博弈、制衡并有力监督政权的民间力量；③我国政治系统还没有形成一个便于公众个性化、独立思考的渠道与机制；④政治文化处于依附型与参与型的过渡区。市民社会与社会阶层存在相对的关系，或者说市民社会结构就是市民阶层结构。在市民社会中，由于市民阶层的主体推动与影响，公众的政治要求、政治参与更能合理合法地实现。但我国目前社会系统受政府主导，权力的巨大作用导致了公众与政权（政府）之间政治契约关系的软弱，在此情况下，一个平等自治的市民社会的建立尚需时日。市民社会最敏感的问题是在市场经济条件下形成社会空间，是否真正意义上的制度化的市民社会空间是衡量市民社会形成的标准。

（三）应进一步加强我国社区建设，突出社会的作用

建国几十年来，我国公众一直在高结构化、高动员性的政府组织中实现着政治参与，表达政治意见。这体现了政府的效能，但也积累着它的隐患。一方面，不仅政府需要耗费大量财政支出，而且由于具体操作方法的武断大大削弱了政治参与的效能；另一方面，长期的模式化的政府动员使公众淡漠了参政意识，钝化了自觉的政治思考能力。在产业结构调整、职业转型、社会分层快速变化的今天，社区组织已成为组织政治参与（选举、投票等）的重要机构。社区建设的发展可以把政府、社会、个人的积极性一同带动起来，强调以社会力量组织公众参与政治参与，实现政治社会的统和作用。

（四）进一步深化改革

党政分开，政企分开，从制度上加强党的核心领导地位，加快其职能的转换，政府从市场的具体行为中退出，加强对市场秩序的创建与维持，加强基层民主建设，强化政府服务社会的功能，加强政权政治向公益政治的转型，加快公务员制度的改革。

（五）引导公众的政治参与、参与政治的方式

相对于美国 2000 年大选不到四成的参与率，我国公众的政治参与状况从数量上看是很值得骄傲的。这是因为建国以来，人民翻身成为国家的主人，特别是改革开放以来，人们的生活水平提高，更加关注自己的政治参与权利的实现，主人翁意识增强，这为我们党和国家政权提供了十分坚固的群众基础。我

国公众的政治参与热情相当高，尤其是对一些事关国家利益的热点问题，如反腐败问题、台湾问题等，都持有与国家相近的态度，而且对这些问题的认识是相当深刻的，这使得国家在处理这些问题上容易适应民意、取得大的成效。改革从所有制关系和生产方式变革入手深刻触动了我国社会经济政治结构，使当代我国利益关系、权力结构以及人们参政观念发生了巨大变化，这些变化使我国公众的政治参与机制变得复杂。一方面，政治开放度与透明度逐渐增高，随利益分化和利益关系重组，人们介入政治生活的动机和对政治系统所提出的要求越来越复杂多样；另一方面，旧的政治参与方式和渠道显得陈旧、死滞，无法发挥应有功能，新的政治参与机制尚未完全建立，这使政治参与对政治系统的压力在逐渐增大。当一个国家的政治体制处于调整、发展不够完善的情况下，大规模、非秩序的政治参与也许会对政治发展构成挑战，这种情况在当今世界一些发展中国家屡屡出现，这是值得我们警惕的。这种情况下，政府应采取主动疏导的方式，加强利益传达、政治需求输入的制度建设，削弱、减少公众寻找不公开、不合理、不合法政治表达渠道的现象，实现既稳定社会又促进政治现代化的功效。

总之，我国的社会问题庞杂繁琐，任何一个问题的解决都可能牵涉出许多矛盾，牵动一系列相关难题。当然，一场革命后社会的改革，曾经敏感回避的一些问题必需直面，这是政治民主化进程中的必然"阵痛"，我们需要的是大力建设适合我国国情的政治理论体系，对公众政治参与提供理论和实践更有力、更有效的帮助。

参考文献：

[1] 李瑞清 . 朔州市新兴阶层的政治态度与政治参与研究 [D]. 太原：山西大学，2010.

[2] 祝平燕 . 受教育程度对妇女政治态度和政治参与行为的影响——基于第二期中国妇女社会地位调查数据的分析 [A]// 浙江省社会科学院社会学所 . 中国社会学会 2007 年会"社会建设与女性发展"论坛论文集 [C]，2007：9.

[3] 袁贵礼，马超 . 家庭因素对大学生政治态度的影响 [J]. 中国高教研究，2006（4）：75-77.

[4] 张翼 . 当前中国中产阶层的政治态度 [J]. 中国社会科学，2008（2）：117-131，207.

[5] 李春玲 . 中产阶级的社会政治态度 [J]. 探索与争鸣，2008（7）：13-15.

[6] 郭正林 . 当代中国农民政治态度的定量研究 [J]. 学术研究，2005（5）：81-85.

[7] 王敏 . 政治态度：涵义、成因与研究走向 [J]. 云南行政学院学报，2001（1）：10-14.

[8] 周洪宇 . 杜威政治态度新析 [J]. 教育研究与实验，1987（3）：45-48.

中西政治制度异同之概观 [①]

裴林保　刘邦凡 [②]

摘要：我们通过深入地比较和分析中西方政治制度，以达到对政治制度的含义和具体内容的深刻把握，达到对中西方政治制度相同和不同之处的清晰理解。

关键词：中西方　政治制度　异同

政治制度主要涉及政权组织形式（政体）、国家结构形式、选举制度、政党制度、公务员制度和监督制度等。

一、中西政权组织形式的异同

政权组织形式是指"一定的社会阶级采取和中方失去组织那些反对敌人保护自己的政权机关" [③]。任何事物都有自己的内容和形式，国家亦是如此。国家的内容就是指国家的阶级性即国体，国家形式的主要成分就是政体。马克思主义认为，国体和政体是辩证统一的关系，国体需要相应的政体来表现，政体又由国体决定并为国体服务。在国体与政体的关系中，国体起着主导和决定性的作用，政体从属并反映国体。但是除了国体之外，具体的历史条件、文化传统、民族构成、政治力量对比以及自然环境等因素也影响着一个国家对政体的选择，国家政体要通过政府的设置来表现。政府是政体的外壳，没有一定的政府，国家政体就无从谈起，有什么样的政体，就需要建立什么样的政府机构与之相适应。政府的概念有狭义和广义之分，狭义概念是指国家的行政机构，包括中央与地方的全部行政机关；广义概念泛指国家中央和地方的全部立法、司法和行政机关，我们从广义上来理解政府。政府的设置有国家的本质决定，并受政权组织形式的直接影响，同时必须与国家的职能相适应，另外也要考虑到国家疆域的大小、人口多少及其分布情况、民族关系、历史传统和风俗习惯等。政府机构主要包括：国家元首，立法机关，行政机关，司法机关。

（1）西方资本主义国家政权组织形式的基本原则是分权制衡原则，它能够维护资产阶级民主，反映了资本主义社会化大生产带来的社会分工的要求。西方资本主义国家的政体形式可以分为君主立宪制和民主共和制两大类。

君主立宪制是资本主义国家以世袭的君主为国家元首，但君主的权利受到宪法和议会的不同程度的限制的政体形式。实行君主立宪制的国家往往是由于这些国家的资产阶级革命还不能完全战胜封建势力，是资产阶级和封建势力妥协的产物。君主立宪制又可分为二元君主立宪制和议会君主立宪制两类。

---

①　本文的"中西"指"中华人民共和国和西方资本主义国家"。

②　作者简介：裴林保，燕山大学人事处科长，燕山大学文法学院政治学与行政学专业毕业；刘邦凡（1967—　），男，重庆市涪陵区人，汉族，博士，燕山大学文法学院教授，东北大学博士生导师，主要从事公共管理、哲学、政治学等研究。

③　毛泽东选集（第二卷）[M]. 北京：人民出版社，1991：677.

二元君主立宪制是指政府对君主负责，君主掌握全部的行政权力，君主不受议会约束并与议会分掌政权的国家政权组织形式，君主直接掌握行政权，议会虽然拥有立法权，但君主拥有钦定宪法和立法否决权。

议会君主立宪制是指政府对议会负责，君主的权力和行动受到议会和宪法的限制，君主徒有虚名而无实际权力的政体形式，议会是国家权力中心，君主不掌握实权，内阁由议会产生，对议会负责，掌握行政权。

共和制通常是指国家权力机关和国家元首由选举产生，并有一定任期的政体形式，可以分为议会共和制、总统共和制和委员会共和制三种。

议会共和制是以议会为国家政治活动的核心，政府由议会产生并对议会负责的一种政体形式，议会是最高国家权力机关，国家元首由选举产生的总统担任，但不掌握实权，政府（内阁）掌握行政权，政府通过议会大选产生，内阁与议会互相制衡。

总统共和制是以总统为国家元首和政府首脑，并由其组织和领导政府，政府不对议会负责的政体形式。委员会共和制是指由地位完全平等的委员组成一个委员会，集体掌握国家行政权的政体形式。西方资本主义国家的国家元首的产生方式有三种——世袭君主、民选总统、政治斗争夺权，但无论是实职元首还是虚位元首，无论是个体元首还是集体元首，一般都有公布法律权、发布命令权、任免权、外交权、荣典权、统帅国家的全部武装力量权、宣布戒严、大赦、紧急状态等权力。

西方资本主义国家立法机关统称议会，一般分为一院制和两院制两种。议会一般都拥有立法权、财政权和监督权，其行政机关掌握国家的政治、经济和军事的重要权力。在政府机构中处于核心地位，主要掌握执行法律、管理国家公共事务、统帅武装力量、任免高级官员、参与立法活动、开展对外交往的权力。其司法机关统称法院，职权主要有：诉讼案件审判权，非诉讼事件的处理权，司法审查和行政裁判权，为了在制度上保障司法独立，西方资本主义国家普遍实行了法官保障制度，主要包括：法官不可换制，法官专职制，法官退休制和高薪制。

（2）中国的政权组织形式的基本原则是民主集中制，其政体是共和制政体，表现为人民代表大会制度，它与资本主义国家的共和制政体相比有自己的特点：①资产阶级共和制只是资产阶级统治的外壳，而人民代表大会则真正体现了一切权力属于人民这一根本宗旨；②中国的全国人民代表大会是国家最高权力机关，其他机关不能与之相互制衡；③中国实行人民代表大会一院制，中国人民代表大会没有自己的特殊利益，而是人民的代表；④全国人民代表大会的常务委员会也是最高国家权力机关的组成部分，而资本主义国家议会中的常设机构仅仅是事务性机构；⑤人民代表大会政体中，共产党居于领导地位，共产党与其他民主党派亲密合作。

中国政府机构中各机关之间只是分工而非分权。中华人民共和国全国人民代表大会是最高国家权力机关，拥有最高立法权、最高任免权、最高决定权、最高监督权，全国人民代表大会常务委员会有立法权、释法权、监督权、任免权、决定权、组织权。中华人民共和国主席是国家的最高代表，从属于全国人民代表大会。国务院是国家的最高行政机关，由全国人民代表大会产生，对其负责并受其监督。中华人民共和国人民法院是国家的审判机关，最高人民法院院长由全国人民代表大会产生，对其负责，受其监督。

（3）中西方政权组织形式异同表现在：①中国的共和制政体既与西方的君主制明显不同，同时又不像西方的共和制只具外壳没有实质，中国的共和制是真正建立在人民主权的根本原则基础之上的。②中国国家主席既不同于西方的"虚位"元首只具象征性，又不像"实职"元首那样拥有最高权力，不对议会负责，中国的国家主席既具象征性，又拥有适当的权力，并对全国人民代表大会负责。③中西方的立法、司法和行政三机关的具体职权基本相同，只是西方的政府建立在分权制衡的基础上，三个机关之间相互制约，而中国的立法、司法和行政机关之间只是分工没有分权。

二、国家结构形式

国家结构形式是指国家政体与部分之间、中央政府机关与地方政府机关之间的关系，其内容包括行政区划和权限划分，它与政权组织形式有密切的联系，并受到一国经济发展条件、民族状况、地理环境、文化传统、宗教信仰等因素的影响和制约，主要有单一制和联邦制两种类型。

（1）西方资本主义国家机构形式由单一制和联邦制两种。单一制又可以分为中央集权型和地方分权型两种类型。英国是地方分权单一制的典型，国家权力由中央政府和地方政府分别行使，地方政府由公民选举产生，并在中央政府的监督下依法处理本地区的事务，中央不得干涉地方具体事务。虽然地方政府享有较大的自主权，但是军事和外交等全国统一性的政务，由中央政府单独执掌。法国是中央集权型单一制的典型，地方政府在中央的严格控制下行使职权，由中央委派官员或由地方选出而经中央批准的官员，代表中央管理地方行政事务，地方居民没有自治权，或地方虽有自治机关，但自治机关受到中央的严格限制。

美国是典型的联邦制国家，其特点是：①全国有统一的宪法和法律，同时，各成员国（州、邦）也有自己的宪法和法律，但不得同联邦宪法相抵触。②全国拥有最高的立法、行政和司法机关，各成员国也有自己独立的立法、司法和行政机关，国家政体与其组成部分之间的关系，是权限范围不同的部分之间的关系。国家政体与其组成部分的权限范围由联邦宪法规定，它们各自在规定的权限范围内享有最高权力并直接行使于人民，相互之间不得进行任何干涉。③每个公民具有所在成员国和联邦的双重国籍。④联邦对外是统一的国际法主体，但成员国根据联邦宪法的规定也享有部分主权。

（2）我国在新民主主义革命取得胜利以后，选择了单一制的国家结构形式。我国1982年《中华人民共和国宪法》规定，中华人民共和国是全国各族人民共同缔造的多民族国家，各地方都是中华人民共和国不可分割的一部分。我国的国家结构形式具有一般单一制国家的通行的中央集权的特征，中央人民政府对各行政区域单位有直接统辖指挥的权力，是最高行政管理的决定者，地方各级人民政府的行政管理活动，均须根据中央人民政府的政令来开展，我国之所以采取单一制的国家结构形式是由中国的历史、民族关系、社会主义建设和国际环境等因素决定的。

我国的单一制与西方的联邦制是显然不同的，而且与西方国家的单一制相比也有自己的特点，其主要表现就是在单一制下实行的民族区域自治制度和特别行政区制度。

所谓"民族区域自治"，就是在国家集中统一领导下，在各少数民族聚居的地方实行区域自治，设立自治机关，行使自治权，实现少数民族自主管理本民族区域事务的一种政体形式。其核心和实质是自治权，民主自治地方的自治机关，除行使宪法规定的国家行政机关的职权以外，还依照宪法，民族区域自治法和其他法律规定的权限，行使自治权。

为实现中国的统一，中国提出了"一国两制"的构想，即在祖国统一后，在一个中国范围内，大陆实行社会主义制度，港澳台地区保持原有的资本主义制度不变，设立特别行政区，实行高度自治。特别行政区同其他的省、自治区、直辖市相比，有相同的一面，即都是中华人民共和国的地方政府，但它拥有高度的自治权，包括：行政管理权，立法权，独立的司法权和终审权；独立的财政权，独立的税收制度；相应的外事权，但其自治是有限度的，必须以国家的主权统一为前提。

三、选举制度

有没有选举制度及其是否完善是民主制度是否存在或是否健全的一个重要标志，是对选举各级代表机关的代表和其他公职人员的各项制度的总称。其内容主要包括：选举原则，选举权和被选举权，选举组织，选举程序，选民与代表的关系，选举经费的开支以及处理选举诉讼等。由于各国历史、文化传统不同，实行的政治制度不同，因而各国的选举制度也存在许国不同之处。

（1）西方资本主义国家的选举原则主要有普遍选举原则、平等选举原则、直接选举和间接选举原则、秘密邮票原则。普遍选举原则是指凡达到选举年龄的公民，除被剥夺政治权力者外，普遍享有选举权，但西方国家仍存在许多限制，如财产资格限制、性别资格限制、居住资格限制、教育资格限制、职业资格限制等。平等选举原则是指一次选举中，每个公民只有一次投票权，每张选票的权力相等。直接选举是指议会的议员或其他公职人员由选民直接投票选出，实行一院制的国家级实行两院制国家议会的下院议员，一般实行直接选举。间接选举，一般是指先由选民选出代表或选举人，再由他们投票选举有关国家公职人员，实行两院制议会的国家的上院议员和某些国家的下院议员实行间接选举原则。秘密投票是指选举时投票人不在选票上署名，填写的选票不向他人公开，并亲自将选票投入票箱。其选举程序一般包括：明确选举对象，划分选区，选民登记，提出候选人，竞选，投票，计算选票等。

（2）中国选举制度的基本原则有：选举的普遍性，选举的平等性，直接选举和间接选举并用，无记名投票，选民对代表实行监督和罢免，选举有物质保障和法律保障等原则。

与西方国家相比，中国的选举制度的原则更具民主性，平等性，其普遍性不像西方国家那样有诸多限制，其平等性也不像西方国家那样会有一人数票的情况出现。中国不像西方那样是纯粹的直接选举或纯粹的间接选举，而是直接选举和间接选举并用；中国也不像西方国家那样会出现公开投票，而是名副其实的无记名投票；另外还有选民对代表的监督和罢免以及选举的物质保障和法律保障，这些都是西方国家所没有的。中国选举制度的选举程序与西方国家基本相同，但由于国家的阶级性质不同，资本主义国家的选举制度仅仅是粉饰资产阶级民主、维护资产阶级统治的工具，社会主义中国的选举制度是真正的人民当家作主的民主选举。

四、政党制度

所谓"政党"，是特定的阶级利益的集中代表者，是特定的政治力量的领导力量，是由各阶级的中坚分子为了夺取或巩固国家政权而组成的政治组织。它具有鲜明的阶级性，具有明确的政治目标和政治纲领，有严密的组织系统和纪律，它是阶级的先锋队组织，并且与国家政权密切相关。政党制度，或称政党政治，是指一个国家政党之间相互关系的状况，以及关于政党的社会政治地位、政治活动原则和执掌政权或参与政权的方式、方法、程序和成效等的政治模式或法律规定。政党制度的形成和发展主要受社会利益结构的状况、不同阶级力量和政治力量的发展成熟程度、政体因素、国情和国家的政治文化历史传统的异同的影响，此外，选举制度、民族结构、地域因素等也影响着政党制度的形成和发展。

（1）当代西方资本主义国家的政党制度，依据轮流执政的政党数目的多寡可以分为两党制和多党制。两党制即由代表资产阶级利益的两个主要政党交替组织政府，掌握国家权力，主持国家政治事务的制度，英美两国是最为典型的两党制国家。英国的两党制与国家政体上的议会制密切相关。英国的上议院中的议员不是由竞选产生，因而不受政党活动的影响。下议院的议席由政党通过竞选争夺，获得多数席位的政党即为执政党，其余为在野党。同时，英国下议院中政党议员的投票意向是由所属政党决定的。美国的两党制与国家政体上的总统制结合在一起，其执政党和在野党的区分是由是否在选举中是否获得总统职位决定的，而国会议员和其他政治职位也是由选举分别产生的，因而执政党与国会的多数党并不一定有对应关系。同时，美国政党对国会议员的投票意向并没有统一的支配作用，政党议员可以采取与所属政党意向一致的立场，也可以不采取这一立场，因此政党很难控制国会中的稳定多数。

多党制是指资本主义国家中由两个以上的政党轮流或联合执掌政权的制度。多党制形成的原因很多，一般说来，采取多党制的国家，其阶级结构和政治力量结构比较复杂。一方面，各种资本集团、资本阶层和社会阶层围绕着自身利益形成了有一定实力的政治力量；另一方面，工人阶级和共产党的政治势力相对比较强大。与此同时，多党制度的形成还与实行多党制的国家的选举制度有紧密联系，这些国家一般实行比例选举制。法国、德国、日本都是典型的多党制国家，其特点有：党派林立，党派情况复杂；内阁更迭频繁，政局不稳；政党不断组成政党联盟，而且随着政局发展，政党联盟又不断发生新的分化组合。

除了主要的政党外，当代西方资本主义国家还有压力集团和绿党两种特殊现象。压力集团是西方特有的政治现象，其概念是从利益集团而来的，利益集团是指各行各业人员对某些问题有共同利益或共同主张者，为了维护共同利益和实现共同主张，而组织起来的共同行动集团，当他们为了达到某种目的对政府施加政治压力时，这种利益集团便被称为"压力集团"。其活动主要是院外活动，包括：在选举活动中，积极为自己支持的候选人进行竞选；通过院外活动影响立法；影响政府决策；对法院施加影响；通过媒介影响舆论。压力集团是正当的替身，又是正当的补充。二者纵横交错，相互融合，相辅相成，共同构成西方政治制度的重要因素。绿党现象于 20 世纪 70 年代在西方资本主义国家兴起，其意识形态公开希望超越阶级界限，超越左派和右派，反对根植于家长制或文化的集体意识基础上的现存的民族国家形式，极力强调"基层民主"和"非暴力"原则，因而影响越来越大，但其思想理论有相当的空想成分和不成熟性，因而绿党的实践也存在很多问题。

（2）社会主义中国的政党制度是中国共产党领导的多党合作制，即中国共产党和其他民主党派作为实施领导重要方式的制度，其特点是：①在多党合作制的关系中，共产党是处于领导地位的唯一的政党；②共产党与民主党派是一种政治上密切合作的关系；③多党合作的指导方针是"长期共存，互相监督，肝胆相照，荣辱与共"；④共产党与民主党派进行合作的重要渠道是中国人民政治协商会议。

与西方资本主义国家的政党制度相比，中国的政党制度有自己的特点。

（1）从执政党的数目来看，西方资本主义国家或是两个或两个以上的政党轮流执政，或是多党联合执政，而中国则只有共产党才是唯一的长期合法的执政党。

（2）由于阶级性质的不同，资本主义国家的政党，不管是主要的政党，还是压力集团和绿党，都有自己的特殊利益，其参政的出发点是自己的特殊利益，而中国的政党，不管是共产党，还是民主党派，由于其利益与广大人民的利益是根本一致的，因而没有自己的特殊利益。

（3）与西方资本主义国家的执政党与在野党之间的政治竞争以图轮流执政的关系不同，中国共产党与各民主党派是一种政治合作、共产党执政、各民主党派共同参政的关系，各民主党派并不像西方的在野党一样作为一股政治反动势力而存在，不是与共产党分庭抗礼的。

（4）中国共产党作为执政党，并不独揽大权，而是通过政治协商会议与各民主党派合作，在坚持中国共产党的领导地位的前提下，共产党与其他各民主党派在法律上完全平等，组织上是独立的，而不像西方那样执政党与在野党是政治竞争以图轮流执政的关系。

五、官僚制度

现代意义上的国家官僚制度——文官制度，最早形成于 19 世纪的英国，随后为其他的资本主义国家广泛采用。我国改革开放以后也逐渐建立了有中国特色的国家官僚制度——公务员制度。

（1）西方资本主义国家的文官制度的基本内容有：公开考试，择优录用；严格考核，论功行赏；长期任职，待遇优厚；职位分类，责任明确；注重知识，严格培训；政治中立，自成体系；法制完备，管理严密。西方资本主义国家的文官制度有利于保持政局的稳定性和政府运作上的连续性，有利于提高行政效率，有利于稳定社会情绪，缓和社会矛盾，但并没有完全消除资本主义国家官吏队伍的官僚主义和腐败现象，因而资本主义国家的文官制度并不是十全十美的绝好制度。

（2）中国的国家公务员制度规定了国家公务员的权利和义务、分类和等级序列、录用、任免、考核、奖惩和职务升降，以及国家公务员的工资、保险、福利待遇以及对国家公务员的管理监督等。中国的国家公务员制度与西方有许多相同的地方，例如：二者都注重公开考试和择优录用；都主张严格的考核，论功行赏；都对文官进行严格的分类以提高政府行政效率；都注重文官的知识更新，定期或不定期地进行严格的培训；都注重人员更新，主张公务员的纵向和横向流动；都主张有关国家公务员的法律制度的完善等，但中国的国家公务员制度有其独到之处，它与西方的国家公务员制度是不同的。

首先，二者产生的政治背景和社会条件不同。西方文官制度是在反对"恩赐官职"和"政党分肥"的政治背景下，在党派互相竞争、轮流执政的条件下形成的，目的是为在多党竞争的条件下建立一个政策连续、政治稳定的政府工作系统。我国的国家公务员制度是适应社会主义制度不断自我完善、自我调节的需要和需求，配合政治体制改革而出台的，旨在建立一个具有生机、活力和效能的政府工作系统，以保证现代化建设事业顺利发展。

其次，国家公务员的政治态度和服务对象不同。西方国家强调文官的"政治中立"，而我国的公务员则要自觉地在政治上与共产党的路线保持一致，要有坚定的政治立场和较高的政治觉悟，努力为社会主义服务。国家公务员可以参加共产党和其他民主党派，并参加其活动，公务员有选举权和被选举权；公务员应以主人翁的态度积极参加国家政治生活，管理国家事务和其他社会事务。

再次，国家公务员的分类不同。西方国家的文官制度将公务员分为政务类和事务类两部分。政务官在两党制和多党制下由选举或任命产生，随内阁共进退。事务官经考试录用，不随内阁共进退，"政治中立"，长期任职。而我国的国家公务员则不做政务类和事务类之分。在中国共产党居于执政党地位，实行统一的政治领导下，所有的国家公务员都是为了人民的利益而执行国家公务的，不存在与内阁共进退的问题，也不存在坚持不同政见或保持政治中立的问题。我国的所有公务员根据所任职务的不同分为领导职务和非领导职务两类，其职务任免和退休退职都是根据国家法律有关规定进行。

最后，西方的文官制度已经形成一个相对独立的利益集团，对政府施加影响和压力。而我国的公务员没有自己的特殊利益和利益集团，作为人民的公仆，他们要积极考虑国家利益，处处为国家着想，并最终向人民负责。

总之，中国的国家公务员制度与西方的文官制度相比，无论在立法，还是在管理体制、管理方式等方面都是不同的，它立足于中国的实际，吸收了外国科学的精华，自成一体，表现出中国国家公务员制度的鲜明特色。

六、监督制度

监督制度是现代民主制度的重要保障，是国家政治制度的重要组成部分。我们所说的监督指的是政治监督，即在社会政治生活中进行的监督。在现代的这个政治监督中，因监督主体的不同可以分为两类：①国家政权机关的监督，亦称政治权力的本体监督，这是权力层内部的自我约束、自我监督，如立法机关的立法监督、行政机关的行政监督、司法机关的司法监督以及专门机关的专门监督等；②国家政权机关之外的监督，亦称政治权力的异体监督，包括政党、社团、人民群众、新闻媒体等对国家机关实行的监督，监督的对象是国家机关及其公职人员。监督制度具有高度的制约性和鲜明的阶级性，主要包括对政治决策、政治过程、政治行为以及整个政治体制的监督等内容。

（一）西方资本主义国家的监督制度由六大部分组成

1. 立法机关的监督

立法机关的监督又称议会监督，主要包括两个方面的内容。一方面是对政府的监督，其主要内容有：批准政府成员的任命，例如，以美国为首的总统制国家，总统的任免权必须和议会共同使用；对财政的监督尤其是对财政预算的审批是监督制度的主要内容；以质询、弹劾、不信任投票等方式监督政府及其成员的活动和行为。另一方面是对司法的监督，主要表现为：立法机关享有立法的权力，司法机关必须依据立法机关制定和变更的法律进行审判，做出裁决；立法机关还享有批准对大法官的任命之权以及对违法失职的法官进行弹劾的权力。

2. 行政机关的监督

行政机关的监督包括三个方面的内容：①对立法机关的监督制约。在美国，总统虽无直接力立法权，但拥有立法建议权和委托立法权；在英国，内阁可以解散议会，重新竞选。②对司法机关的监督。在美国，总统拥有对最高法院法官的提名权和赦免权。③政府内部监督，包括财政监督、审计监督、上级对下级部门的监督等。

3. 司法机关的监督

在西方资本主义国家，司法独立，与此同时，司法机关在一定程度上对其他国家机关也具有监督权，如在美国，法院对国会和总统的制约主要有：①选举审查权；②法官无重大过失可以终身任职；③总统因弹劾受审时，由最高法院首席法官担任主席。

4. 政党监督

在多党存在的西方资本主义国家，在野党对执政党是否遵纪守法、廉洁奉公，历来给予密切关注。在政治生活中，在野党往往抓住执政党某些官员的违法、失职和不轨行为大做文章，大肆渲染，以形成强大的政治压力，给执政党造成被动的局面，进而影响选民的向背。如1972年的"水门事件"，日本的洛克西德案和利库路特案两大政治丑闻德曝光，都有在野党强大的政治压力的背景。

5. 舆论监督

作为一种监督形式，舆论监督具有广泛性、群众性、及时性、经常性等特点，具有不可替代的作用。20世纪70年代美国《华盛顿邮报》率先报道"水门事件"内幕，引起社会强烈反响，最后导致了尼克松的辞职。

6. 公民监督

公民监督主要是公民团体或个人对政府行为和政治决策的监督。在当代西方资本主义国家，公民监督的影响日益突出。英国实行"通知参加"，设有"诉怨窗口"；日本实行审议会、"情报公开制"等。

（二）中西方监督制度的异同

（1）从监督对象来看，西方只对国家的立法、司法和行政机关进行监督，而中国除此之外，还包括对共产党各级领导机关及其工作人员的监督。

（2）在政党监督方面，西方资本主义国家只是在野党为影响选举而对执政党的单向监督，而在中国，由于中国共产党与各民主党派共同参与国家政权，二者是亲密合作的关系，不存在轮流执政的问题，因此中国的政党监督是中国共产党与各民主党派之间的双向监督。此外，中国共产党不仅要对国家的具体管理活动实行政治监督，又要实行党内监督，保持无产阶级政党的先进性、组织的纯洁性和战斗性。

（3）在立法机关、司法机关、行政机关三种监督之间的关系上，以三权分立为基本原则的西方资本主义国家，其监督制度包含了三者之间的相互监督；而在中国，则只有立法机关对司法机关、行政机关的监督，立法机关只受中国共产党和民主党派的监督。除此之外，三者各自的监督范围基本相同。

（4）西方国家的公民监督、舆论监督也同中国一样具有社会监督的重大意义，然而在西方资本主义国家，公民团体和舆论机构大都形成了自己的特殊利益，其监督是从个人利益出发的；而在中国，公民团体和舆论机构的监督则首先是从国家的根本利益出发的。

七、总　　结

中西方政治制度的异同之处，在内容和形式上都是多样化的，但其中有一些突出明显，另一些则隐约模糊；一些是根本性的、决定性的，而另一些则是非根本性的和非决定性的。在分析有关问题时，特别要求分清主次，把握重点。中西方政治制度之间的主要区别有以下几点。

（1）中西政治制度的最大区别表现在西方民主政治与中国的民主政治是根本不同的。二者的阶级基础不同，西方资本主义国家的民主政治实际上是资产阶级统治的工具，目的是谋取资产阶级的利益，这样的民族并不能实现真正的民主，而只能是资产阶级的民主；而中国的民主政治则是建立在人民当家做主基础之上的人民民主专政，没有像西方资本主义国家有那么多资格限制，是真正的民族。西方的民主政治目的在于限制政府权力，建立在不信任、防范政府的动机之上，因而以权力制约权力，实行三权分立的制衡机制；而中国的民主政治则以全国人民信任、拥护政府为假设，将权力完全交给政府，实行民主集中制。西方的政府更迭频繁，政策不能连续执行，不利于政局稳定；而中国的政策具有较强的连续性和稳定性。

（2）西方国家的议会大部分实行两院制，不管是形式上的还是实质上的，两个立法机关同时存在并且都有一定的立法权；而中国的人民代表大会制则是坚决以民主集中制为根本原则，这是与西方的两院制根本不同的，因为在民主集中制下，全国人民代表大会拥有最高的决定权，即经过民主讨论以后，最后决定权仍在全国人民代表大会，全国人民代表大会是中国唯一的最高国家权力机关和立法机关，因而中国的全国人民代表大会实行的是一院制而非两院制。

（3）中国的多党合作的政党制度与西方国家的两党制和多党制是根本不同的。不管是两党制还是多党制，各党派之间的关系都是敌对的，相互攻击，相互倾轧，相互质证；而中国的多党合作是在中国共产党领导下的各民主党派共同参政的制度，中国共产党与各民主党派之间是亲密合作的关系。

尽管有这么多不同，由于西方资本主义国家是近代政治制度的发源地，新中国作为后起的大国，许多政治制度都是从西方引进的，在选举制度、政党制度、公务员制度等方面都与西方国家相似，并且许多有关政治制度的名词也是从西方引进的。

总之，中西方的政治制度，既存在一定的相似之处，有着特定的渊源关系，又有不同，西方资本主义国家的政治制度是资产阶级性质的，是资产阶级统治的工具；而中国的政治制度是以全国广大人民的福利为根本宗旨的。

参考文献：

[1] 田为民，张桂林.外国政治制度理论与实践[M].北京：中国政法大学出版社，1998：1-72.

[2] 唐晓，王为，王春英.当代西方国家政治制度[M].北京：世界知识出版社，1996：9，13-18.

[3] 李爱华.现代政治学[M].北京：北京师范大学出版社，2001：143-255.

[4] 张永桃.当代中国政治制度[M].北京：高等教育出版社，1990：1-3.

[5] 贺曙敏.邓小平论我国政治制度的优越性[J].山东省青年管理干部学院学报，2002（1）：7-9.

[6] 周燕军，王珉.合利性，合法性，合道德性——对政治制度的三种评价[J].学术论坛，2001（1）：36-38.

[7] 楚庄.中国的政党制度是更高、更切实、更广泛的民主政治制度[J].中央社会主义学院学报，2001（4）：12-16.

[8] 许嘉璐.中国政治制度中的政治协商和民主监督[J].中国统一战线，2001（10）：20-22.

[9] 胡德林.实行民族区域自治是我国的一项基本政治制度[J].陕西社会主义学院学报，2001（1）：30-33.

[10] 刘书臻.我国与西方民主政治制度的区别与分析[J].中央社会主义学院学报，1997（5）：45-49.

国际话语权对中国发展的重要性

摘要：随着全球化的不断深入，围绕国际话语权的竞争越来越成为当今国际社会中的一个重要现象。中国作为最大的发展中国家，确立国际话语权、提升话语力是中国融入国际社会的需要，中国需要借助国际话语权向世界展示自己，说明自己，国际话语权对中国的发展具有重要意义。

关键词：国际话语权　中国　国家形象

国际话语权作为话语权在国际社会中的一种延伸，越来越受到各国的追捧。国际话语权的争夺囊括了政治、经济、文化、军事、媒体等众多国际领域，一些非官方组织、广大民众也参与其中。国际话语权之争本质上就是利益之争，中国与世界的密切联系要求中国确立国际话语权，提升自身在国际社会中的影响力，国际话语权对中国发展的意义可见一斑。

一、确立国际话语权是中国融入国际浪潮的时代要求

国际社会正在由过去的"一超多强"局势向着"多级多体化"轨道发展，更多的行为体都被卷入了这个国际浪潮中，国际政治权力斗争无论是传统的经济、军事等硬实力之争，还是文化、价值观等软实力之争，相关行为体都把角逐国际话语权摆放到日益重要的地位，围绕国际话语权展开的竞争也越来越成为当今国际政治中的一个重要现象。诸如汇率争端、人权之争、全球气候探讨、恐怖主义的概念界定等，无不渗透着国际话语权的竞争。就国家实力对国际政治的影响而言，国际政治实际上是大国政治，在各类国际机制中，大国的领导作用有其现实根据[1]，美国、英国、俄罗斯等国际舞台中的大国就发挥着领导作用，但是许多新兴的国家也表现出强烈的参与意识。各行为体都从自身利益出发，在国际话语权中展开激烈的竞争。

中国经过三十多年的改革开放，经济实力与日俱增，但是国家话语权并没有与此同步。中国日益融入国际社会，在国际舞台上也正在由一名观看者向表演者演变，而国际话语权就是有效实现这一转变的重要手段。中国只有真正融入到这个国际浪潮中，通过国际话语权谋求在国际事务中的规则制定权、议程设置权，才能更好地推动全球性问题的解决，担负起与中国相匹配的责任，履行国际义务，赢得有利的国际地位。总之，创造有利的国际环境，抓住机遇，确立国际话语权，对中国成功融入国际浪潮并发挥作用具有全局性的意义。

---

① 作者简介：范红燕（1988— ），女，汉族，河北省邢台市人，燕山大学文法学院2011级政治学理论专业硕士研究生，主要研究方向为政治权力。

二、国际话语权有利于塑造良好的国家形象

国际话语权是软实力的重要组成部分，以文化为根基，国际话语权的渗透力、影响力也是以文化、价值观为载体，通过一种非强制的力量影响他国，国际话语的提升能够有效增加国家软实力，这方面最明显的标志就是国家话语权对塑造国家形象的深远影响。

美国就是成功运用国际话语权从而塑造国家形象的典型案例，美国利用遍布全球的传媒工具，将其文化渗透到世界的每个角落。据统计，互联网作为现代信息传播量最大、最快的传媒工具，其90%的信息将英语作为传播语言，全球有着2万多家媒体是美联社长期忠诚的订户，遍布世界120多个国家和地区，各国家各地区都有大量的人群每天收看美国传播的信息。还有美国的好莱坞影视剧、智库等在全球的扩展，都无时无刻显示着美国的国际话语权，这大大有利于美国在各种国际事务中维护其民主、自由、强大的国家形象，令美国占据了主动权。相比之下，中国的国家形象面临着不少挑战，西方媒体、政府长期对中国进行妖魔化，试图影响国际社会对中国的看法，丑化中国国家形象。中国在以西方为首的话语霸权中，声音时常被淹没，甚至出现失语的情况。近年来，中国疲于应对来自他国的误解——"中国威胁论"、"中国责任论"等。西方媒体抓住了民族主义情绪、民主主义认同感等关键点，夸大我国新疆和西藏事件。具体到国际政治领域，民族主义情绪的合理性突出体现在它是认同和信任的基础……民族认同感是共同体成员在认知和评价上保持一致的情感，这是一种族体意识，往往会相互影响，并且这种影响往往是潜移默化的[2]，因此，这样呈现给国际受众的错误报道势必会对我国产生负面影响，令国家形象受损。

国家利益是国际话语权最终要维护与实现的目标，国家形象是国家的主要利益，因此，国际话语权的提升有利于国家的国家形象塑造。赢得话语权，才能拥有话语地位，才能在国际社会中发出自己的声音，进而影响国际舆论朝着有利于自己利益的方向传播。中国是发展中国家群体中的一员，只要我们代表发展中国家的声音，而且是先进的声音，就有机会找到提升国际话语权的出路，将我国的魅力文化、先进理念传递到世界上，争取他国的理解和认同，以自身的经济实力、民主社会进步取信于国际社会，塑造良好的国家形象，展现我国的风采，实现国家利益。

三、提升国际话语权是中国破除自身发展的内在需求

国际话语权在中国被逐渐认识，可是相对于中国综合国力的增强，其地位却没有得到相应的提升，虽然中国也积极参与国际事务的解决，但是在规则制定、议程设置方面能力有限，中国国际话语权的相对弱势已经成为制约中国实现宏伟目标的重要因素。西方各类思想在中国的传播、国外反华势力的渗透，都给中国发展带来了压力。中国的国家利益与国际贡献总体上是和谐的，但也会有偏差，更要求中国一定要协调好二者关系。[3]为此，抵御来自他国的话语强权的渗透和诋毁，提升内在发展力，中国就必须提升国际话语权。

首先，国际话语权的提升需要话语理论。围绕国际话语权建设需要，构建理论体系，总结中国发展的经验和规律，向世界提供具有普遍意义的价值思想内容。其次，增强设置国际议题的话语能力，中国应积极主动参与国际议题的设置，扩大影响力。最后，扩展国际话语权的交流平台，充分利用新媒体资源，为国际话语权营造良好的传播环境，坚持用先进的价值观对外讲话，树立理性和成熟的话语体系，加大话语表达力度，代表发展中国家的声音。

四、国际话语权可以提高中国在国际社会中的影响力

国际话语权以非暴力、非强制的方式影响他人、他国的思想和行为，是一种强大的影响力，国际话语权的提升对一个国家在国际事务中的影响力的提升有着重要作用。2010 年我国在世界银行中由原来的2.77% 投票权上升为 4.42% 投票权就是我国积极参与国际事务、把握时机、用国际话语权展现国家影响力的表现。随着全球化的深入，各个国家在交往中会出现利益的交融和观点的碰撞，如：外交官们的外交风格是和国家的国际话语权息息相关的，外交风格可以增强民众对本国外交行为的认同。一国的外交风格是该国民族文化传统、价值观、生活态度等的高度浓缩，它带有明显的国家印记和民族特性，由于外交风格本身体现了该国社会风尚和精神追求中最为核心的东西，因此它还会为该国外交政策或行为提供某种恰当性说明，鉴于同样的原因，有时它又可为该国某一不为外交对象国接受的外交方式或行为提供辩白的理由和遁词。[4]

参考文献：

[1] 刘舸. 国际核安全机制面临的问题与挑战 [J]. 燕山大学学报，2003（11）：11-15.

[2] 张三南. 国际政治视阈下的民族主义情绪 [J]. 世界民族，2011（5）：36.

[3] 张树明. 试析中国多边能源外交与国际能源合作的基本问题 [J]. 决策参考，2011：25.

[4] 张鸿石. 论国家的外交风格及其作用 [J]. 外交评论，2010（3）：24.

BE 视域下的法律职业教育路径探索

杨 慧[①]

摘要：CBE 模式是加拿大一种先进的职业教育思想，是以能力培养为基础的教育。法律职业教育旨在培养应用性强的法律人才，与 CBE 教育理念具有天然的内在一致性。应当借鉴 CBE 职业教育观念探索新型的法律职业教育路径与方法，促进法律职业教育与法律执业的深度衔接。

关键词：CBE 模式　职业教育　法律

一、CBE 职教模式

以能力为基础的教育体系 CBE（Competency–Based Education）是以能力培养为目标，以岗位需求为依据构建的教育体系，是流行于北美的一种职业教育模式。若用一句话概括 CBE 的特征，应该是："整个教学目标的基点是如何使受教育者具备从事某一特定的职业所必需的全部能力。"CBE 理论的核心思想就是能力本位教育，它所指的能力（Competence），不能狭义地误解为只是操作能力、动手能力，而是完成一定职业任务所需要的知识、技能和态度。它至少包括以下四个方面：①知识，即与本职业、本岗位密切相关的、必不可少的知识领域；②技能、技巧，即操作、动手解决实际问题的能力；③态度，是在人的行为中起着至关重要的作用的需要、动机、信念、态度与期望；④反馈，即如何对学员是否掌握进行评价、评估的量化指标领域。这四方面的综合，构成一个"专项能力"，一般以一个学习模块的形式表现出来；若干个"专项能力"（通常是 6—30 个），构成一个"综合能力"（一般 8—12 项）"综合能力"构成一个"职业能力"。可见，能力分析的内容是知识、技能和态度，也是职业能力的形成过程中必备的基本要素。如何在态度的催化和促进作用之下，使我们所学到的、掌握的各种零散的知识和技能整合为我们所期望的职业能力呢？

二、法律职业教育与 CBE 模式的契合度分析

民国法学家蔡枢衡先生指出，法学教育的核心问题是：其目的是什么，应该教些什么以及最好怎么教，事实上，这也正是法律职业教育的核心问题。CBE 模式与法律职业教育在目标、内容以及方法上高度契合，为将 CBE 模式运用于法律职业教育提供理论依据。

[①] 作者简介：杨慧（1980—　），女，黑龙江省大庆市人，硕士，燕山大学文法学院讲师，研究方向：商法。

（一）目标契合度

法律职业教育的目标是培养法律职业人才，帮助法律人获得法律执业所需的知识和训练。CBE 模式正是建立在系统专业的职业分析基础上，充分研究目标用人单位对人才及劳动力的需求，筛选需求相对紧迫和集中、本校又有能力开设的专业，进行课程开发。选定拟开设专业面对的职业（岗位）之后，就要通过工作分析来辨认胜任这些工作的人需要具备哪些能力以及如何通过教学使学生获得这些能力。因此，从目标上看，CBE 模式"让教育面向市场，同时为当地经济建设和社会发展服务"的理念非常符合法律职业教育的宗旨。

（二）内容契合度

法律职业是随着社会和法律发展而从其他职业中分离出来的一种特殊职业，作为一种由专门从业人员所进行的专业性活动，从业人员必须具备特殊的素养，包括法律知识以及正义感、责任心等职业道德素质，这些素养的形成和发展依赖于法律职业教育。正如贺卫方教授在其《法律教育散论》一文中指出，若不经过专门的学习和研究，一个人的法律知识大抵高不过"杀人者死，伤人及盗抵罪"之类的水准。法律从业人员显然必须精通法律基础知识以及其所从事职业要求的特定法律知识，这些知识不仅包括理论法学方面，还应包括应用法学方面以及熟悉并掌握法律原理及法律应用的技术。目前的法律职业教育与法学教育在教学内容上差异不大，在法律职业训练方面严重不足。如何建立一种目标明确、操作性强、可持续发展的法律职业训练模式，是法律职业教育亟待解决的问题。CBE 模式以"职业能力"作为教育的基础、培养目标和评价标准，以通过职业分析确定的"综合能力"作为学习的科目，以职业能力分析表所列"专项能力"的从易到难的顺序安排学习计划，通过综合作业、设计、模拟训练、实践等教学活动，在教学的整个过程中注意运用知识、技能与态度的整合，使学生脑、手、心同时得到发展与锻炼，这对于法律职业人才的培养同样至关重要。

（三）方法契合度

我国法学教育一向缺乏职业教育的性质，传统的学院式法学教育方法过分注重对概念、基本理论以及法律条文的阐释，而忽视将法律应用于实践的能力方面的培养，因此并不能像人们预期那样承担起培养法律职业的功能。我国高等法律职业教育的主体为普通高等院校及高等政法院校，此外还有 29 所司法学校和 27 所司法警官学校承担中等法律职业教育的职能。近年，在专家学者的倡导下，课堂讨论以及案例教学逐步开展，诊所式教学法、模拟法庭、法律援助等多种实训方法也尝试应用于教学实践环节，但日常教学中以教师为主导的填鸭式教学方式没有得到根本改变。CBE 模式以特定职业所需的技能与素养出发，设计能力素质图表，通过调动和培养学生积极端正的学习态度，将基础理论认知、教学模拟训练及实习实训紧密结合，锻炼学生诉讼技巧、非诉讼事宜的处理、谈判技巧等实务性能力。将产教结合的方式引入法律职业教育，将司法过程中的法律推理及适用过程展现给学生，从而培养学生对法律事实的认知能力、缜密的理性思维和判断能力。

三、以 CBE 教育理念改善法律职业教育的路径

（一）能力素质图表的制定

"DACUM"是"Developing A Curriculum"的缩写，其含义是"教学计划（或课程）的开发"，其实质是对职业所需要的能力进行分析和确定。通过聘请 15 位包括律师、法官、企业法务在内的经验

丰富的法律事务从业人员，经过一天的职业能力分析，确定出具有 8 个技能领域和 296 项单项技能的 DACUM 图表。八个技能领域是：①法律理解与诠释能力；②探知法律事实的能力；③法律推理能力；④思辨能力；⑤律师执业能力；⑥法律职业素养；⑦运用教育学、心理学和法学原理能力；⑧显示个人能力。它们涉及法学专业中 36 门学科内容，涵盖了法学专业三个主要就业方向（律师、法官、企业法务）中应具备的各种能力。

（二）"三段式"教学模式的构建

美国教育学家布鲁姆（Benjamin Bloom）提出："有效的教学始于准确希望达到的目标。"职业能力的形成不能仅仅依靠学校内部的教育，而且要靠现场的实践活动，产教结合是职业教育基本的人才培养模式。法律职业教育以培养应用性人才为导向，根据能力本位教育的特点及教学规律，运用 DACUM 方法对法学专业课程内容进行科学分解，可以确定八个技能领域 296 项单项技能的能力素质图表，并以此为依据，构建出法律综合课程的三节段教学模式。我们把实习实训体系分为三个阶段：即认知实习、教学与模拟训练和毕业实习与毕业设计，三节段教学模式贯穿于整个教学活动的始终。它具有以下四个特点：①课程构建原则的科学性；②能力培养的中心性；③理论与方法的系统性；④教学体系的自我完善性。为了使三节段教学模式具有这一功能，我们设置教学评估与改进阶段。这样，整个教学体系每经过三节段的循环，就会有一个新的提高，从而使整个教学系统的运作机制不断得以优化，以实现可持续发展。将三段式教学模式应用于法律职业教育教学，运用法律诊所、社会实习、法律援助等形式的实践活动，不但可以对学生进行法律应用训练和综合能力培养，而且可以利用社会真实的工作环境来增强学生对公正的理解，树立团结协作的精神，养成遵守职业纪律的习惯，最终达到培养学生综合法律职业能力的目的。

（三）构建参与式教学模式

能力本位参与式教学模式，是将整个教学过程置于"教师指导下、学生参与中"，在应用性课程的准备部分，通过技能学习指导书的运用，使学生充分了解学习目标，进而采用向学生征集主题的方式，充分调动学生学习的积极性和主动性。在课的结束部分，通过学生对课程的自我总结和相互评价，提高学生对学习成就的快乐体验。在课的基本部分，根据教学内容和学生的实际情况，努力改变以往的我说你听方式，通过大量模拟庭审以及辩论赛的运用，增强其思辨能力与心理素质，提高学生对社会的适应能力，充分拓展法律职业教育的功能。其指导思想是通过教学培养学生的各种能力，在教师的指导和帮助下，在法律课程教学过程中通过学生亲自参与、创造、练习、竞争和发展，培养学生的创造、互助、自学、自练、自评、自我控制能力和社会适应能力，为今后学生职业能力的可持续发展和适应社会的激烈竞争打下坚实的基础。这种教学模式充分体现了教师的主导地位和学生的主体作用，在培养学生素质和能力方面具有目标明确、科学性和针对性强、易操作、降低教育成本等优势，也是 CBE 能力本位教育思想在法律职业教育中的应用与发展。

（四）考核与评价方法的改变

在 CBE 体系中，考核是关键环节。考核内容是从实际工作能力出发而设计的，内容和标准是公开的，考核的方式广泛采用了口试、笔试、辩论、现场答辩等手段。为了考核学生对所学知识的运用能力，避免死记硬背，教师要灵活运用各种手段，让学生多进行模拟并回答教师提出的各种问题，不是期末一次考试定成绩，而是高频率地衡量学生能力水平，及时反馈，以此杜绝考试时学生和教师搞心理战，平时不认真学习，考前开夜车突击，考试作弊等不良现象。CBE 体系中，对能力的考核是等级制，即 1、2、3、4（A、B、C）六个等级，体现了对能力评定的合理性，学生可根据技能学习指导书中的考核内容与标准进行自我评估，使反馈信息更加及时。在 CBE 体系中，承认学生在入学前已掌握的技能，经考核合格后可以免修，这样避免同步学习、浪费时间等现象。

（五）评价与改进

教学评估与改进，是能力本位培养模式周期中承上启下的一个重要环节，是课程体系可持续发展的必要保证。因此，教学评估必须标准化、规范化和制度化，以保证培养模式的顺利运行和周期性的提高。教学评估内容包括：市场评价、培养目标的评价、教学环境评价、教学过程评价、教师评价和教学评价等。进行教学评价与改进的首要工作是对市场评价，市场评价是其他教学评价与改进工作的基础和前提，其主要包括生源市场和毕业生就业市场评价，生源市场评价主要根据入学第一志愿及第二志愿填报率形成，毕业生就业市场的评价标准主要是毕业生专业对口率和毕业生一次就业专业对口率。培养目标评价与调整的方法很多，可以每年开一次 DACUM 研讨委员会，根据毕业学生的反馈信息、教师的教学体验以及学院教学指导委员会的评价不断调整和修正培养方案。教学环境的评价与改进是在专业培养目标调整的基础上进行的，包括教学软环境与硬环境的评价与改进。教学过程评价、教师评价和教学评价可以在学校现有的考评体系基础上建立，体现经常性、日常化特点，注重平时的养成教育。

（六）法律职业道德的培养

人类道德教育的历史非常悠久，古希腊哲学家亚里士多德认为，道德教育的方法在于培养良好的行为习惯。我国的儒家对道德教育更是推崇备至，强调道德楷模的示范作用以及道德箴言的教化等。法律职业道德是社会伦理体系的重要组成部分，是社会道德在法律职业领域中的具体体现和升华。就专门的法律职业道德教育而言，历史也十分久远，古罗马是以"贵族责任"来推行法律职业道德，中世纪以基督教的"天职观"影响法律职业道德，近代英国采用律师会馆学徒制与导师制相结合的方式，以"言传身教"进行职业伦理教育，美国法律教育主要是通过法学院进行的，除法律职业道德教育课程外，还有专门的律师职业道德考试。伯尔曼在《法律与革命》中将法律职业道德的传承作为法律职业共同体的一个重要特征。CBE 的能力培养体系，不仅包括知识和技能的训练，态度（职业道德标准和行为规范）的培养也是至关重要的内容，法律职业道德教育不能仅仅满足于一般道德认知能力的培养，作为法律人，深受法律内在精神的熏陶，树立对法律的理性信仰，将对公平正义的追求内化为自己的行动目标，有助于维护其自身对外的身份意识，也有助于带动整个社会伦理观念的转变。

参考文献：

[1] 周群 . 从 CBE 到以岗导学——我国铁路行业借鉴加拿大 CBE 模式的本土化策略 [J]. 高教论坛，2012（1）.

[2] 张安毅 . 新教育视域下的教育路径解读——评新教育思想及其对我国法学教育改革的启示 [J]. 高教研究，2010（3）.

[3] 李春梅，杨阳 . 加拿大 CBE 职教模式及其对我国职业教育的启示 [J]. 河北职业技术学院学报，2007（6）.

职务犯罪技术侦查浅析

——以新刑事诉讼法为视角

马　瑞①

摘要：《中华人民共和国刑事诉讼法》的修改推动了检察机关技术侦查法制化的进程，提高了其打击犯罪的能力。本文从技术侦查的立法背景入手，着重分析新刑事诉讼法规定的检察机关技术侦查权的授权和实施中的相关问题，讨论立法中的不同意见，进一步提出个人的解决建议。

关键词：刑事诉讼法　职务犯罪　技术侦查

新《中华人民共和国刑事诉讼法》确立了明确的人权保障条款并完善了相关措施、赋予检察机关职务犯罪技术侦查权并承认证据的可采性、增设外逃贪官赃款没收程序等，结束了技术侦查于法无据的局面，完善了检察机关对职务犯罪的侦查结构，对我国惩治腐败和开展反腐败国际合作具有重要意义，但也存在着一定的问题。

一、职务犯罪技术侦查的立法背景

从职务犯罪的特点和现状看，其方式日益趋于专业化、智能化、隐蔽化，常规性的侦查手段已经无法满足打击犯罪的需要，需要进一步完善检察机关的侦查体制，加强与犯罪分子做斗争的手段，以适应反腐败的需要。[1]

从司法实践看，1993年颁布的《中华人民共和国国家安全法》第十条和1995年颁布的《中华人民共和国人民警察法》第十六条对国家安全机关和公安机关行使技术侦查权做出了授权性规定。公安部和最高人民检察院于1989年共同颁布实施的《关于公安机关协助人民检察院对重大经济案件使用技侦手段有关问题的通知》规定了对重大经济案件必须使用技侦手段的要经过严格的审批，并由公安机关协助才能使用。2012年《中华人民共和国刑事诉讼法》修改中，立法确立了检察机关技术侦查的决定权，执行权仍由公安机关或国家安全机关行使。

二、职务犯罪技术侦查规定存在的问题

（一）法条规定笼统含混之处

《中华人民共和国刑事诉讼法》第一百四十八条、一百四十九条规定了技术侦查措施的适用范围和条件，"根据侦查犯罪的需要"、"严格的批准手续"、"重大案件"等方面的模糊使得该规定的操作

---

① 作者简介：马瑞（1987—　），女，汉族，燕山大学文法学院硕士研究生，研究方向：诉讼法学。

性难以把握。第一百五十一条关于隐匿身份侦查、控制下交付的规定，则将学界历来讨论的秘密侦查和诱惑侦查放在技术侦查一节之中，其逻辑性有待商榷。

（二）检察机关技术侦查权的法律配置

在《中华人民共和国刑事诉讼法》再修改过程中检察系统呼吁应当赋予检察机关技术侦查的执行权，不必交公安机关行使。[2] 但是，考虑到技术侦查的技术性要求，公安机关与检察机关司法职能的分工，修改后的《中华人民共和国刑事诉讼法》在职务犯罪技术侦查的规定上采取了折中的做法。目前的协办机制也存在诸多不便，由于侦查对象中包括许多国家机关工作人员、党政领导干部，侦查此类犯罪需要高度保密，而由其他机关协助办案必然扩大知情面，不利于办案保密工作。[3] 检察机关职务犯罪侦查在面对日益复杂的犯罪类型时逐渐走入困境，传统的"问话记录"式的职务犯罪侦查措施已难以有效应对，赋予检察机关技术性侦查措施的必要性尤为凸显。

（三）职务犯罪技术性侦查的证据使用

《中华人民共和国刑事诉讼法》第一百五十二条肯定了技术侦查所获材料的证据效力，证据使用过程中不必遵循通常的证据审查、判断规则与程序，这有助于解决在个别案件中缺少技侦材料无法定案的困难，加大打击犯罪的力度。本条对秘密侦查证据使用中的保护还规定了一种庭外核实程序，但立法并未对法官庭外核实、调查的程序做出具体的限定，特别是法官单方核实还是允许控辩双方在场、如何保证辩方的知悉权与质询权等。[4]

此外，《中华人民共和国刑事诉讼法》还对技术侦查的使用期限、技术侦查信息和材料的目的和处理、收集材料的性质和使用方式等方面做出了规定。从整体上看实现了技术侦查的法制化，但在适用和执行的程序、人权保障等诸多方面还有待进一步规范化和明晰化。

三、职务犯罪技术侦查的完善

（一）进一步明晰法律条文

在关于技术侦查的条文中，仅以"严格的审批手续"、"有关机关"、"批准的措施种类、适用对象和期限"等高度抽象的词汇搭建起来的程序构架，欠缺实质的内容和执行依据的准确性。"重大"的标准需要在以后的立法或司法解释中做出界定，以免造成理解和执行上的偏差。从逻辑上来讲，诱惑侦查、控制下交付与技术侦查之间并非包含关系[5]，明确技术侦查的概念核心且区分其与相关概念的根本才能对技术侦查的分类和应用有准确的把握。对于审批机关，修改草案的讨论中出现了"省级人民检察院批准"、"同级检察机关批准"等多种方案，因为批准需要及时、保密，技术侦查事实上只有侦查单位的负责人批准才符合设立这一措施的初衷，对其合理性的控制则需事后追查和法律监督等措施。[6]

（二）赋予检察机关完整的技术侦查权

笔者认为面对职务犯罪发现难、取证难的现状，腐败犯罪智能化和隐蔽化以及国际立法和实践的趋势，应探讨并尝试检察机关对技术侦查的执行权。如果能够赋予检察机关完整的技术性侦查措施的采用权，必将给职务犯罪侦查带来全新的改观。对检察机关立案侦查的重大的贪污、贿赂犯罪案件以及利用职权实施的严重侵犯公民人身权利的重大犯罪案件，经检察机关负责人批准，可以采取技术侦查措施，不必交公安机关行使。此外，检察人员应充分运用现代科技信息技术，建立各级检察机关侦查信息共享机制。

（三）建立规范的技术侦查措施实施程序

如果对职务犯罪不采取特殊侦查措施而任其发展，最终受害的是社会大众[7]，因此必须建立规范的特殊侦查措施实施程序。

①技术侦查的适用要遵循一定的原则，如必要性原则、对象特定原则、比例原则等。②庭外核实与质权合理兼顾。A.法官单方核实证据，之后将核实结果通知控辩双方，控辩双方有权对异议书面质询；B.控辩双方可以在核实证据时在场，但辩方在场人员限于辩护律师，且该律师需经过国家安全信赖认证。③建立技术侦查的司法救济制度。A.明确告知程序。司法机关在采取技术侦查措施之后，必须及时地把技术侦查实施的相关情况和内容告知被侦查对象。B.建立赔偿、补偿和追责任机制。

新《中华人民共和国刑事诉讼法》在基本理念、具体制度、程序设计等方面均有较大改进，既重视与世界刑事诉讼发展趋势的融合与接轨，又突出了中国司法制度的特色。改革是循序渐进的，对于职务犯罪技术侦查的改革更是如此。域外对秘密侦查、技术侦查措施的适用罪名、个案适用条件、审批主体均做了明确而严格的规制，相比之下我国《中华人民共和国刑事诉讼法》在限制国家权力维护公民宪法权利科学性和严谨性上有待于完善。

参考文献：

[1] 陈连福.探析检察机关职务犯罪侦查的信息化建设[J].河南社会科学，2011（4）.

[2] 韩成军.新《刑事诉讼法》对检察机关职务犯罪技术侦查权的完善[J].河南社会科学，2012（9）.

[3] 朱孝清等.我国职务犯罪侦查体制改革研究[M].北京：中国人民公安大学出版社，2008：256.

[4] 程雷.检察机关技术侦查权相关问题研究[J].中国刑事法杂志，2012（10）.

[5] 叶青.得与失：刑事诉讼法再修改若干议题述评[J].社会科学家，2012（8）.

[6] 高一飞，聂子龙.打击犯罪与保护人权的艰难平衡——评刑诉法修正案中侦查程序部分中的争议问题[J].河北法学，2012（2）.

[7] 刘立霞，白丽娜.诱惑侦查在索贿犯罪中的适用[J].国家检察官学院学报，2009（6）.

未成年人刑事案件审查逮捕中的社会调查浅析

高焕彩①

摘要： 逮捕作为一种最严厉的刑罚强制措施，对未成年的人生将产生重要的影响，因此，以社会调查为手段，从社会危害性和人身危险性着手调查未成年的年龄、性别、需求、成长环境、犯罪原因、犯罪前、犯罪中和犯罪后等方面的情况，综合判断，区别成年人的逮捕条件，本着"教育、感化、挽救"的方针，更加慎重地采取逮捕措施。

关键词： 未成年人　审查逮捕　社会调查

无数未成年人的悲剧都是在成人思维的霸权下造成的，最大的谬误就在于以成人的思维去考虑一个未成年人的行为。我们必须将未成年人与成年人区分对待，鉴于犯罪主体的特殊性，未成年人在生理、心理、社会化程度等方面都不同于成年人，犯罪动机伴有偶发性和随意性的特点，犯罪行为的形式具有表面性和任意性的特征。审查未成年人的逮捕时要充分考虑到其犯罪原因上具有的成长中的"自然行为"和社会保护不力等方面的因素，区别成年人的逮捕条件，本着"教育、感化、挽救"的方针，更加慎重地采取逮捕措施。[1]

正如贝卡利亚所言，对人类心灵发生较大影响的，不是刑罚的强烈性，而是刑罚的延续性，因为最容易和最持久触动我们感觉的，与其说是一种强烈而暂时的运动，不如说是一些细小而反复的印象。然而，对恶的约束如果过度或不当，将变成另外一种恶。[2]未成年人心理发育尚不成熟，认识能力和控制能力较弱，如果缺乏正确及时的引导，很有可能因一时冲动再次犯罪。因此，针对未成年人犯罪问题，应将"当宽"放在首位，只要这样才能在"宽"与"严"之间达到平衡。

我国现行《刑法典》所规定的少年刑罚裁量原则的特殊性，主要体现在从宽处罚原则的设定上。《刑法》第十七条第三款规定："已满十四周岁不满十八周岁的人犯罪，应当从轻或减轻处罚。"也就是说，只要是少年犯罪，在量刑时就必须从轻或减轻处罚，这与国际背景是相通的。国外少年刑罚大都规定在量刑时应当优先适用非刑罚的保护处分措施，只有在少年罪行重大，或者适用保护处分不利于少年的教育、挽救之时，方可适用少年刑罚。由此可见，国内外对少年犯罪的统一共识是尽量避免刑罚的适用，即使在不得已的情况下适用刑罚亦应切合教育、感化和挽救少年之需要，也即侧重点不在于少年的罪行，而在于少年矫治和健康成长的需要。[3]

既然量刑阶段以优先适用非刑罚的保护处分措施为原则，那么逮捕阶段就应该更加慎重。逮捕作为最严厉的一种强制措施，一旦被采用，对未成年人心理的健康发展、生活的正常进行以及社会关系的正常交往都将产生无法估量的影响。因此，笔者认为，在未成年刑事案件审查逮捕过程中应以不捕为原则，逮捕为例外，对于非捕不可的未成年人，也要通过详细的社会调查来为逮捕提供更多的参考信息，从而慎重做出逮捕决定。

---

① 作者简介：高焕彩（1987—　），女，汉族，河北省保定市人，燕山大学文法学院法学系诉讼法专业2011级研究生，研究方向：证据法学。

一、社会调查的含义

社会调查制度是我国少年司法制度改革过程中形成的一条富有特色的成功经验。少年刑事案件的社会调查，不同于一般意义上的社会调查，它是指在办理少年刑事案件中，通过走访家庭、学校、单位、居委会、派出所等有关部门，对少年犯罪嫌疑人、被告人在作案以前的一贯表现、作案原因和家庭生活环境做一个全面的了解。[4] 从这一社会调查的要求出发，我们可以看出，少年刑事案件中的社会调查，其内容主要是反映少年犯罪嫌疑人或被告人的成长经历和介绍帮教的条件等，而不是直接反映案件本身的犯罪事实。

二、社会调查的内容

（一）社会危害性调查

在刑法学语境中，所谓"社会危害性"，应指"行为对刑法所保护的社会关系造成或可能造成这样或那样损害的特性"。功利法学派的鼻祖、英国著名法学家杰里米·边沁则曾经指出，立法应当遵循"最大多数人的最大幸福"的原则，"按照看来势必增大或减小利益有关之幸福的倾向，亦即促进或妨碍此种幸福的倾向，来赞成或非难任何一项行动……"由此可知，根据社会危害性的增大或减小的趋势，可以决定将采取什么样的强制措施来阻碍或促进这种趋势的发展。

社会危害性是多种因素决定的，衡量社会危害性是大是小，要有全面的观点，不能孤立地根据某一个因素来认定危害性的大小，不仅要看危害结果，还要看行为的目的、动机、手段；不仅要看到有形的、物质性的危害，还要看到对社会、政治以及对人们的社会心理带来的危害。如犯罪预备行为并未对客体造成直接威胁，离犯罪结果发生还有一定距离，似乎没有什么社会危害性，但是由于犯罪预备行为给着手实行犯罪创造了条件，它对客体具有实际危害，对社会构成了威胁，具有相当严重的社会危害性。所以，在认定某种行为是否具有社会危害性时，必须从各方面的因素去把握它是否真正对社会有利还是有害。[5]

（二）人身危险性调查

人身危险性是犯罪人再次实施犯罪行为的可能性，评价人身危险性有无与大小的根据只能是与犯罪人有关的现实情况，主要包括犯罪人的个人基本情况和犯罪人的行为表现。

1. 犯罪人个人情况调查

犯罪人个人基本情况具体包括犯罪人生物因素，如年龄、性别等；犯罪人心理因素，如犯罪人的需要、兴趣、观念、气质、性格、能力等；最后还应包括与犯罪人个人有关的社会环境因素。未成年人因其生理和心理尚未成熟，其判断力和自制力差，常常因冲动而犯罪，但这是在其生理和心理尚未成熟的前提下发生的，犯罪人还没有形成顽固的反社会情绪，其反社会性较小，可塑性强，对其易于教育改造，因而其人身危险性较小。性别对人身危险性的影响，与其说是性别本身造成的，还不如说是由于性别不同而导致其心理和体力不同造成的。也就是说，如果要说性别对犯罪人的人身危险性有影响，也只能说是由于性别不同而导致其心理和体力不同，影响了犯罪人的再犯罪能力，影响了他们实施犯罪的种类、方式和数量。正如有学者提出："妇女犯罪并非出自什么性别方面的原因。妇女之所以犯罪，基本上和男性犯罪原因相同。至多，女性的犯罪原因中包含着一些与性别有关的变化而已。"

2.犯罪人的行为表现

除了犯罪人个人基本情况外，犯罪人的人身危险性更为重要的表征就是犯罪人的行为。这是因为犯罪人的个人情况都是中性的，无所谓好与坏，只有通过犯罪人的行为表现出来，才能进行刑法上的评价。更重要的是，犯罪人的行为表现是人身危险性的前提和基础，没有犯罪行为就没有人身危险性。但作为人身危险性表征的犯罪人的行为不仅仅限于犯罪行为，而是包括犯罪前的行为和犯罪后的行为。[6]

逮捕重点应考察未成年人的人身危险性，对于人身危险性小的未成年人尽量避免采用逮捕措施，但因为人身危险性的测定仍是一个极为复杂而难以把握的问题，因此，应综合考察犯罪嫌疑人的人身危险性有关的各方面因素，比较科学合理公正地做出是否逮捕的决定。

参考文献：

[1] 刘立霞.合适成年人社会调查制度研究——以未成年犯罪嫌疑人、被告人为视角[J].青少年犯罪问题研究，2008（7）.

[2] 姚建龙.少年刑法与刑法变革[M].北京：中国人民公安大学出版社，2005：1-4，258-265.

[3] 刘立霞，尹璐.品格证据在未成年人缓诉制度中的运用研究[J].青少年犯罪问题研究，2007（1）.

[4] 王奎.论人身危险性的评价因素[J].政治与法律，2007（3）.

[5] 陈海平.未成年犯罪案件社会调查制度冷思考[J].海南大学学报（人文社会科学版），2009（2）.

[6] 刘立霞，张晶.未成年被告人人身危险性的评估研究——以未成年人社会调查报告的模糊综合评价为视角[J].时代法学，2009（8）.

浅议舆论监督对司法公正的影响

马晓华[①]

在社会经济飞速发展的今天，在报纸、杂志、广播、电视等传统的新闻媒介之外，互联网这种新式的媒体平台以它的影响范围广、传播速度快、简单易操作等优势被人们广泛应用于监督司法的公正与否。这使得舆论监督以其强大广泛的社会影响力，让人民群众更方便地来实现言论自由权及知情权，从而促使司法机关更独立、公正地行使司法权。但目前由于缺乏对新闻舆论的有效监督和规范管理，使得舆论"绑架"司法公正的现象屡见不鲜。

一、舆论监督的概念和特点

（一）舆论监督的概念

舆论监督是特定的社会公众群体通过新闻、网络等媒体对当下现实生活中各种违法违纪、渎职腐败行为等进行揭露、报道、评论或者抨击，以实现监督司法的目的。

（二）舆论监督的特点

随着媒体行业的快速发展，舆论监督作为人民群众行使言论自由权和知情权的特别手段，也出现了一些新的特点。

1. 广泛性

舆论监督是社会公众行使言论自由权的重要手段，人民群众通过新闻媒体的广泛报道，对社会生活中出现的大量司法腐败以及司法不公正的现象进行评论和抨击，从而引起相关部门和人们的普遍重视，借助舆论强大而广泛的压力，会迫使有害社会公平、阻碍社会发展进步的不法行为得以及时并有效的纠正，从而保护利益受损人的合法利益，维护社会稳定，促进社会的和谐发展。[1]

2. 互动性

互联网的迅速发展，使网络舆论监督在众多的媒体监督形式中脱颖而出。网络舆论监督是在传统媒介基础之上发展而来的，虽然两者在形式上和方向上有所不同，但在司法监督上，两者是相辅相成、相互促进的关系。传统媒体的揭露刺激了网络舆论的迅速传播，而网络舆论凭借其巨大的影响力又会促进传统媒体的后续报道。

[①] 作者简介：马晓华（1987—　　），女，汉，河北省邢台市人，燕山大学文法学院2011级研究生，研究方向：诉讼法。

3. 炒作性

有些媒体，尤其是网络媒体为了打开市场，吸引"眼球"，增加"卖点"，盲目追求点击率，且又由于属于新兴媒体，缺乏必要的监管，从而导致了其夸大案件的情节，甚至子虚乌有地报道某些案件。此外，由于网络媒体的随意性较大，导致它有时也会被当事人或者利益相关方利用，虽然民众可能是出于善意的传播或炒作，但正是这种炒作性常常使得司法人员形成了先入为主的观念，影响了司法的公正性，无法做到真正的司法独立。

4. 制约性

由于相关法律法规的缺失，导致缺乏对媒体和网络的有效监管，从而使舆论监督常常超出了其应有的职能，使得言论过于"自由"，进而干扰了司法人员手中正当的权利，影响了司法独立权的行使。如果不能做到司法公正，就会导致无法有效保障当事人的合法权益。[2]

5. 倾向性

在新闻媒体对相关案件进行报道时，一般会带有报道人的个人倾向和其个人的观点看法，尤其是当该案件发生在弱势群体身上的时候，由于笔者的恻隐之心，在报道的时候就会主观性地更加倾向于这些弱势群体，把所有的舆论压力都推给强势方，影响了广大民众，迫使司法机关在做出裁决时，不得不考虑舆论的感受。

二、舆论监督对司法公正的影响

（一）舆论监督对司法公正的积极作用

1. 舆论监督有利于促进司法公开的实现

舆论不仅对社会及群众起着特殊的监督作用，它对于党和政府，对于一切领导机关和领导者也起着重要的监督作用。经过这样的舆论监督，不法及不合理行为将会大大减少。司法公开是司法公正的前提。新闻舆论监督的对象是有一定社会影响的公共事件，还有政府公共权力的行使，但更主要的是对司法权的监督。而要想保证司法公正的实现，司法机关在行使司法权时必须公开透明，大大方方地接受社会的监督。[3] 新闻媒体对社会公共事件进行跟踪报道后，就会迫使司法机关在舆论监督的压力下，在一些应当公开审判的案件中，更加慎重。新闻舆论监督在侦查、审查起诉及审判阶段的提前介入，保证了案件的公开审理。案件如果在公开审理时有新闻媒体的跟踪报道，会保证案件公开、公平、公正的解决，从而更好地化解社会矛盾，很好地解决社会纠纷，促进社会和谐。新闻媒体对审判程序的公开报道有利于帮助当事人正确地行使自己的诉讼权利，更好地维护自己的合法权益，尤其是一些影响力比较大的、性质恶劣的刑事案件的公开审判，不仅可以对司法机关起到监督作用，同样可以对广大人民群众起到教育和警示作用。

2. 舆论监督可以有效地保障当事人的合法权益

舆论监督是社会监督的重要组成部分，司法机关司法权力的行使会对当事人产生非常重大的影响，轻则剥夺财产，重则限制自由，更甚的可能剥夺生命，因此，这就要求司法机关必须严格按照法律的规定办案，禁止司法人员肆意地侵犯当事人的合法权益。

3. 舆论监督可以促进司法人员业务水平的提高

公民行使舆论监督的权利来源于我国宪法规定的公民的言论出版自由权，这项权利允许公众对国家机关和国家工作人员提出批评和建议，而国家机关和国家工作人员必须接受人民群众的这种监督，并最终促进整个社会的和谐和健康发展。新闻舆论对特定案件的报道，迫使司法人员不断加强自身素质的提高，从而提高司法人员的办案水平。

4. 舆论监督有利于法律面前人人平等的实现

司法腐败是维护法律面前人人平等的最大"短板"。1789 年法国资产阶级大革命，发表了《人权宣言》，第一条指出："在权利面前，人们生来是而且始终是自由平等。"这是首次提出了"公民在法律面前人人平等"的原则。"人们倾向于安全、有序、可预见的世界，不希望出于混乱，难以控制的境地……在法律适应中，由于权势、金钱的影响，导致一方受到偏袒，这本身就是不公平的、无序的状态。"有了舆论的监督，使司法人员在法律适用中，排除了权势的、金钱的外部影响，保证了司法公正，进而使"法律面前人人平等原则"得以实现。"仅有公正的法律规范，没有法律的公正适用，即司法的公正，还是无法保障公正的实现。我们甚至可以说，法律的肆意适用比法律内容失当后果更为严重。"

（二）舆论监督对司法公正的消极作用

1. 舆论监督扰乱司法程序

舆论监督是一把双刃剑，上述舆论监督的特点决定了舆论监督在促进司法公正的同时，也会产生一些负面作用。在现实生活中，一些不法分子为了逃避自己的责任，滥用舆论监督权利，利用新闻媒体的报道、媒体舆论的善意炒作以及公众同情弱势群体的心态，影响了司法人员的正常办案，如当事人利用新闻媒体的炒作，冲击正在开庭审判的法庭等。[4]

2. 舆论监督会影响司法的独立性

过多的新闻舆论报道，常常会给办案人员带来巨大的压力，使司法人员为了平衡舆论监督与司法公正之间的矛盾，甚至有些媒体在不当的利益驱动下，以舆论监督司法的名义对案件进行恶意炒作，同时由于舆论监督方面的法律不健全，导致缺乏对其的合理规制，从而影响办案人员正常地履行职责，影响了司法人员对案件真实的判断，使案件审理的结果往往不利于被舆论批判、指责的一方，最终影响了司法公正。

现在，我国舆论监督和司法公正都正处于不完善阶段，如何做到既保证公众正确行使自己的言论自由权以及知情权，同时又确保司法公正的实现，这就需要我们在司法实践中不断平衡二者之间的关系。把握好舆论监督的"度"，从而更好地发挥舆论监督对司法公正的促进作用，并避免产生不必要的负面影响。

参考文献：

[1] 司景辉，钱大军 . 和谐社会中的法律 [J]. 西南民族大学学报（人文社会科学版），2006（7）：175.

[2] 张明，李兴涛 . 从"人肉搜索"看网络隐私权的保护 [J]. 新闻与法制，2011（7）：71.

[3] 张明 . 司法公正及其实现途径 [J]. 燕山大学学报（哲学社会科学版），2004（11）：5.

[4] 刘立霞 . 从许霆案和刘涌案看人格与人身危险性 [J]. 河北法学，2009（2）：38-42.

刑事主观事实证明难之危害

杨　雪[①]

摘要： 刑事案件主观方面无法认定或错误，时常直接导致一系列冤假错案的产生，进而给蒙冤者及其家属带来愈大伤害，更是损害法律权威。对刑事主观事实证明困难带来的弊端进行深入探讨，有利于我们充分认识到犯罪主观事实证明工作的紧迫性。

关键词： 刑事主观事实　证明难　危害

刑事证明是指在刑事诉讼过程中，公安机关、人民检察、当事人及其代理人、辩护人等证明主体在证明责任的作用和机制下，依照法定的程序，调查、收集、提供证据，对待证事实进行求证的诉讼活动。[1]刑事证明的目的就是运用推理等方法查明案件事实，决定犯罪嫌疑人、被告人有罪或无罪，是否受处罚、如何处罚和程序问题。刑事主观事实的证明，就是对犯罪主观方面的证明，包括犯罪目的、犯罪故意和过失。我国提倡在证明犯罪事实和定罪量刑中，坚持主客观相统一的原则，那么，显而易见，犯罪主观方面的构成是不可或缺的。但是，在实践过程中，由于这样或那样的原因，导致刑事主观事实的证明出现许多难以跨越的鸿沟，而且不跨越这些鸿沟，将给我国法制的发展和社会的文明进步带来可预见的弊端。在实践中，刑事主观事实需要证明却难以证明，证明者或者法官放弃主观事实证明的现象在司法活动中时常出现，已经成为一种屡见不鲜的现象，那么，如果我们放任这种不良的情况继续存在下去，会给我们法律和社会带来哪些可以预见的危害？

一、证明难损及法律权威和信仰

习近平总书记指示我们要"努力让人民群众在每一个司法案件中都感受到公平正义"。英文版《中国日报》2010年3月15日社论文章"公平正义比太阳还要有光辉"，这句话直到温家宝总理即将结束长达两小时的记者见面会时才说出。公平正义是多么的重要，法律存在的目的除了惩罚犯罪，保障社会的公平正义也是其中之一。如果法律不能彰显公平正义，那么它存的意义是什么呢？在这个处处凸显着文明的社会，法律不再仅仅是统治社会的工具，而是文明的标志。但是，刑事主观事实的证明难的问题如果没有得到各方的重视，那么司法的公平正义将受到极大的损害，不仅损及法律权威，而且危及民众的法律信仰。由于难以证明或者即使证明也消耗太多法律资源，法庭经常不得已放弃刑法上对主观方面的追究，从而违反刑法的规定，有损刑法的严肃性和权威性。法院的司法公正最终是要靠质量衡量的，出了一个冤假错案，多少年、多少人的努力都会付诸东流，多少成绩和贡献也都将化为乌有。[2]虽然古今中外都难以完全避免冤假错案，但中国公众的普遍认知是司法应当绝对正确、公正无偏。因此，冤假错案一旦发生，就会极大地动摇公众的法治信念。

法律反复的得不到适用，是因为无法证明这种违法行为的主观目的是否违法，不是因为无法证明人

---

①　作者简介：杨雪（1988—　），女，汉，河北省唐山市人，燕山大学文法学院2011级研究生，研究方向：证据法学。

人都可以接触或感知的违法行为与实际侵害，而是未能证明行为人的真实犯罪意图，这是一种多么令人难以接受的挫败感，必将影响刑法准确地定罪量刑和降低一般预防效果。主观证明难对于犯罪预防是不利的，法律的预防功能表现在两个方面：对不安定分子的威慑；通过处罚犯罪人而向社会公众树立对于法律的信仰，警示和强化公众对国家法律的信任，对法秩序的存在力及贯彻力的信赖，从而预防犯罪。让社会大众坚信：国家法律是认真的，是对犯罪的否定，唤醒人们对不法行为的道德上的厌恶之情。[3]这种厌恶之情有助于降低公众中隐藏的犯罪欲望并将之控制在一定的限度之内，树立公众心中"法律至上"的意识，使其自愿臣服于法律权威之下。对犯罪者进行处罚是维持社会大众对社会组织的忠诚所必需的；没有这种刑罚，一般公民就有可能完全失去对社会的责任感，就可能失去对社会做出必要牺牲的意愿。

二、证明难危害人权

司法者在对案件事实真相进行复原的过程中，不能单纯依靠客观证据定罪，某些目的犯罪，是需要对主管方面进行认定的，如果没有特定的故意，是不能就客观违法行为定罪的。刑事主观证明陷入困境无法自拔导致的不良后果之一就是冤假错案，这是危害到人权的。某些违法行为如果不能证明其犯罪目的，就不能进行准确的定罪，违法者钻法律漏洞，继续逍遥法外；反之，某些违法人不是故意违法，有可原谅之处，却没有得到很好的证明，导致冤假错案，损害人权。[4]例如：在2004年发生的直到2013年才被发现是冤案的张高平、张辉叔侄的强奸案，明明案件存在诸多疑点，办案者却一开始便以有罪推定来解剖案件，凭着所谓的经验以及所谓的推理来演绎，没有证据，便硬性推出"证据"。不仅被冤者及其家属承受巨大的创伤，而且由于当时将张高平、张辉"绳之以法"，判决后不到3个月，真正的罪犯勾海峰又继续犯下命案。在这起案件中，司法机关忽略了对叔侄二人主观故意方面的认定，简单地将客观证据作为定案根据，没有坚持主客观相统一的原则认定案件事实和定罪量刑。一个冤假错案就会毁掉一个家庭、毁掉一个人的一生，这些伤害是任何资金赔偿、补偿都无法弥补的。当最终无法排除合理怀疑地证明主观事实时，一个彻底的人权主义者的简短回答或许是"按照疑罪从无的原则处理"。[5]如果在对抗形形色色的客观行为有害而主观上无法查明犯罪的方面的战争中反复失败；如果为了抽象的人权而明显牺牲打击和控制犯罪以维护社会基本生存秩序的需要，那么这种牺牲注定难以长久。[6]刑事主观事实证明难，正在持续地危害着人权。

三、证明难耗费法律资源

对刑事案件主观事实难以进行证明，其法律资源的耗费也是巨大的。这主要体现在：一方面由于存在诸多阻碍因素导致刑事主观事实无法认定或认定错误，司法人员经常要耗费大量人力、物力，想尽办法去跨越客观证据和主观事实之间的鸿沟，但是即使这样也不能完全避免误判、错判状况的出现，发回重审率依然居高不下。[7]另一方面，刑事主观事实复原和证明的难点，不仅体现在其高度复杂性，而且在于其个别性和差异性，使得任何旨在深入掌握其现实情况的努力都将注定成为耗时费力的艰巨工作。在司法资源并不富裕的情况下，国家或者司法机关需要为了证明主观事实而付出高额成本，正在并且将继续成为刑事诉讼法无法承受之重。[8]但是，即使耗费一定的法律资源，这些和冤假错案、法律权威相比，资源的消耗如果在国家能承受的范围之内，还是可以接受的。毕竟在这个文明的社会，人权更为重要。

四、结　　论

综上所述，刑事证明中主观方面的证明问题不仅对争取定罪量刑的影响有重要影响，而且损害法律权威，威胁法律信仰，更是不利于实体法保障人权目的的实现，耗费大量法律资源。根据我国目前法律发展的实际情况和"主客观相统一原则"，法律界应该对刑事主观事实证明问题引起足够的重视。

参考文献：

[1] 郭志远.证明标准研究——以刑事诉讼为视角 [M].北京：中国人民公安大学出版社，2010：9.

[2] 陈海平，周高仪.论量刑自由裁量及其规制 [J].河南科技大学学报（社会科学版），2007（2）.

[3] 高一飞，陈海平.再审制度改革之"老调重弹" [J].时代法学，2005（3）.

[4] 刘立霞.刑事司法的理念更新与制度完善 [J].人民检察，2005（2）.

[5] 钱洪良.犯罪构成与刑事诉讼及人权保障 [J].辽宁商务职业学院学报（社会科学版），2004（2）.

[6] 康怀宇.刑事主观事实证明问题研究 [M].北京：法律出版社，2012：32.

[7] 秦玉红.刑事和解的困境与超越——以"花钱买刑"为视角 [J].社会科学家，2010（8）.

[8] 陈胜.英国判例法文化探析 [J].燕山大学学报（哲学社会科学版），2007（8）.

公民社会与公民参与问题研究

王筠涵　谢　波①

摘要： 公民社会是公民权利表达的载体，公民参与视为公民权利的表达方式，公民社会与公民参与是相辅相成的，公民参与的增加形成了公民社会，公民参与是公民社会发展运行的重要部分，公民的政治参与才能使公民社会的功能得到真正的发挥，公民社会的繁荣为公民参与提供了更广阔的舞台，促进了公民参与的发展。

关键词： 公民社会　公民参与　公民权利

一、公民社会与公民参与的涵义

公民社会的概念起源于近代西方 17—19 世纪，对于这一概念，学术界有很多种解释。马克思将公民社会定义为公民作为参与国家公共事务的政治人为了表达自己的公民权利而进行公民参与的一种社会。"公民社会本质上是在自然人社会或经济社会基础上形成的政治社会或政治人社会公民社会的基本构成特质在于它的组织化和政治化，正是在组织化政治化的公民社会中，包括非执政党在内的各种非政府组织这些核心要素，将分散的公民个人组织起来，将分散的社会意志集中化，将个体的私人利益公共化，从而也使其诉求和活动政治化，使私人社会或市民社会形成政治社会、公民社会，成为能通过同政府对话、协商、辩论、谈判，进行政治参与，通过支持和监督、制约政府行使权力的有组织的社会力量。"[1]

公民参与，通常又称为公共参与、公众参与，是多种多样政治行为方式中的一种，公民依法通过一定的方式和一定的程序，直接或间接地影响政府制定决策和执行决策的政治行为，也就是公民试图影响公共政策和公共生活的一切活动。在现代民主政治制度下，公民参与已经成为公民的一种普遍性和广泛性的活动。公民参与的程度和质量也是衡量一个社会政治现代化进程的重要尺度，体现这种社会制度的发展水平，同时"公民参与政策制定是衡量现代社会民主化程度和水平的一项重要指标，公民参与的扩大是政治发展的重要目标之一。从总体上看，党的十一届三中全会以来，伴随着我国社会政治经济的发展，公民参与政策制定也进入了新的发展时期，从而推动了人民民主权利的发展，推进了经济建设和社会发展。"[2] 公民在公民参与的过程中的意义就是，行使自己的权力，管理国家事务，维护自己的公民权利。所谓"公民权利"是指宪法和法律赋予公民等社会个体做或不做某种行为，以实现自己的利益、主张、自由的资格和权能。[3]

---

① 作者简介：王筠涵（1988—　），河北省秦皇岛市人，满族，燕山大学文法学院硕士，研究方向为政治学理论；谢波（1987—　），河北省石家庄市人，汉族，燕山大学文法学院硕士，研究方向为政治学理论。

二、公民社会对公民参与的促进

（一）公民社会的发展对我国社会治理结构的变化产生了深刻影响，进一步拓展了公民参与的领域

由于公民社会和公民社会的发展而带来的社会治理结构的巨大变化，突出了公民参与在新格局中的重要地位，使公民参与的领域得到了新的拓展。有的学者将公民参与划分为五个层次：公民无参与、无效参与、有限参与、高度参与、主导型参与。[4] 这五个层次充分说明了公民参与的程度是不同的。在传统的社会治理结构中，因为政府力量的强势主导和广泛渗透，社会被弱化，所以公民参与的领域也必然受到挤压，有事找政府是人们普遍的观念，公民参与仅具有象征意义。在这种社会条件下，就会形成公民无参与或者无效参与的情况。随着民主社会的发展，社会力量的壮大和发展，使社会有能力而且也有愿望承担社会管理的职能。政府从传统的管理领域逐渐退出，意味着需要有新的社会力量介入，而公民可以借助各类公民社会实现组织化的参与，在更多的领域参与社会事务，这就使公民参与实现了从有限参与到高度参与和主导性参与的转变。

（二）在当代公民社会中所倡导和贯彻的自治理念，为公民参与的发展和繁荣创造了良好的文化环境和氛围

公民社会中的公民是指具有独立人格、能够明确自己的权利与义务、具有自主行动能力的社会人，政治上平等且独立的公民是实现公民参与的政治基础。公民社会之所以能够兴起和发展起来，很大部分是公民的民主意识和政治参与意识发展的结果，公民参与到了政治和社会生活中来，才有了形成组织和团体等集体行为，集体表达自己参与的欲望，反过来公民社会的繁荣也能够积极促进公民参与的主动性和积极性，使得公民参与有了更广阔的平台和效仿对象，实现政治行为个体从服从到自治观念的转变。公民社会参与活动在客观上会促进传统的服从型政治文化向现代自治型政治文化的转变，培育出有利于公民参与发展的更加自由，民主的新型政治文化，为促进公民参与营造良好的文化环境。

（三）公民社会为公民通过实践学习参与社会管理与公共服务搭建了广阔的平台，有助于提升公民参与的能力

"随着经济的发展和社会的进步，公民文化素质不断提高，公民的民主意识在逐渐增强。公民有意愿和能力争取民主权利，参与国家管理和社会活动，从被动参与走向主动参与。"[5] 有意愿和能力参与政治活动，进行民主表达的公民通过参与公民社会的活动，公民可以熟悉和学习现代民主政治的参与技能，培养民主政治参与的意识和能力。"公民社会是公民学习民主参与的大学校，这是现代政治理论形成的一个基本共识。因为在公民社会中，民主参与不再是一种崇高的理念，也不仅仅是一种政治制度，而是一种实实在在的社会生活方式，民主观念和参与意识融入了人们的日常生活只有当民主参与成为人们日常生活方式的时候，社会民主管理的目标才能。"[6]

三、公民参与对公民社会发展的影响

①公民在参与各种日常的政治、经济和文化活动中，可以体验到自由、独立、平等、博爱的民主精神，培育了独立的、自由的、理性的公民，从而形成良好的公民参与，最终形成民主的生活方式，这些都将

有助于公民社会的完善。我们进行基层民主建设是适应社会发展和进步的要求，不断提高人民的生活水平和扩大公民的参与权是社会全面发展的一部分。[7]②只有真正的公民参与，才能使公民社会实现政府的强制最小化，保障政治自由，改善人的生活的使命，没有公民参与到公民社会中来，这些都无从谈起。③公民的广泛参与，可以提高公民社会对国家和市场权力关系的有效制衡力，它作为社会的制衡监督着国家，使之不沦为多数人的专制。④在民主政治社会中政府合法性只能到公民社会中去寻找，所以要由日渐壮大的公民社会来供给，而公民参与能够带来的政治认同感，使得政府合法性在公民社会的活动中得以培育和强化。[8]⑤公民参与是公民人格生成的重要途径。公民社会的繁荣和发展，需要有独立、自由、民主的公民参与到公民社会的活动中来，通过完成公民参与所诉求的利益，来达到公民社会促进民主政治，进行权力监督和反对政府官员腐败的目的。公民参与的热情和积极性才是培养和强化公民的民主意识，形成健全的参与性公民人格并通过公民事务的参与来践行维护民主的原则和价值。

参考文献：

[1] 许忠明.民初政党政治问题的再思考[D].济南：山东大学，2010.

[2] 韩兆柱.网络环境下政策制定与公民参与分析及对策[J].人大研究，2006（1）.

[3] 王秀玲.公民权利制约国家权力是宪政基石[J].燕山大学学报，2003（3）.

[4] 郭祥俊，王黎.关于独立民间组织实施政府绩效评估的若干问题[J].山东社会科学，2009（7）.

[5] 韩兆柱.网络环境下政策制定与公民参与分析及对策[J].人大研究，2006（1）.

[6] 严博.基层民主视角下的公民参与路径研究[D].苏州：苏州大学，2010.

[7] 李龙海.基层民主建设的理论、意义和问题[J].北方论丛，2003（1）.

[8] 刘邦凡，侯秀芳.论实现新公共管理的公民参与[J].学习论坛，2007（5）：45-47.

我国地方社会管理创新成效评述 [①]

盖宏伟　关梦颖 [②]

摘要: 近年来,我国地方社会管理创新取得了一定的成效,主要集中在政府向社会组织购买公益服务、改革社会组织登记制度、撤销街道办事处议程、菜单式与个性化的服务形式、应用信息化手段加强社会管理、完善信访机制六个方面,本文拟在充分梳理地方社会管理创新成效,以加深对地方社会管理创新现状的认识,从而为新时期加强与创新社会管理奠定基础。

关键词: 地方　社会管理创新　成效

近年来,在建设社会主义和谐社会的推动下,在科学发展观的指导下,我国加强和创新社会管理受到了党和政府以及社会各界的广泛关注和重视,先后出台了一系列政策法规,各地也从当地实际出发,积极探索加强和创新社会管理的科学路径,取得了一定的成效,以改善民生为重点的社会建设得到加强。

一、政府向社会组织购买公益服务

早在 2007 年,上海浦东新区民政局就制定了《关于购买公共服务的试行办法》,逐步完善公共服务项目的招投标,加强对所购买公共服务多主体、全方位、多角度、全过程的评估与监管,以期逐步实现转变政府职能、发展社会组织、提高公共资金和公共服务效用的多赢共荣局面。2010 年,北京市启动了社会组织服务民生的行动,政府向社会组织购买低成本、高质量的公益服务项目,并将购买服务所需经费纳入年度财政预算。2010 年市区两级财政出资 1 亿元向社会组织购买了 300 项公益服务项目,2011年政府投入 2 亿元购买 600 项社会组织公益服务项目,购买服务的范围不断扩展。

政府向社会组织购买公共服务,向社会组织转移微观层面事务性服务职能并以财政资金支持社会组织,表明在社会管理和公共服务这两大政府职能的履行中,政府已经向社会组织敞开胸怀,主动邀请社会组织加入服务民生行动,这在客观上为社会组织在公共服务中作用的有效发挥提供了机会。

二、社会组织登记制度改革

2008 年,深圳最早规定工商经济类、社会福利类、公益慈善类社会组织可直接在民政部门登记。2011 年 11 月广东出台《进一步培育发展和规范管理社会组织的方案》,规定从 2012 年 7 月 1 日起,社

---

①　基金项目:河北省社会科学基金项目《新时期加强和创新河北省地方社会管理对策研究》;项目编号:HB12GL056;项目负责人:盖宏伟。

②　作者简介:盖宏伟(1965—　　),男,黑龙江省齐齐哈尔市人,燕山大学文法学院硕士研究生导师,副教授,研究方向:行政管理理论与实践;关梦颖(1988—　　),女,河北省邢台市人,燕山大学文法学院2011级行政管理专业硕士研究生,研究方向:社会管理、人力资源管理。

会组织的业务主管单位改为业务指导单位，除特别规定和特殊领域外，社会组织可跳过业务主管单位的前置审批直接向民政部门申请登记，并将不同类型社会组织的登记按照分级管理的原则下放到地级市以下。北京市随即也规定工商经济类、社会福利类、社会服务类、公益慈善类等社会组织可由民政部门直接申请登记，业务主管部门也可由民政部门兼任或帮助寻找。

社会组织登记制度改革简化了登记程序，降低了社会组织的准入门槛，有利于降低行政成本，提高行政效率，并且最大程度发挥社会组织在地方社会管理格局中上情下达、下情上达的桥梁作用。

三、撤销街道办事处议程

社区是人们社会生活的共同体，随着我国经济发展和人民生活水平的日益提高，人们对社区服务的数量和质量的要求也越来越高。[1]2011 年 7 月，安徽省铜陵官山区政府率先启动社区综合体制改革，将撤销街道办事处作为改革突破口，重新梳理了区、街道、社区的责权关系，整合了三者的资源。同时，原属街道办的工作职能被分解为经济发展与城管执法职能以及服务供给与社会管理职能两类。经济发展与城管执法责权提升至区政府相关职能部门履行，并由区政府在大社区设立服务站或工作站，执行服务供给与社会管理职能。与此同时，逐渐恢复居民委员会的自治功能，将其发展成为社区居民的利益代表者与表达者。

撤销街道办事处对于逐步实现基层治理结构转型，加强与创新地方社会管理具有重大意义：①城市管理层级的减少可使资源下沉、政令通达、基层执行更有力；②改变街道作为"二传手"的角色，易解决居委会高度行政化的问题；③可以强化居民自治水平，增强社会自我管理的能力。

四、服务形式凸显菜单式与个性化

人口资源能否在整个社会经济运行中得到有效的配置，进而实现其资源最大化效用，这是一个国家能否实现经济增长，最终实现社会发展和进步的一个最重要的条件。[2]受自上而下、统一集中管理模式的影响，传统的服务形式强调模板化、统一化，容易忽视民众的需求差异，随着社区居民构成的日益多样化，需求的差异化特征也日益凸显，菜单式与个性化的服务形式即为需求。

为了最大程度满足公众的差异性需要，提升服务品质，基层政府逐步推进菜单式和个性化的服务方式：提供具有替代性选择的服务项目供公众选择，不断挖掘公众表达意图的机会；根据社区居民的实际状况提供服务项目，以适应不同层次的需求结构。菜单式和个性化的服务形式更具有针对性和专业性，更利于对特殊群体如老年人、残疾人、流动人口等的管理。

五、应用信息化手段加强社会管理

从一张小小的居住证入手，深圳市建设了"1＋3＋N"信息化应用系统，在一个电子政务信息交换平台上联网共享，把流动人口的就业登记、居住证申办、居住登记三个信息采集入口为一体，形成了闭环式的管理机制，使得流动人口信息与劳动就业和房屋租赁信息挂钩，突出服务功能，构建了落地化、动态化、精细化的流动人口服务管理体系，提高了社会管理水平。

随着网络时代的到来，网络在人们生活中占据着越来越重要的作用，因此必须要搞好网络信息建设。[3]当前社会管理所涉及的要素日趋增多，难度不断增大，应用信息化手段加强社会管理已成为大势所趋。因此，各地纷纷尝试在社会管理创新中发挥信息化手段的作用，不断建立起全面覆盖、联通共享、功能齐全的综合信息管理系统，提高新形势下社会管理的科学水平，极大增强了社会管理工作实效，有力确保了社会的和谐稳定。在网络化时代，网络将成为公民参与政策制定的重要渠道。[4]

六、完善信访机制

公民参与是国家走向政治民主和政治文明不可分割的一部分，是公民进入公共领域参与治理的途径。[5]完善信访机制是实现公民参与的必要途径。上海市虹口区于 2010 年 5 月率先建立信访联合接待大厅，构建了"一站式接待、一条龙办理、一揽子解决"的信访工作模式，并建立起来了联合接访常态化工作体系，包括领导干部和部门的常态化接访，还要求占信访总量 70% 以上的 7 家单位常驻大厅，展开联合接访，并依靠所在单位的支持，提高受理、处置、督办的有效性，同时，人大、纪委（监察局）、法制办、政府复查复核办也在大厅开展接待，驻厅律师还为群众提供免费法律咨询服务。[6]

这种常态化的联合接访模式把相关责任部门推到了化解矛盾的前线，方便了人民群众，遏制了部门之间存在的推诿扯皮现象，有效缩短了信访流程，提高了回应效率，更好地保障了广大人民群众的合法权益，促进了社会公平正义，最大限度减少了不和谐因素，防止了矛盾的激化，有利于推动社会管理的科学化和规范化。

参考文献

[1] 谢中起，王玉超.基于物联网技术的服务型社区构建——以社会管理创新为视角 [J].自然辩证法研究，2012（4）.

[2] 盖宏伟，张一哲.存废两难窘境下我国户籍制度改革研究 [J].河北大学学报（哲学社会科学版），2011（6）.

[3] 冯芸，盖宏伟.我国城市应急管理体制存在的问题及对策研究 [J].特区经济，2007（8）.

[4] 韩兆柱，王磊.网络环境下政策制定与公民参与分析及对策 [J].平原大学学报，2005（10）.

[5] 刘邦凡，侯秀芳.论实现新公共管理的公民参与 [J].学习论坛，2007（5）.

[6] 王宏波.现阶段创新社会管理模式问题述评 [J].商业时代，2012（2）.

治理理论视角下的社区公共服务供给研究

杨 爽[①]

摘要： 社区公共服务供给是社区建设和社区管理的重要内容，完善社区公共服务的供给，有利于我国和谐社区的构建，促使社区成为一个服务完善、文明祥和的社会生活共同体。现阶段，我国社区公共服务供给中还存在很多不足，把治理理论的有关内容作为改善社区公共服务供给的理论基础，有助于构建多元化的社区公共服务供给体系，提高社区公共服务供给的质量和效率，从而真正满足社区居民对社区服务的需求。

关键词： 治理理论 社区 社区公共服务

一、治理理论的发展及其政策主张

第二次世界大战后，福利国家是大多数发达资本主义国家的基本制度选择，政府面向社会公众提供了全方位的服务，加大对公共服务的投入力度，并且向社会公众提供几乎无差别的"均等化"公共服务。进入 20 世纪 70 年代，包括发达资本主义国家在内的整个资本世界出现了高失业率、高通胀率、低经济增长率的现象。在这种情况下，英国率先开始了"撒切尔改革"，自此西方发达资本主义国家先后发动了政府改革运动，这场运动涉及的国家众多，持续时间长达三十多年。

任何的改革都需要相关的理论作为支撑，这场全球性的政府改革的支持理论众多，其中就包括治理理论。1989 年，世界银行首次提出"治理危机"，此后，"治理"一词被广泛运用，联合国、多变和双边机构、学术团体以及民间志愿组织关于开发问题的出版物很难有不以它作为常用词来使用的。[1] 在社会科学领域，治理理论虽然也被大量广泛使用，但学术界始终没有达成关于治理理论的共识。治理理论的主要代表人物有詹姆斯·罗西瑙、格里·斯托里、罗伯特·罗茨、马丁·休逊等，综合来看，治理理论的主要政策主张有：重视社会管理力量多元化；重新定位政府角色；倡导网络管理体系等。

社区是指聚居在一定地域内的人们所组成的社会生活共同体，社区分为城市社区和农村社区，它是人们生活的基本单元，社区的发展和建设对于推动基层民主政治建设、促进公民社会的形成、保障人民安居乐业有着十分重要的作用。[2] 本文研究的社区主要是指城市社区。社区公共服务是社区建设和管理的重要内容，完善社区公共服务对于完善我国公共服务体系有着重要意义。我国十八大报告强调要继续深化行政体制改革，"行政体制改革是推动上层建筑适应经济基础的必然要求。要按照建立中国特色行政体制目标，深入推进政企分开、政资分开、政事分开、政社分开，建设职能科学、结构优化、廉洁高效、人民满意的服务型政府"。其中，政社分开的"政社"不仅仅是指政府和社会，还应包括政府和社区的涵义。伴随着我国公共服务市场化、社会化进程的深入，政府将进一步减少对社区公共服务的直接供给，

---

① 作者简介：杨爽（1987— ），女，汉族，河北省秦皇岛市人，燕山大学文法学院 2011 级行政管理专业硕士研究生，研究方向：公共管理。

而治理理论提倡公共服务中引入社会力量、倡导网络管理体系等，这为我国社区公共服务供给的完善提供了理论研究的基础，对于健全我国社区公共服务供给体系具有重要的理论指导意义。

二、我国社区公共服务供给的现状

（一）社区公共服务的内涵

西方国家对于社区公共服务的概念并没有加以明确的界定，他们一般使用的概念是"社会服务"。"社区公共服务"的概念是由我国社会政策专家杨团在2002年首次提出的，他把"社区公共服务"定义为"现代社会为了社区的需要而提供的社会公共服务，以及社区本身为满足自己的需求自行安排的公共服务"[3]。"社区公共服务"概念的提出明确了社区公共服务的内涵和外延，把原来存在于社区服务中的私人服务剥离出去，使得社区公共服务的研究指向性更加明确。

社区公共服务的根本目的就是满足社区居民对于社区公共服务日益增长的需求，构建和谐社区，为社区居民的生活和工作提供基本保障。[4]社区公共服务供给的内容多种多样，包括公共基础设施投资建设、社保、科技、教育、文化、卫生、体育等。社区公共服务供给的主体大致可以分为四大类，分别是政府、私营企业、第三部门、社区公众。建立完善的社区公共服务供给体系，首先要明确定位各供给主体的职能，其次要保障社区公共服务供给途径的科学、高效，最后要注意加强社区公共服务供给主体之间的合作，确保社区公共服务供给机制的协调运转。

（二）我国社区公共服务供给现状

20世纪70年代末，我国开始实行改革开放政策，逐步进行政治、经济体制改革，随着改革的不断进行，我国的社会主义市场经济体制逐步完善，市场力量越来越多地进入公共服务领域，"单位体制"式的社区公共服务供给模式也逐步解体。现阶段，我国的工业化和城市化水平不断提高，社会保障体系日益完善，人民的生活水平得到了极大的提高，社区公共服务供给的内容不断呈现个性化、多样化的特征，社区公共服务主体日益多元化，社区公共服务供给的方式日益科学化、高效化。但是面对社区居民日益增长的对于社区公共服务的需求，我国的社区公共服务仍然存在许多不足，社区公共服务的供给体系还很不完善。

（三）我国社区公共服务供给存在的问题

虽然，随着政府和各种社会力量的不断努力，我国社区公共服务供给体系不断完善，但是其中仍然存在许多问题，主要问题表现为：社区公共服务的投入不足，社区公共服务供给中市场机制的作用有待进一步提高，社区公共服务供给主体之间的合作不够默契，政府对其他供给主体监管职能缺位等。

三、治理理论下的社区公共服务供给完善对策

（一）加快社区公共服务供给的市场化、社会化进程

治理理论主张重视社会管理力量的多元化，在社区公共服务领域，为了完善我国的社区公共服务供给，要建立健全多元供给机制。构筑与社会主义市场经济相适应的社区公共服务模式，着眼于提高社区公共服务的质量和效率，理顺政府力量和社会力量在社区公共服务供给中的关系，推动形成以政府为核

心，以社区自治组织为主体、以社会力量为重要力量，注重各供给主体的协作，社区居民广泛积极参与的现代社区公共服务供给机制，进一步加快社区公共服务供给的市场化、社会化进程。值得注意的是，以政府为核心，并不是指让政府直接提供社区的各类公共服务，而是可以通过外包、委托代理等形式让私营企业或第三部门来向社区提供公共服务，但是政府具有的指导和监督职能并不能因此而弱化。在多元供给机制中，政府依然要处于核心领导地位。

（二）进一步定位政府角色

治理理论主张重新定位政府角色，治理理论认为，在新的社会治理结构中，政府充当元治理的角色，应当被视为"同辈中的长者"，承担指导责任和确立行为准则的责任。"元治理不可混同于建立一个至高无上、一切治理安排都要服从的政府。相反，它承担的是设计机构制度，提出远景设想，它们不仅促进各个领域的自组织，而且还能使各式各样自组织安排的不同目标、空间和时间尺度、行动以及后果等相对协调。"[5] 在社区公共服务供给方面，重视社会力量的引入，并不代表着政府的完全退出，而是为了提高社区公共服务的质量和效率，政府转变职能，由"划桨"转为"掌舵"，由"服务"转为"授权"。但是为了维护人民的根本利益，我国政府在公共服务供给中，都要扮演负责人的角色，政府是明确的主导者，对公共服务的各个环节负责。私营企业提供社区公共服务的最终目标是盈利，这与政府目标有本质区别，私营企业在追逐利益的过程中，可能会出现违背公共服务的公平、公正原则。

（三）加强社区公共服务供给体系的网络化管理

治理理论倡导建立网络管理体系。在社区公共服务供给方面，网络化管理体系，就是要在加强政府、私营企业、第三部门、社区居民协作的前提下，构建一个合作网络满足社区居民的服务需求，要充分利用社区内的机关、团体、企事业单位内部设施资源，为社区居民提供公共服务。这个网络化管理体系的特征是共识、共治、共享，主题是互惠合作。社区公共服务的供给主体是相互合作、相互监督的关系，共同协作来提供服务，在参与服务供给的过程中加强对社区的认同感、归属感、责任感。[6] 公共服务供给体系的网络化管理注重政府和市场机制的合作，打破政府和市场的对立，能够有效避免市场失灵和政府失灵。虽然对于治理理论也存在很多争论，争论之一就是其网络化管理的合作的基础不可靠。对此，笔者认为要明确社区公共服务各主体的职责，要完善相关法律法规以及相关制度用来约束其行为。此外，随着互联网的迅猛发展，信息技术的不断革新，可以在社区网络管理体系中运用网络平台，加强服务供给主体间的联系，时时共享相关资源，[7] 使网络化管理体系的运作更加科学、高效。有关学者还提出将物联网技术运用到服务型社区构建，这无疑有利于加强社区公共服务供给体系的网络化管理。

参考文献：

[1] [法]辛西娅·休伊特·德·阿尔坎塔拉."治理"概念的运用与滥用[M]// 俞可平.治理与善治.北京：社会科学文献出版社，2000.

[2] 杨团.社区公共服务论析[M].北京：华夏出版社，2002.

[3] [英]鲍勃·杰索普.治理的兴起及其失败的风险：以经济发展为例的论述[M].漆芜编译 // 俞可平.治理与善治.北京：社会科学文献出版社，2000.

[4] 谢中起，王玉超.基于物联网技术的服务型社区构建——以社会管理创新为视角[J].自然辩证法研究，2012（4）.

[5] 刘邦凡，李欣.浅谈公民社会视角下的政府转型[J].中国商界（下半月），2010（3）：342-343.

[6] 迪莉娅.我国电子政务软政策的功能及其意义[J].档案，2010（6）.

[7] 盖宏伟，陈树冬.我国服务型政府建设的途径探讨[J].政法论坛，2007（9）.

推动城市社区建设　助力基层社会管理创新[①]

摘要：城市社区是城市社会管理的重要载体，推动城市社区建设、强化城市社区的自治功能和服务功能，是促进基层社会管理创新的重要环节。当前我国社区管理仍然面临着许多问题，对社区建设造成了一定的阻碍。妥善解决这些问题，从政府、社区、居民等方面着手社区建设，对实现社区的有效管理、推动基层社会管理创新具有十分重要的意义。

关键词：社区建设　基层社会管理　创新

党的十八大报告提出，加强基层社会管理和服务体系建设，增强城乡社区服务功能，充分发挥群众参与社会管理的基础作用，深刻地指出了社区建设对于基层社会管理的重要性，基层社会管理的创新，从根本上说就是要依靠公众的力量，这使得社区成为一个重要的载体。

一、社区建设与城市基层社会管理概念分析

国家行政学院社会和文化教研部主任龚维斌认为："基层社会管理，主要是指以乡镇街道和城乡社区为地域范围和载体的社会管理，包括乡镇街道以政府社会管理为主和城乡社区以居（村）民自治管理为主、两个层次且管理模式有所差异的社会管理。"[1]作为基层社会管理的重要组成部分，城市社区居民委员会是社会管理职能从国家领域分离到社会领域的重要载体，对于公民自我管理、自我教育、自我服务、自我约束具有重要的保障作用，城市社区与城市居民的生活和利益密切相关。城市社区建设主要承接社会转型过程中从政府和事业单位剥离出来的许多职能，同时承担着社区中的诸多公共事务，对于满足城市居民实现利益诉求、各类社会矛盾和问题的解决，实现稳定有序的社会管理具有十分重要的意义。

二、我国社区管理的现状和问题分析

在城市基层社会管理发生深刻变革的形势下，社区居民委员会所承担的基层社会管理的任务日益繁重，这就更需要城市社区发挥其缓解社会矛盾、维护社会稳定的功能，以此来提升服务社区居民的能力。但在现阶段，城市社区的建设依然存在着许多问题。

---

① 基金项目：河北省社会科学基金项目《新时期加强和创新河北省地方社会管理对策研究》；项目编号：HB12GL056；项目负责人：盖宏伟。

② 作者简介：盖宏伟（1965— ），男，汉族，黑龙江省齐齐哈尔市人，燕山大学文法学院硕士研究生导师，副教授，主要从事行政管理研究；张婷婷（1988— ），女，汉族，山东省滨州市人，燕山大学文法学院硕士研究生，主要从事行政管理研究。

（一）社区自治水平不高

长期以来，我国的社区管理一直是采取政府治理和社区自治相结合的方式，行政色彩相对较重，政府一直是社区制度的设计者，并且在管理过程中承担了主要作用，而城市居民委员会则多是承担着由政府指派的事务性工作，其自治能力和自治水平都不够高。政府与社区组织的关系呈现出严重的行政化倾向，这使社区组织成为执行行政命令的政府官僚体系的延伸，严重影响了社区社会建设和社会管理的独立自主性。基层政府对社区组织采取细密的人事控制，使社区组织的官僚化倾向严重。另外，社区居民委员会等社区组织在实现社会管理的过程中还存在着权责不够统一、社区职能厘定不清 [2] 等问题。

（二）社区建设资源够充分

随着社区居民对生活质量要求的提高和公民意识的增强，居民对社区的生态环境、治安条件和公共服务质量的要求不断提高，对社区管理的需求逐步呈现多样化。然而由于城市化过程中所带来的社会问题日益增多，社会矛盾日益多样化，社区的环境、就业、医疗、养老等问题成为社区管理所面临的严峻性问题。但事实上，城市社区在建设过程中却缺乏相应的资源来适应这些新的要求和新的问题，资源的缺乏主要表现在资金、人才、基础设施等方面。在资金方面，缺乏足够的财政支持，使社区工作经费难以落实，社区的建设和管理活动受到限制；在人才方面，社区服务人员存在着专业水平不高、整体素质不适应多样化需求的状况；在基础设施方面，存在着缺乏提供社区服务的基本条件，各项建设不够完善等问题。

（三）社区居民的参与管理意识不高

实现社区管理和社区自治需要居民具有浓厚的社区意识，社区居民的自治观念、参与意识和归属感等意识的缺乏导致了其参与管理的程度不高。主要有两方面的原因导致了这种情况：①长期的计划经济体制对人们思想束缚太深，人们传统的"单位人"的思想还尚未转化为"社区人"，加上"社区居民都有自己的业务，是兼职而非专职，在时间和精力上都受到限制，这些都在一定程度上制约了公民参与的能力"；[3] ②当今的社区面临着人口流动的问题，社区居民多是来自不同地域，虽然生活在同一社区，但却互相隔离、互不往来，缺乏对社区的归属感和责任感，使社区的社会联系不够密切，参与社区建设和管理的愿望不高。

三、以社区建设推动基层社会管理创新的路径思考

（一）明确城市社区的职能和地位

基层政府要正确对待自身与社区的关系，不仅是将社会管理的任务下放到社区，而且要合理划分与社区的权力边界，充分尊重社区组织在社区建设和管理过程中的主体地位，赋予社区更大的管理权能，变政府主导为政府指导，促进社区自治管理体制的建成。同时，要增强政府的回应性，及时负责地对社区和公民的需求做出反应，主动征询社区和公民的意见。通过对社区的社会管理事务进行规范和分类，提高社区服务站或服务中心建设并使其承担协助政府管理的职能，完善社区居民自治制度建设。通过建立社区与政府的矛盾处理机制，明确双方的权责利，避免社会管理过程中的行政专权和滥用职权现象的出现。明确街道办事处和社区委员会的关系是指导与被指导的关系。[4]

（二）健全社区立法

"现行的《中华人民共和国城市居委会组织法》限制了社区居委会自治功能的发挥，表现在：社区居委会的设立、撤销、规模调整由不设区的市、市辖区的人民政府决定；居委会协助不设区的市、市辖区的人民政府或者它的派出机关开展工作。"[5]因此，在立法方面，应该充分尊重社区的自治权力，使社区拥有对公共事务和公益事业充分的决策和组织的权能，使社区能够充分利用其权力实施自我管理、自我监督，保障社区建设的各项活动顺利进行。同时还应完善社区管理制度，赋予社区管理更明确的范围和限度。

（三）增强城市社区的资源供给水平

在财力资源方面，加大政府的财政投入，通过为社区建设办公用房和服务用房解决社区的办公、服务用房缺乏的问题，通过为社区购买各种服务类公共服务，降低社区的财政负担，通过设立专项资金，为社区建设进行定向资助。在人力资源方面，通过引入专业的社会工作服务者，增强社区服务人员的专业性培训，鼓励建立和培养专业的志愿服务队伍来增强社区服务人员的专业化水平，面对社区居民多元、分散、零散的社会需求，有针对性地为社区的儿童、老年、失业者、问题家庭等提供跟家专业的帮助和指导，满足社区居民的个性化服务需求，提高社区服务的效率。在信息资源方面，一方面要促进政府信息公开，"确保公民知情权的保护救济"，[6]同时要按照国家制定的信息安全框架从总体上开展信息安全建设；[7]另一方面要健全社区的人口、住房信息的规范化管理，建立社区基础信息库，对人口流动状况、劳动就业、社会保障、社会救济、社区治安等方面的信息实现联网共享，合理规划和调整整合社区的管理资源。

（四）社区要注重公共精神培育

社区居民是社区的主体，培育现代社区居民的公共精神，提升社区居民的社会责任意识、合作意识和自我管理意识，提高社区居民民主选举、民主决策、民主管理、民主监督的能力，扩大社区居民的参与程度，增强社区居民参与社区建设、社会管理的能力是社区建设过程中所必需承担的责任和义务。通过社区教育的方式，平等对待来自不同地方的居民，强化社区居民的归属感和责任感，对居民在观念和言行上进行专业的培训和指导，使社区居民具备现代公民的素质，为公民社会的良性发展提供帮助。

参考文献：

[1] 龚维斌.基层社会管理创新的探索与思考[J].国家行政学院学报，2012（3）：35.

[2] 苗俊玲.我国城市居民社区意识刍议[J].重庆科技学院学报（社会科学版），2010（16）：37.

[3] 王爱冬，曹阳.试论转型期我国社区自治的路径选择[J].长沙航空职业技术学院学报，2007（12）：80.

[4] 盖宏伟，孔超.转型期我国包容性社区建设的路径探究[J].企业导报，2013（7）：21.

[5] 张宝峰.城市基层社会管理体制创新的理念、原则和措施[J].学术论坛，2006（5）：61.

[6] 盖宏伟，陈树冬，盖涛.简论我国政府信息公开的法制化[J].法制与社会，2008（12）：210.

[7] 刘邦凡，胡怀亮.试论政府电子治理[J].电子政务，2005（12）：11.

京津冀区域经济一体化发展问题及对策分析①

王　娟　刘邦凡　王　静　詹国辉②

摘要： 在经济全球化浪潮下，京津冀开始探索区域经济一体化发展道路，一体化对于京津冀三地整体经济的发展有着重要作用。本文重点分析了京津冀区域经济一体化发展存在的问题，并针对问题提出解决对策。

关键词： 京津冀　区域经济　一体化　原因　对策

全球化浪潮下，各国乃至各地区纷纷寻求区域合作以促整体发展，京津冀是我国区域经济发展较早的地区，合作基础相对较强，但是区域经济发展程度并不高，本文分析其发展不佳的原因，并针对原因提出一些对策，以期促进京津冀区域经济一体化发展，从而促进京津冀整体经济的发展。

一、京津冀区域经济一体化发展存在的问题

（一）京津冀三地区域合作意识不强

行动要靠思想来指挥，思想上没有，行动也就不会有。北京由于其自身独特的经济、政治、文化、科技等优势，对于京津冀合作的积极性和依赖性不强，天津为保持自身独立性，也不愿意依附别地，因此造成京津冀三地政府缺乏跨省市统筹协调、规划区域经济发展的合作意识，从而使得三地以自我为中心，各自为政，严重影响了京津冀区域经济一体化发展进程。

（二）交通等基础设施薄弱

交通等基础设施是一个地区经济发展的基础和前提条件，"要想富，先修路"，谚语已经很清楚地表达出基础设施的重要性。北京的交通基础设施较为发达，铁路、航空、公路等不仅多而且便利，还有较为发达的地铁，然而北京人口多，交通设施出现"供不应求"现象，市内交通压力大，造成北京自行车比汽车快，堵车现象屡见不鲜，有人戏言："堵车已经成为北京的一个特色，不堵车反而觉得不对劲。"[1]

---

①　基金项目：国家社会科学基金项目《京津冀区域经济一体化战略与推进河北沿海地区发展对策研究》；项目编号：12BJY005；项目负责人：刘邦凡。

②　作者简介：王娟（1987—　），女，山西省大同市人，汉族，燕山大学文法学院硕士研究生，研究方向为公共管理；刘邦凡（1967—　），男，重庆市涪陵区人，汉族，博士，燕山大学文法学院教授，东北大学博士生导师，主要从事公共管理、哲学、政治学等研究；王静（1986—　），女，河北省衡水市人，汉族，燕山大学文法学院硕士研究生，主要从事电子政务研究；詹国辉（1989—　），男，江西省婺源市人，汉族，燕山大学文法学院研究生，研究方向为政府管理。

天津和河北省的交通条件没有北京发达，尤其是河北省的很多城市之间交通极其不便利，甚至需要从北京中转，使得本省城市之间沟通不畅，如从秦皇岛到承德，由于承德地势不平坦，山地较多，没有通往秦皇岛直接的铁路等。另外，三地之间高速公路上设有重重关卡，相互制造障碍，且成本过高，交通的不便利严重影响着京津冀区域经济一体化的发展。

（三）京津冀三地经济发展水平差距较大

京津冀区域间经济发展落差较大，北京和天津都是中国的直辖市，环渤海地区的重要中心城市。北京作为中国的首都，拥有无可比拟的科技智力资源、位居前列的实力和历史沉淀的文化资源，有着巨大的吸引力。[2] 天津和河北靠近北京既是优势，也是劣势，在北京的辐射下，天津和河北的吸引力难以充分发挥，河北的很多城市地处山地之中，交通、通讯等基础设施落后，环京津带来的贫困很大程度上说的是河北的贫困。京津冀三地经济差距较大，严重影响着京津冀区域经济一体化发展。

（四）重复建设现象以及恶性竞争现象严重

北京是首都，有着得天独厚的优势，工业是其经济发展最重要的力量；天津邻近北京，是北方最大的工业基地。北京和天津是京津冀区域中的核心城市，经济实力接近，极易形成重复建设现象。[3] 二者之前确实在政策上有一定的趋同，各自为政，相互之间展开了资源等方面的激烈竞争，造成严重的重复建设和重复投资现象，有些甚至出现恶性竞争现象。另外，河北的某些城市由于与天津有着相同的地理优势，因此在很多产业上存在着相互竞争、重复建设的现象，比如北戴河和天津的滨海风光就形成了冲突，造成资源的浪费，更加不利于京津冀区域经济一体化的发展。

二、京津冀区域经济一体化发展的对策

（一）增强京津冀三地合作意识，发挥政府主导作用

意识指导行动。京津冀三地合作，主体必须是政府，官方合作才是区域合作深入发展的保证力量，要想促进京津冀区域经济一体化发展，必须要发挥政府的主导作用。政府要想充分发挥主导作用，前提是有区域合作意识。现代社会，合作共赢理念已深入人心，以合作促发展已经成为现代市场经济的一大主题。[4] 京津冀区域经济一体化发展，必须要树立"资源共享、市场共拓、客源互流"的区域合作意识，共同协商解决京津冀区域经济一体化发展过程中出现的问题，统一规划，统筹开发，打破行政界限的束缚，出台具体的政策和方针，实行统一的非歧视原则、透明原则、市场准入原则、公平贸易原则，清理各类地方保护政策法规文件，取消一切妨碍区域合作的制度和政策规定。政府部门是区域经济发展的主体，其树立起区域合作意识对区域经济一体化发展极为关键，京津冀三地政府合作意识不强，主要在于北京对天津和河北的合作依赖消极。[5] 因此，要树立京津冀区域经济一体化发展意识，核心就是让北京政府明确三地合作对北京经济发展的重要作用，明确京津冀区域经济一体化发展的必要性和意义，使其从观念上认同，这样合作才好进行。合作是成功的前提，在统一的政府合作部门的引导下，树立区域合作的意识和原则，共同协商，这样才能使京津冀区域经济一体化得到顺利且有效的发展。

（二）加强京津冀区域交通等基础设施建设

京津冀区域经济要想顺利发展，离不开基础设施建设的配合，没有好的基础设施，经济发展必会受到一定程度的阻碍。交通是必备的基础设施，良好的交通条件，才是经济发展的前提条件。交通设施的

发达情况直接关系着京津冀区域经济的发展程度，交通的不发达也就造就了经济发展的落后，区域经济一体化的实施更需要配套交通设施的完善。京津冀区域经济一体化要想顺利有效发展，必须要加快区域内各大中心城市的机场建设、高速铁路建设以及高速公路建设，只有快速便捷的交通，才能使投资者进得来、出得去。[6]京津冀实现区域经济一体化之后，首先要取消三地之间高速公路上的重重关卡，各个城市之间，尤其是京津、京冀、津冀之间，必须要有畅通的陆海空交通，方便三地之间的联系，甚至在重要的城市，要开通直达的动车和专航，缩短时间，时间即为商机。另外，为了实现京津冀区域经济一体化发展，三地还应在各自城市完善配套设施，比如可以在北京建立天津和河北办事处，在天津建立北京和河北办事处，在河北建立北京和天津办事处等，这样方便三地之间的经济联系。

（三）拉近京津冀三地经济发展水平差距，帮助经济落后地区发展

实现京津冀区域经济一体化，就是要发挥各自优势，实现优势互补，打造特色经济，推动整体经济的发展。北京是一国之都，其所占资源优势明显，在一体化发展中，北京要发挥龙头老大的作用，将自身资源进行共享，帮助落后城市发展；天津作为北方工业城市，京津冀中第二大核心城市，其自身发展较好，优势在于港口，在一体化发展中，要集中发展其港口运输业，为落后城市提供技术等支持；河北省作为京津冀中唯一一个拥有众多城市的省，自身发展必然参差不齐，但是其优势在于人口多，自然资源等也较为丰富，可以借助京津的技术、资金、政策等优势，促进落后城市经济的发展。[7]在三地之间，经济发展落后地区集中在河北省，京津经济发展较为先进，但是河北省拥有北京和天津没有的人口和资源优势，还承接着来自北京和天津的产业转移，是京津经济发展的大后方，其对于京津的经济发展有着不可忽视的作用。[8]因此，北京和天津帮助河北省落后城市发展，在一定程度上对于其自身以及京津冀整体经济发展都有着重要的意义。

（四）发挥整体作用，减少重复建设，消除恶性竞争

重复建设现象一方面会带来激烈竞争，有些竞争甚至可能是恶性的，这对经济的发展是不利的；另一方面还会造成资源的浪费，盲目的投资，造成恶性竞争，在恶性竞争中不论是成功或是失败，都会造成资源的一定浪费。[9]京津冀要实现区域经济一体化，必须进行适当整合，由政府来宏观调控，引导市场投资方向，树立区域合作意识，但不放弃竞争，允许企业之间通过自身技术创新能力在竞争中获胜。有竞争，才会促进发展。但是重大项目，需要耗费巨大资源的项目就要减少重复建设项目，京津冀三地合作，要站在全局发展的角度，统一规划，共同合作谋发展，允许三地各大企业进行竞标，有能力、有技术创新的企业得标进行投资建设。

总之，京津冀要想实现区域经济一体化发展，就必须发挥政府主导作用，树立合作意识，共同努力，统筹发展，建立统一的目标和规划，发挥各自优势，实现资源共享、互利共赢。

参考文献：

[1] 刘邦凡.河北沿海地区发展与京津冀区域经济一体化研究综述 [A]// 燕山大学文法学院.学习"十八大"精神与河北沿海地区发展论坛论文集 [C]，2012：21.

[2] 焉香玲.中国区域经济发展战略的选择 [J].金融理论与教学，2002（1）：34-36.

[3] 焉香玲.浅谈中国区域经济发展的道路 [J].经济师，2002（7）：113.

[4] 盖宏伟.区域经济协调发展中的非经济因素 [J].经济论坛，2003（20）：8-10，20.

[5] 李尊实，刘艳红，高铭杉.区域经济系统脆弱性的内涵与界定 [J].经济论坛，2005（20）：9-11.

[6] 崔冬初，宋之杰.京津冀区域经济一体化中存在的问题及对策 [J].经济纵横，2012（5）：75-78.

[7] 李振军，李晔.河北省基础设施与区域经济发展的关系研究 [J].世纪桥，2009（7）：76-78.

[8] 李振军，李晔.河北省基础设施与区域经济发展的关系研究 [J].环渤海经济瞭望，2009（5）：4-7.

[9] 刘邦凡，李玲.区域经济一体化下电子治理与京津冀制造业的协同发展 [J].环渤海经济瞭望，2007（1）：18-20.

略论使命导向战略对企业核心竞争力的关键性影响

刘乃郗 [①]

摘要： 本文从对使命导向战略的诠释出发，结合影响核心竞争力的相关因素，分析了使命导向管理战略对企业核心竞争力的关键性影响作用，以及对企业开展多元化、多样化经营的重要意义，并进一步提出了使命导向战略执行的动态过程中需要注意的四项关键原则。

关键词： 使命导向　业务导向　战略管理　核心竞争力

在现代公司治理中，有效的战略管理和核心竞争力的培养越来越受到重视，尤其在多样化业务和多经管理的战略管理中，如何培养核心竞争力并保持发展其优势就显得更为重要。核心竞争力的定义是："在一个组织内部经过整合了的知识和技能，尤其是关于怎样协调多种生产技能和整合不同技术的知识和技能。" [1]这对于开展多样化业务战略和多经管理来说非常关键，但是在实际经营管理中，企业组织面临着各种生存压力和竞争压力，需要有快速的资本运作能力和流动速度，面对已经占有的业务领域和具有可能性的市场份额，基于压力或者快速成长的原因往往将业务战略管理与公司战略管理等同起来，将战略管理变成单纯的业务导向型战略管理，错误地将核心业务能力就等同于核心竞争力。从与产品或服务的关系角度来看，核心竞争力实际上是隐含在公司核心产品或服务里面的知识和技能，或者知识和技能的集合体，即事实上，核心业务能力是核心竞争力的具体表现之一，业务战略管理也只是公司战略管理的一部分。那么，该如何在繁杂的战略管理中把握对核心竞争力的形成和培养最有价值的关键呢？下面将围绕这个问题进行探讨。

一、业务导向与使命导向战略管理

业务导向型战略管理，就是指公司的年度战略或者几年计划是根据公司现有业务和可能性业务为基准来进行制定和管理，相关配套落实制度和措施也都是本着符合业务特点需要出发制定的。使命导向型战略管理，强调的是公司的远景使命，要求业务从属于远景使命，从远景使命出发制定年度战略和几年计划，相关制度建设和工作模式都是本着体现公司远景规划的文化要求出发制定的。

业务导向型战略管理通常对公司完成年度目标更有利，对实现公司的某几项具体业务将更为有利，短期内对于公司的快速成长和扩张会更有利。但是长期来说，会留下较大的方向性潜在隐患，对于人心的统一也不够，公司文化的建立不到位，对于公司的长期发展来说有很大风险。使命导向型战略管理却具有核心价值观，统一的公司文化，更有长期的方向指导性，在公司长期发展的问题上更为有利，但是也存在一定风险，比如实际业务能力受到长期使命的制约，实际公司成长受到使命的限制，甚至领导团队过于理想主义，以至于无法实现过渡到那个长期的时候，无法使使命真正起到作用。

战略管理的核心是围绕公司的价值观，长期远景目标正是对这一核心价值观的体现。现实中，一般

---

① 作者简介：刘乃郗，男，汉族，重庆市涪陵区人，硕士，主要从事经济学研究。

来说，大部分公司迫于现实经营压力或者眼前利益而无法落实一个远景的使命，认为核心价值观只是一种遥远的理想。当然也有部分管理者，仅仅认为使命及核心价值观只是走过场的文化形式和对员工思想掌控的管理手段，仅仅是愚弄消费大众和媒体的宣传口号。这些想法都没有领会到战略管理的精髓。核心价值观，无论对于处于创业的组织还是已经迈向国际化的企业来说，都非常重要，它是保证组织活动围绕着一个中心永远不会迷失方向的根本关键。

二、战略管理与核心竞争力

战略管理的鼻祖、美国管理学家伊戈尔·安索夫最初在其 1976 年出版的《从战略规划到战略管理》一书中提出了"企业战略管理"，认为企业的战略管理是指将企业的日常业务决策同长期计划决策相结合而形成的一系列经营管理业务。其后的斯坦纳在其 1982 年出版的《企业政策与战略》一书中则认为"企业战略管理是确定企业使命，根据企业外部环境和内部经营要素确定企业目标，保证目标的正确落实并使企业使命最终得以实现的一个动态过程"。我们将这个定义术语化规范化，就得到了战略管理定义为：企业确定其使命，根据组织外部环境和内部条件设定企业的战略目标，为保证目标的正确落实和实现进行谋划，并依靠企业内部能力将这种谋划和决策付诸实施，以及在实施过程中进行控制的一个动态管理过程。

由以上定义来看，战略管理是一个动态的过程，而这个动态过程的落脚点和出发点则是企业使命的确定，詹姆斯·科林斯在其《基业长青》一书中，也对企业使命即核心价值观的重要性进行了全面深入细致的论述，他通过对百年来一直持续运营并不断取得突破和发展的企业组织进行研究，总结出了基业长青的企业有着一种核心价值观的传承和发展，这种核心价值观不仅决定了企业组织每一代员工的执行力，更从战略管理的角度出发影响着每一代领导团队的领导力。每当这家企业和组织面临重大危机或者陷入困境的时候，都会有强有力的领袖带领公司重塑公司的核心价值观，并且找到新的出路，推动组织继续向前发展。[2]

正如前面对于核心竞争力的定义，核心竞争力的落脚点不仅在于公司的业务能力和资源优势，更在于对业务能力和资源的有机整合能力。有机整合的重心不在于将各种资源按照组织架构、业务模式、组织行为、管理经济等理论进行客观的合理配置，更重要的是在于要有正确的战略导向将其统领起来，也要有相适应的组织文化将其贯穿起来，使得理论的架构能充分发挥出理论上规划应有的效果，并进而形成更有效率和效能的团队整体。核心竞争力的表现在于公司的业务能力和资源配置，这些都取决于相关管理团队的专业素质和专业能力，但是核心竞争力的这些表现的支撑是公司的战略和组织文化，组织文化在某种意义上是取决于公司的使命战略目标，究其根本，公司的使命战略导向对公司的核心竞争力有着根本的地基作用，没有正确合适的使命导向战略，公司再好的能力和资源都无法发挥出应有的效率效能。

三、使命导向战略的中心性与多元化、多样化

从上面可以看出，使命导向战略对于公司的业务集中性和贯穿性具有一定要求，按照地产企业家冯仑先生的说法就是"守正出奇"。但这并不代表着使命导向战略与多元化、多样化经营是矛盾的；相反，良好的多元化、多样化经营更需要使命导向战略的把握，并且对公司的使命战略是一种巩固和验证。多元化指的是公司可以在毫不相关的行业进行业务扩张，比如同时经营水泥和啤酒，而多样化指的是公司在原有核心业务的上下游或者平行迁移进行业务扩张，比如同时经营水泥和建筑。

多元化多样化经营战略容易使公司陷入业务导向战略管理的局面，使得公司被主要业务牵着鼻子走，

导致公司整体的管理团队和关键技术团队常常因为各项业务效益问题而产生变动，无法保证稳定地执行一套管理体系和落实一种组织文化，不利于公司的长期发展。但是多元化、多样化经营对于现代企业管理和风险控制来说都非常有利，更能体现资源的合理配置和有机整合，提高组织效率和业绩，在这种情况下，就更需要在开展多元化、多样化经营的时候围绕着使命导向战略的中心，对于每一项准备新上马的业务都要首先立足于公司的使命导向去评价，然后再进行具体的各种可行性分析。对于跟公司使命相违背的业务，不管有多少价值，都要十分慎重，尽可能避免这样的项目和业务扩展。

四、使命导向战略执行的四项关键原则

由上可知使命导向战略对于公司核心竞争力有着关键性影响作用，并且对于现代公司的多元化、多样化经营有着积极的作用，但是在使命导向战略的制定上，也有很多企业和组织面临很多困惑，最大的问题是到底什么样的使命导向执行才能带领公司一直向前不停地良性发展？在实践中，我们也可以看到不少的公司在创业初期都有很好的使命导向和价值文化，但是很快随着业务的扩大和公司生存的压力就开始发生变化。什么样的执行才能使公司的使命导向经受住竞争的挑战和不同经济景气度的考验呢？总结起来，有四项关键性原则，这四项关键性原则并不是死硬的标准，而是在动态过程中对使命导向战略的一种执行和把握。

（一）科学性

科学性，就是指使命导向战略的制定要经过严格的科学分析和考察，比如宏观经济分析、行业分析、市场调查评估、全面风险评估、财务状况预估、人力配置分析等，并且下行到每一个战略层面的制定，都要经过科学的评估分析，从逻辑理论和实践理论上来说都必须是科学的。

（二）可行性

可行性与科学性是有相关性的，科学性也包含着部分可行的意思，但是可行性更强调对于战略的战术执行的考察分析，而不是针对战略本身相关的环境分析等，这对于使命导向战略的制定也十分重要。一项使命战略的成功落实需要很多因素的共同作用，得到长期的发展甚至是更近乎完美的整合，但是导致其失败往往只需要一个因素，一个环节没有落实好，整个战略构想就无法达到预期期望。要在每一项具体管理战略和经营战略中，充分考察可行性，包括预估流程中的每一个关键细节的风险，对战略的落实起到充分的保驾作用。

（三）稀有性

稀有性，指的是企业业务战略要重视业务的差异性和培养自身的独特文化及独特经营形象风格。显然在激烈市场竞争环境中，企业提供的服务和产品的差异性是保证企业得以长期发展的重要因素，但有一点需要注意的是"不同"并不等于差异性，对于产品和服务的差异性，必须是能充分满足并调动消费者享受产品和服务的兴趣的差异性，或者说是有效的差异性。企业还要注重培养自身独特的文化和经营形象风格，有助于形成与其他竞争者的区别化感观定位，也有助于组织员工形成更好的凝聚力和归属感，从而加强支撑使命导向战略执行的软环境。

（四）发展性

发展性，是指公司的使命导向战略执行要适应经济政治科技市场等各方面的环境变化而进行变化，

从某种意义上来说，是对科学性、可行性、稀有性等原则的一种动态控制和调整，从动态上对使命导向战略的执行进行适时调整。只有使命导向的战略才能做到充分的发展性，相应以业务为导向的战略执行就会受到业务机会和业务模式的制约，只有使命导向战略才能使得企业在多元化、多样化经营中依然能保持具有开放性的核心竞争力。

五、结　　论

从上面的分析可以看出，使命导向战略对企业核心竞争力具有非常重要的关键性影响作用，对于影响企业核心竞争力的关键因素战略核心、组织文化、战略执行力、多元化多样化经营等方面都具有直接的影响作用，只有以使命为导向的战略管理才能保证企业在长期发展和扩张中抓住核心竞争力的本质，才能保证企业与时俱进，保持长期的绩效增长。

参考文献：

[1] [英]朗·西韦尔.核心竞争力[M].姜法奎译.北京：华夏出版社，2003：10-11.

[2] [美]柯林斯.基业长青[M].真如译，北京：中信出版社，2002：5-9.

[3] 别芳.企业核心竞争力的内在驱动力——企业文化[J].长春理工大学学报（社会科学版），2007（3）：22-23.

[4] 曹俊.基于核心能力的企业多元化战略研究[D].北京：北京航空航天大学，2004.

论知识经济与政治学研究

刘邦凡 [①]

摘要： 知识经济是当今社会经济发展的主流，它也势必会从多方面对政治及政治学产生巨大的影响。着力开展知识经济条件下的政治学研究既是一个新兴的大课题，也是一个现实性很强的课题。本文指出，在现阶段，我国政治学应着力对国家和地区 R&D 政策、知识资本投资政策、知识管理、知识经济条件下政府经济职能、知识经济条件下政府权力、知识经济条件下政治竞争、信息政治与知识政治等多个方面展开研究。

关键词： 知识　知识经济　政治　政治学　研究

一、知识经济对当代中国社会、政治、经济之影响

知识经济，是 1990 年联合国研究机构首次提出的，1996 年国际经济合作与发展组织（OECD）明确定义为"以知识为基础的经济（Knowledge Based Economy）"。当然，知识经济的产生与发展，绝不是 20 世纪 90 年代才产生的，它有着自己的萌发、形成和发展的长期过程，它是以信息经济为基础的，是信息经济的发展。但是，不可否认，自从知识经济这一概念的提出，立即引起了世界范围的震动，从理论到实践，从研究到发展，从社会到经济，从观念（思想）到行动，知识经济引起了人们的最大关注，知识经济正逐渐成为一个国家、一个地区、一个产业、一个企业、一个个体、一个集团，在新一轮的全球一体化经济、政治、军事竞争的最为重要的手段、工具和措施。知识经济已成为衡量一个国家、一个地区综合实力状况的重要标准。

在我国，人们基本上是从 1996 年之后才开始接触、认识"知识经济"的，并很快掀起讨论之热潮。现阶段，知识经济对我国之影响，主要是对社会和政治之影响，从经济的角度看，知识经济并未也不可能在很短时间影响我国整体经济。如果把当代各国经济形态分为农业经济、农业工业经济、工业农业经济、信息经济、知识经济初级阶段五个层次，美英等国算得上已进入知识经济初级阶段，其他工业发达国家、地区及中等发达国家、新兴工业化国家地区算得上已步入信息经济社会，正迈向知识经济初级阶段，而一大批正高速发展中的国家（如中国、印度、亚洲"四小龙"等），只进入了农业工业经济时代，正逐步向工业农业经济社会、信息经济社会迈进。因为知识经济是以发达的工业经济机制为依托的完善的信息经济为基础的，中国等正在高速发展的国家，尽管发展迅速，但不可置疑，这些国家从整体上进入信息经济和知识经济社会还会有较长的一段时间（十年到二十年）。当然，这不是说，在这些国家局部地区、局部领域实现信息经济，进入知识经济是不可能的。我国港、澳、沿海发达地区就正逐步或将很快迈进知识经济。同理，在一个国家、一个地区的一个产业、一个集团、一个企业，率先以知识经济为标准为要求来发展自己，实现知识经济的微观实现，这是有可能的，也是十分必要的。在我国现有国情之下，

---

① 作者简介：刘邦凡（1967—　　），男，重庆市涪陵区人，汉族，博士，燕山大学文法学院教授，东北大学博士生导师，主要从事公共管理、哲学、政治学等研究。

也只有以信息经济、知识经济的微观实现为措施，以点形成面，以微观实现为量，以大量的微观实现为量变，从而实现信息经济、知识经济在我国的整体实现或宏观实现。因此，知识经济在当代中国，主要还是一种宏观的、整体的社会影响和政治影响，同时也是一种微观的、局部的经济影响。

就社会影响而言，知识经济对我国及全体国民在观念上、文化上、教育上、管理上带来了冲击与激化，迫使人们从多方面、多角度、多层次对我国之一切进行反思与醒悟。观念上，知识的价值被人们重新认识；文化上，知识、经济的分裂与整合之思考越来越受人们关注；教育上，素质教育、终身教育、智能教育、管理教育、创新教育、情感教育不仅在理论上进行着广泛的讨论，而且正逐步被付诸实施；管理上，企业的、政府的、事业的诸多管理，从形式与内容上都把知识、经济作为改进的硬性标准。总之，知识经济使人们认识到我国之落后，认识到知识社会是实现我国从农业经济、工业经济迈向信息经济、知识经济的重要举措，把我国社会从整体上、宏观上建设成为一个以知识为基础的社会及知识社会，已成为人们只之共识。就政治影响而言，知识经济概念一进入中国，从中央到地方、从个人到群体、从机构到社会，从思想观念到政策体制，就产生了广泛的影响。为了适应知识、信息经济、知识经济的要求，各级政府各级政治精英大力倡导信息社会、信息经济、信息（知识）社会之要求，加大了政治体制的改革力度，加大了政府机构管理体制改革，加大了政治精英以及党团组织、政府工作人员对信息经济、知识经济的认识、把握与运作，加大了与国际政治经济的合作力度。

就经济影响而言，主要表现在三个方面：①知识经济概念的出现或引入，从文化、观念、管理层面对我国经济发展趋向产生了深刻影响，发展以知识为支撑的经济已成为人们的共识；②知识经济概念的引入，客观上加快了我国信息产业的发展步伐；③知识经济概念的引入，加快了国家创新体系的实施，建立了一批有前途的高新技术产业开发区或高新技术产业。如此，这有利于我国尽快实行向信息经济的过渡，确保我国尽快在局部与微观上实现信息经济和知识经济，为整体和宏观上实现信息经济和知识经济打下基础。

二、知识经济促进政治学研究

知识经济概念引进我国是近三四年的事，知识经济研究、知识经济学的研究尽管在我国正炙手可热，但毕竟是讨论研究，达成共识甚少，言"知识经济学"已建立起体系，为时尚早。而我国现代意义上政治学研究最迟也从我国近代（1840）开始，到20世纪四五十年代，西方近现代政治学理论已大体上传入我国，并形成一些特色，尽管20世纪50年代末以后，中国政治学停止了研究，改革开放以来，政治学在我国得到恢复与复兴。但总体上，政治学的研究力度并不大，政治体系的改革及其研究也不大，基本上维持着马克思及其马克思主义经典作家的政治学说的框架和体系，缺乏必要的创新。近，四年，我国政治学作为学科在理论、体系与内容上都有了一定程度的改革，取得了一些成果，我国政治学研究及发展跃上了一个新台阶。之所以如此，是因为随着改革开放的深入，西方现当代政治学思想和政治学论著已整体上引入我国，再加上我国政治体制改革的深入及其需要，以及国际政治的变化，马克思主义政治学说也需要发展也需要充实新鲜血液，政治学之发展变化是必然的。但不可否认，这三四年知识经济概念的引入，掀起知识、知识经济、信息经济的研究热潮，使人们更加认识到国外知识与信息的重要性和紧迫性，加上近几年我国政治体制改革的深入，客观上使人们意识到政治学改革发展之必要，直接导致了我国近三四年政治学及政治学研究的深入和改革。

在整体上、宏观上，我国还未实现信息经济，离知识经济还有一段距离。但在局部上、微观上，我国正实现着信息经济，正迈向知识经济。也就是说，在我国港澳地区、东部沿海发达城市，基本上已实现初步信息经济，且正在完善之中；同时，我国正加大信息产业发展步伐，信息产业是我国目前发展最迅速的产业，并且以国家及各省市建构国家创新体系为契机，也相继建立了数十个高新技术开发区，信息经济在这些地区、某个行业已实现或正实现，是客观不可否认的事实。为确保我国信息经济的进一步发展，尽快变局部微观的信息经济、知识经济为整体宏观的信息经济、知识经济，加强适合我国国情的信息经济、知识经济国家及地方对策与政策研究，及其他政治内容研究，就显得十分必要。

三、知识经济为政治学研究提出众多新课题

如前文所述，知识经济已是国际经济发展的必然趋向，知识社会已是国际社会变革的必然趋势，中国经济和中国社会的发展也是如此。尽管我国社会经济的发展与知识经济、知识社会还有相当长的差距，但我经济社会已经一日千里，知识经济、知识社会成为我国全体人民最宏伟的目标。为了实现这样的目标，为了推进知识经济、知识社会在我国的实现步伐，研究知识经济条件下的政治及政治学，不仅具有现实意义而且具有前瞻性的指导意义。在知识经济条件下，或在知识社会里，在以下十个方面为政治学研究提供重要课题。

（一）国家和地方的 R&D 的政策研究

研究与开发（R&D）是实施知识经济的主要策略，如何具体实施和实行 R&D，各国、各地区、各地方有许多成功经验和失败教训值得我们研究、分析、借鉴、参考，以便我们能据此制定出适合我国国情的国家（包括各地区、各地方）的 R&D 对策和政策。例如，我国目前"国家创新体系"政策出台，就是一个 R&D 政策。

（二）知识资本投资政策研究

知识经济条件下资本投资不同于以往一切经济形式条件下的许多特点，而且知识经济中资本投资（知识资本投资）已成为投资的主流，因此，知识经济下的世界范围内的国家、地方、企业的投资政策的研究不再仅仅是一个经济管理课题，而且更是一个政治学课题；同时，如何利用政治、运作政治为投资政策服务也是有意义的工作。

（三）知识经济下的知识管理研究

知识是一种无形的储存在人的大脑中的资产，或者储存在信息设备（如软件、图书、电脑、光盘等）中的资产，它与有形的物质资产不同，因此，需要有不同于对物质资产的生产和分配的管理艺术、管理方式、管理政策和管理活动。知识管理就是以知识为核心的管理，它需要一个国家、一个地区、一个部门、一个企业对各种知识作连续管理，确保智力资本的源源不断，最大限度地确认和利用已有获得的知识或知识资产满足社会和经济现有及未来的需要，它是一个系统工程。知识管理以信息管理为基础，也是信息管理的发展；知识管理的基本目标和任务是管理好智力资本，运用集体的智慧，提高国家、地区、部门、企业应变和创新的能力。况且，知识管理涉及诸如知识共享责任制定、知识作为产品进行生产、驱动以创新为目的的知识生产、知识专家网络建设、建立和控制知识库、理解与计算知识之价值、利用知识资产等众多以往一切管理形式都未涉及的领域。因此，知识经济下知识管理不再仅仅是一个企业、生产部门的事，不再仅仅是一种微观管理活动，而上升为一种国家、地区的政府管理、知识管理将成为政府部门的重要职能和重要任务，很有可能，将来知识社会中的国家政府将设一个诸如知识管理部（厅、局）之类的政府管理机关，知识管理研究必将成为政治学研究的重要课题。目前我国政府机关中的科委或科技局有知识管理的功能，但是主要针对科学技术知识，而不是所有的知识。

（四）知识经济条件下政府经济职能及作用研究

第二次世界大战以后半个多世纪以来，世界各国经济发展的实践越来越有力地证明，国家和政府在市场作用的机制之中不再仅仅充当一个"管理越少就越好"的"守夜人"角色，而是一个有力的平衡者、规范者和推动者。事实上，进入 20 世纪以来，政府在经济领域的能力和权力一直都在扩大，而社会经济对政府作用的需求也在不断增加，这也是一个不可否认的现实。知识经济条件下，政府要扮演的经济角色是：参与经济资源的直接分配，提供知识生产和发展所需要的大量成本。一方面，知识生产具有投资量大、投资时间长、投资风险大等特征，知识生产是一个基于宏观的综合全社会的系统工程，是个人和企业难以或无法承担；另一方面，知识产品具有明显的外部经济效应（知识极易发生转移，知识的使用价值也易被他人所利用，产生不属于自己的外部价值），是个人和企业不愿意承担的。由此，政府管理经济的职能发生着变化，政府如何调整自己、扮演好自己的角色，充分发挥自己的作用，就值得研究。

（五）知识经济条件下政府权力的研究

政府权力一直是政治学研究的主要课题。知识经济条件下，知识成为社会的价值观，知识的生产、贮存、流通及其管理由于个人和企业不可能或难以承担，赋予了政府对知识的"垄断"的领导与运作，也就是说，知识经济实现以后，知识社会中的政府权力是增大的。单就知识而言，政府是关键性的，具有至上的权力。当然，这并不意味着政府权力是无限的，可包揽知识经济发展之一切。事实上，知识经济条件下，政府权力与效率之间是辩证矛盾关系，政府权力也是有限的，它必须服从于科学与知识发展的内在规律，才能有效地推动知识的进步和知识经济的发展。另外，如何运用权力实现科研资源分配的公平并确保最大效益，政府权力面临的新考验：由于知识生产特有的巨大风险和预测难度，科研资源的分配很难有十分的客观判断标准，这就使得权力运用在这方面带有很大的随意性，随意性可能是高效率、高效益，也可能低效率、低效益。如何把握知识经济条件下政府权力运用的尺度，这是一个值得研究的课题。

（六）世界各国政府如何促进知识经济的研究

已初步进入或接近知识经济社会的国家或地区，在发展信息经济、知识经济方面有许多成功的经验，这其中包括这些国家或地区的政府在政治上、在国家政策上有许多值得分析、研究、借鉴或参考之处，特别是美国、日本、英国及其他欧盟发达国家的成功推进知识经济的政治、政策举措很值得我们研究与分析。

（七）知识经济条件下综合国力竞争研究

知识经济条件下，与自然资源相比，人力资本更能决定一国或地区的竞争力。一个国家或地区的国家竞争力的提高不再明显来于传统的因素（自然、社会方面的），而更多地依靠知识经济为基础的因素。以知识经济为核心的国际竞争将越来越激烈，如何提高科技、教育、金融等行业、企业、组织、部门以及政府的国际竞争力，适时调整自己的经济、政治应对策略，已成为或将成为一个国家的政治学家（政治家）、经济学家、企业家乃至科学家所研究讨论的中心课题。

（八）知识经济条件下政治竞争研究

知识经济条件下，一方面，各国的经济竞争必将越来越激烈，经济的竞争必然导致政治的竞争；另一方面，一切知识（包括政治的知识：政治观点、政治思想、政治方法、政治理论、政治体制等）的流通速度大大加快，流通、传播渠道越来越宽、越来越便捷，这就客观为以政治知识为手段、增加国际政治竞争提供更优越的条件。另外，知识经济条件下地球将越变越"小"，"地球村"的现实，也使政治体制、政治制度的竞争与选择与以往一切社会历史大不相同。以上这些情况，都表明开展国际政治竞争研究的必要性和紧迫性。值得注意的是，在现阶段，知识经济还未在全球整体实现，但人类正快步进入信息经济社会，信息产业的诸多层面（如互联网）为国际政治竞争提供了可能或必然，重视互联网等信息传媒上的政治问题研究，已是迫在眉睫之事，而并非未来之举。

（九）知识经济条件下世界政治格局的研究

事实上，世界政治格局的变化为一些国家由信息经济向知识经济过渡，为一些国家由工业经济向信息经济过渡提供了重要的环境保障。20世纪90年代的东欧巨变和苏联的解体以及海湾高技术局部战争，使各国不论是从政治与军事安全角度，还是从经济与贸易角度都加大以信息技术为基础的高新技术产业开发，客观上促进或加快了信息经济、知识经济的全球化。从另一角度看，信息经济、知识经济将逐步在全球实现，必然对国际政治格局产生深刻的影响，即是说，国际政治格局必将随全球信息经济、知识经济的实现发生变化。对此研究，也将成为政治学研究的重要课题。

（十）信息政治和知识政治的研究

知识经济条件下，信息量、知识量的多少优劣成为衡量一个物质产品和精神产品或有形产品和无形产品的重要标准。政治及政治研究的价值也有可能以它们所使用（运用）蕴涵的信息量、知识量为衡量标准和尺度，这必然导致以涵括巨大信息量、知识量的政治思想、政治方法、政治技术、政治行为、政治认知、政治研究成为可能。当然，另一方面，知识经济条件下，知识爆炸式的增长也使得政治研究、政治学研究更加复杂，政治研究必然是要有超大量的政治信息、政治知识的分析与综合、归纳与概括。

参考文献：

[1] 刘邦凡. 试论知识资本投资 [J]. 南昌高专学报，2000（2）：6-11.

[2] 刘邦凡. 引论知识作为资本投入 [J]. 五邑大学学报（哲学社会科学版），2000（2）：36-39.

[3] 刘邦凡. 论知识经济与素质教育 [J]. 哈尔滨师专学报，2000（3）：107-112.

[4] 王勇. 知识经济对策 [M]. 北京：中国城市出版社，1998：315-329.

[5] 陈禹，谢康. 知识经济的测度理论与方法 [M]. 北京：中国人民大学出版社，1998：197-201.

[6] 黄顺基. 走向知识经济时代 [M]. 北京：中国人民大学出版社，1998：261-263，22-237.

[7] 谢康，陈禹. 知识经济思想的由来与发展 [M]. 北京：中国人民大学出版社，1998：43-50.

[8] 刘邦凡. 论知识货币 [J]. 安庆师范学院学报，1999（6）：14-18.

"彷徨"而"呐喊"

——唐甄反专制君主思想原因探析

宋立顺①

摘要： 面对不断向顶峰发展的专制君权、黑暗腐败的官场以及此起彼伏的农民起义大潮，唐甄倍感彷徨。其"帝王皆贼"的呐喊是那"天崩地裂"的时代里反专制君主思想的最强音，而其最大价值在于打破了儒家传统民本思想中"民本—尊君"的旧模型，构建了"民本—罪君"的新模型。

关键词： 唐甄 反专制君主 罪君

唐甄（1630—1704），初名大陶，字铸万，后更名曰甄，号圃亭，清顺治十四年举人，曾仕山西潞安府长子县知县，因与上级意见不合，十个月即被革职，几乎一生蹉跎，自称下士，"貌朴而言讷"[1]，"困于远游，厄于人事"[2]。后侨居吴地，"志于学"，"勤于读诵，笃于筹策。鸡鸣而兴，夜分而寝"[3]，集三十年心血写成《潜书》。全书共分上下两篇，各篇具体年代不详，"细绎此书，下篇谈政治，成书年代较早；上篇讲学术，成书年代较晚"[4]。书中唐甄继承了儒家学者心忧天下的传统，"上观天道，下察人事，远正古今，近度今宜，根于心而致之行，如在其位而谋其政"[5]。刊刻之后，时人多称颂。江南督学使者张廷枢序《潜书》文中称："宁都魏叔子见之，称为汉唐以来所未有；宣城梅定九亦以为周秦而后仅见之作。余闻其言，异之披阅既讫，不禁掩卷而叹也……本其自得于心者，畅所欲言，无艰难劳苦之态，而与大道适。殆必传于后无疑，而不必忧其覆瓿且弃于路也。"[6]潘耒称唐甄其人"赋资英果，制行高洁"[7]，其文"非今人之文也！今人惟无立言之本，故专求工于枝叶；此则直披胸怀，不假绳削，而气充词达，高下咸宜……皆人所不及见，不敢言者，先生独灼见而昌言之"[8]。杨宾《唐铸万文集序》言："其文如五金之入洪炉，非一宝之光怪；百川之汇沧海，非一水之波澜。混混乎莫知其源，浩浩乎莫测其深且大而何所底止。"[9]而近代梁启超、章炳麟于其文评价虽不及上述诸子之"溢美"，但仍给予肯定。

统观《潜书》全文，其批判专制君主之思想尤其令人印象深刻。若究其因，是为有明一代发展到极致的专制君权而彷徨；是为明清官场之黑暗、官吏之腐败而彷徨；是为明末百姓遍地饿殍、农民起义以摧枯拉朽之势破明致崇祯帝自尽而彷徨。他清楚地看到这林林总总之祸乱分明源自君主，以致不分"黑白"地呐喊到"自秦以来，凡为帝王者皆贼也"[10]。其呐喊于其时振聋发聩，使人耳目一新。正是源于他对专制君主[而不是君主专制，本文认为，对于政治制度内政治权力的拥有者和执行者的批评、谩骂，并不等于是对政治制度本身的否定。唐甄所批评的是封建君主专制制度内专制的君主，而不是否定君主的专制即封建君主专制制度。对于权力拥有者和执行者的批评最终目的市为了维护政治制度不至于走向崩溃，在他的思想意识中封建君主专制制度本身的设计是没有问题的，只是运行中出现了偏差，因此只要

---

① 作者简介：宋立顺（1988—　），男，河北省保定市人，汉族，吉林大学行政学院硕士研究生，研究方向：中国政治思想史。

纠正这些偏差，使制度运行回到正轨（唐甄向往尧舜之治），良好的政治秩序依然能够重构并维持。以顾炎武、黄宗羲、唐甄等人所代表的明末清初政治反思思潮，与近代民主思潮的最大区别在于，明末清初政治反思思潮主观上并不是为了摧毁封建君主专制制度，更主要的是封建士大夫们自我救赎式的为封建君主专制制度寻找"救命稻草"。而近代民主思潮，不管是改良派的君主立宪还是革命派的共和国思想，在主观目的上都是要打破封建君主专制制度的枷锁，为未来理想的政治秩序及良善的公共生活寻求制度突破]做了有史以来最猛烈的批判，突破了儒家传统民本思想中"民本—尊君"的旧模型，构建了"民本—罪君"的新模型[11]，这种超越为近代资产阶级民主主义者提供了思想批判的武器，但又绝非近代民主或民权思想，冯天瑜先生称为"新民本"。

一

　　诗经云："风雨如晦，鸡鸣不已。"[12] 刘勰说："文变染乎世情，兴废系乎时序。"[13] 唐甄自己讲《潜书》著述目的时亦说："不忧世之不我知，而伤天下之民不遂其生。郁结于中，不可以己，发而为言。有见则言，有闻则言。"[14] 正是对社会现实的愤懑与彷徨，唐甄才喊出了时代最强音。

　　有明一代，统治者不断强化专制君权。太祖朱元璋利用"胡惟庸案"之机，废宰相，直领六部，集权于一身；又创"廷杖"制度，改变了"刑不上大夫"之传统，君尊臣卑，地位极其悬殊。成祖朱棣及其后继者竞相效尤，相继设立锦衣卫、东厂、西厂等特务机构，以监视百官，镇压百姓。在这种皇权绝对专制的统治下，不仅臣不敢谏，百姓更是道路以目。然而物极必反，明朝统治者终于作茧自缚，落得个孤树上吊的下场。唐甄为此痛心疾首，并明确指出责任在君不在臣："破家亡国，流毒无穷孰为之而孰主之？非君其谁乎？世之俗儒，拘于君臣之分，溺于忠孝之论，厚责其臣而薄责其君。彼乌知天下之治，非臣能治之也；天下之乱，非臣能乱之也……治乱在君，于臣何有！"[15]"治天下者惟君，乱天下者惟君。治乱非他人所能为也，君也。"[16]

　　清军入关后，建立在"扬州十日"、"江阴三日"、"嘉定三屠"之血腥与枯骨基础上的政权，以及比之明朝有过之无不及的专制君权，不得不使唐甄感到愤懑与彷徨。他尖锐地指出："自二千年以来，时际多命，盗贼杀其半，帝王杀其半。百姓之死于兵者，不可胜道矣。有帝王者出，岂不号为义兵者哉！而不免与杀者五：诱降而杀，受降而杀，掠其刍粮而杀，冒上首功而杀，忿其城之不下而杀，五杀之恶，莫大于屠城。"[17]"过里而墟其里，过市而窜其市，入城而屠其城。"[18] 并且"非屠府县百十城，杀无辜数千百万人，绝烟火，绝鸡犬之声千百里者，不可以得天下"[19]。唐甄借数西汉高祖刘邦、东汉光武帝刘秀戮邑屠城之罪，暗骂清军之屠扬州、江阴、嘉定，只是未便点穿。争天下、保天下之时君主如此，夺得天下之后呢？"天下既定……暴骨未收，哭声未绝，目眦未干，于是乃服衮冕，乘法驾，坐前殿，受朝贺，高宫室，广苑囿，以贵其妻妾，以肥其子孙。"[20] 帝王何其贪，何其私，何其不仁也！

　　于是唐甄大声疾呼到："自秦以来，凡为帝王者皆贼也。"原因何在？他论证道："大将杀人，非大将杀之，天子实杀之；偏将杀人，非偏将杀之，天子实杀之；卒伍杀人，非卒伍杀之，天子实杀之；官吏杀人，非官吏杀之，天子实杀之；杀人者众手，实天子为之大手。"[21] 唐甄将杀人主犯归之于天子，而非大将、偏将、卒伍、官吏，见解何其独到而深刻！帝王杀人的事实已经得到"证明"，为何将帝王称为贼呢？因为"杀一人而取其匹布斗粟，犹谓之贼；杀天下之人而尽有其布粟之富，而反不谓之贼乎"[22]。唐甄对这些作为民贼的帝王可谓痛恨至极，甚至希望上帝赋予其治狱之权，来审判这些帝王，无奈只是意淫。

二

明朝宦官专权、官场腐败黑暗，清朝取而代之情况并未有所改观，清朝官场之腐朽唐甄更是有切身体会。唐甄指出，官吏贪赃枉法实为祸国殃民之举，"天下之六害莫如贪，盖十百于重赋焉……彼为吏者，星列于天下，日夜猎人之财，所获既多，则有陵己者负箧而去……夫盗不尽人，寇不尽世，而民之毒于贪吏者，无所逃于天地之间。是以数十年以来，富室空虚，中产沦亡，穷民无所为赖，妻去其夫，子去其父，常叹其生之不犬马若也"[23]。真是盗寇易躲，贪官难防，贪官猛于盗寇也！而且"上猎其一，下攘其十"[24]，使广大人民倾家荡产，生活状况甚至不如畜生，何其悲哉！这些贪官污吏不仅盘剥人民，而且结党营私，败坏政事，"以私以贿，上下相援，以虐为能，以贪为良……陷入夺位，援党助己，倾害之术，巧于仪、秦……能使黑白变行，功罪异状"[25]。唐甄对封建官僚政治的腐败黑暗的揭露是相当深刻的，但在"帝王皆贼"的时代，群吏亦难免皆"狐、鼠、豺、狼"。唐甄本倡德治反对刑治，但他特别要求对贪污官吏严加惩办，不但对"狐鼠之官"、"豺狼之官"施以刑罚，而且对包庇、重用"狐鼠、豺狼"的高级官吏，亦要重刑惩处。可贵之处在于，唐甄亦认识到封建帝王才是罪魁祸首，他大声疾呼："治天下者惟君，乱天下者惟君。治乱非他人所能为也，君也。"他要求君主承担责任，以身作则，改变作风。唐甄的揭露虽然深刻，改革主张虽然中肯，但在封建末世，有哪个统治者听得进去呢？几千年的封建官僚政治遗毒，治了千年，也横行了千年！

三

李自成、张献忠领导的农民起义以摧枯拉朽之势破明，亦对唐甄思想产生了巨大冲击。法国政治思想家托克维尔曾说："对于一个坏政府来说，最危险的时刻通常就是它开始改革的时刻。"[26] 明末，政府机构的改革成为将李自成"逼上梁山"的导火索，之后全国各地农民揭竿而起，明朝百年基业不存。唐甄描述李自成及其起义军时亦说："李自成虽尝败散，数十万之众，旬日力致，是故陕民之谣有曰：'挨肩膊，等闯王，闯王来，三年不上粮。'民之归也如是，盖四海困穷之时，君为仇敌，贼为父母矣。"[27]大厦将倾"蝼蚁之力"尚惧，何况数十万"旬日力致"的农民起义军呢。四海困穷之时，可怜君犹不如贼！究其原因，唐甄认为："兵残政虐，重以天灾，民无所逃命，群盗得资之以为乱。"[28]"将卒无忌，诛焚劫毒于盗贼；百姓畏兵如虎狼，望贼如汤武。"[29] 同样，唐甄认为天子不明不仁是导致农民叛乱的罪魁祸首，不明不仁的君主也不配拥有天下："将卒杀人，人主不知，谓之不明；知而不问，谓之不仁。不明不仁，不可以为天下主？"[30] 唐甄的呐喊，在那"天崩地裂"的时代可谓惊天地泣鬼神，"反动性"一目了然。他对明末清初种种"非常"现象的认识是极其深刻的，提出专制君主是王朝覆灭、官场黑暗、农民造反的根源，他对专制君主的批判亦相当入骨。虽然唐甄并未循此逻辑提出废除封建君主专制制度的主张，但他反专制君主的思想仍然突破了儒家传统民本思想中"民本—尊君"的旧模型，构建了"民本—罪君"的新模型，这是其反专制君主思想的最大价值所在。

参考文献：

[1] 潜书·潜存.

[2] 潜书·潜存.

[3] 潜书·潜存.

[4] 侯外庐.中国思想通史（第五卷）[M].北京：人民出版社，2011：177.

[5] 潜书·潜存.

[6] 潜书·张序.

[7] 潜书·潘序.

[8] 潜书·潜存.

[9] 唐甄撰，注释组注.潜书注·唐铸万文集序[M].成都：四川人民出版社，1984：569.

[10] 潜书·室语.

[11] 冯天瑜，谢贵安.解构专制：明末清初"新民本"思想研究[M].武汉：湖北人民出版社，2003.

[12] 周振甫.诗经译注[M].北京：中华书局，2002：127.

[13] 黄霖.文心雕龙汇评[M].上海：上海古籍出版社，2005：148.

[14] 潜书·潜存.

[15] 潜书·远谏.

[16] 潜书·鲜君.

[17] 潜书·仁师.

[18] 潜书·室语.

[19] 潜书·仁师.

[20] 潜书·室语.

[21] 潜书·室语.

[22] 潜书·室语.

[23] 潜书·富民.

[24] 潜书·富民.

[25] 潜书·用贤.

[26] [法]托克维尔.旧制度与大革命[M].冯棠译.北京：商务印书馆，1997：210.

[27] 潜书·明鉴.

[28] 潜书·明鉴.

[29] 潜书·任相.

[30] 潜书·仁师.

文化领导权与文化自觉

——对《在延安文艺座谈会上的讲话》的解读

王炳尧　李鹏昊[①]

摘要：《在延安文艺座谈会上的讲话》是毛泽东文艺思想的代表作，延安时期中国共产党人以高度的文化自觉，通过知识分子有机化的过程获取了文化领导权，从而为革命胜利和中国共产党执政奠定了坚实的基础，同时也对中国共产党当前把握社会主义文化领导权、捍卫国家文化安全具有重要启示。

关键词： 文化领导权　文化自觉　《在延安文艺座谈会上的讲话》

一、"文化领导权"理论与文化自觉的含义

"文化领导权"理论是由西方马克思主义者、意大利共产党领袖安东尼奥·葛兰西提出的，是指在市民社会中，一个社会集团在文化、伦理、意识形态上的领导权。[1]葛兰西在监狱中通过反思欧洲共产主义运动，分析西方资本主义社会的政治现实，得出的结论是：资产阶级正是因为掌握了文化的领导权，才获得了维护和巩固其政权的合法性，因此，共产主义运动要取得成功，也就必须夺取文化领导权。[2]

"文化自觉"这个词，近几年在学术界应用很多，并且历史研究者、社会研究者、政治研究者、文化研究者对这个词的理解和阐释也各不相同。"文化自觉"的概念最初是由中国的社会学家费孝通先生首先提出的，是指生活在一定文化中的人对其文化有"自知之明"，明白它的来历、形成过程、所具的特色和它的发展趋向，不带任何"文化回归"的意思。不是要"复旧"，同时也不主张"全盘西化"或"全盘他化"。[3]2010年云杉在《红旗文稿》上发表了题为《文化自觉 文化自信 文化自强——对繁荣发展中国特色社会主义文化的思考》的文章，从发展中国特色社会主义文化的角度对"文化自觉"做了更加明确而深刻的定义和解读。刘云山指出文化自觉是一个民族、一个政党在文化上的觉悟和觉醒，包括对文化在历史进步中的地位作用的深刻认识，对文化发展规律的正确把握，对发展文化历史责任的主动担当。[4]本文中的"文化自觉"主要采用这一层意思。

通过字面意思，我们不难看出，文化自觉首先是文化主体对文化的一种觉醒、觉悟、认识和把握，是一种初级的状态。文化领导权，是一种"权"，是一种需要争取并最终为某个利益集团所拥有和掌握的东西，是一种成果。但是获取文化领导权，需要一个长期的循序渐进的过程，这个过程的开始就是一个利益集团对于自身文化的自觉。而利益集团对于自身文化的自觉也不是一成不变的，这种认识和觉悟会随着自身发展的阶段而变化，与时俱进。对于中国共产党来说，夺取文化领导权以其对文化的自觉为基础和前提，文化自觉的结果是最终获取文化领导权并长期掌握。

[①] 作者简介：王炳尧（1988— ），女，河北省玉田县人，燕山大学马克思主义学院硕士研究生，主要研究思想政治教育；李鹏昊（1981— ），女，黑龙江省大庆市人，燕山大学马克思主义学院硕士研究生，主要研究思想政治教育。

二、对《在延安文艺座谈会上的讲话》的解读

《在延安文艺座谈会上的讲话》（以下简称"《讲话》"），发表于 1942 年 5 月，是毛泽东文艺思想的代表作，它所体现的文化观点不仅在当时的历史条件下产生了巨大影响，而且一直到现在都给予我们重要的启示。通过详细分析和解读《讲话》的内容，我们不难发现，在抗日战争时期，尤其是在延安时期，以毛泽东同志为代表的中国共产党人保持着高度的文化自觉，通过吸收和改造广大知识分子来教育和武装根据地的工农兵，提高工农兵的文化素养，同时也在实践中充实和完善知识分子本身，从而为中国共产党夺取文化领导权夯实了基础、铺平了道路。

葛兰西认为，夺取文化领导权的途径是以有机知识分子为中介，通过阵地战对人民群众进行教育，毛泽东在《讲话》中渗透的想法与葛兰西的这一论断是一致的。毛泽东在《讲话》中指出：要改造小资产阶级知识分子的阶级属性，使其为无产阶级革命服务，为人民大众服务。这种"改造"实际上就是一个知识分子有机化的过程，知识分子有机化，就是造就与主流意识形态相协调、在意识形态建构中起积极作用的知识分子，使其为本阶级服务。

但是，在中国共产党成立之初，党内是以非工农阶级知识分子思想为主流的，知识分子具有很强的资产阶级精英化色彩，之后由于以陈独秀为代表的一批"代表小资产阶级"的知识分子犯了右倾机会主义错误，给党的工作造成巨大损失，知识分子在党内逐渐遭到批评和排斥。而且，在土地革命时期，军事工作是革命的中心工作，这就使得知识分子在党内逐渐边缘化，并且国民党统治区内的革命文艺斗争也处于孤立状态。在当时，像郭沫若、周扬等很多文艺家，口头上是共产主义者，但在实际上并没有完全理解共产主义和无产阶级的概念，因此他们的文艺作品充满着精英性、空想性和抽象性。鉴于此，毛泽东在 1939 年纪念"五四"运动二十周年的讲话中指出："知识分子如果不和工农民众相结合，则将一事无成。革命的或不革命的或反革命的知识分子的最后分界，看其是否愿意并且实行和工农民众相结合。他们的最后分界仅仅在这一点，而不在乎口讲什么三民主义或马克思主义。真正的革命者必定是愿意并且实行和工农民众相结合的。"[5] 这就为毛泽东在《讲话》中提出文艺为工农兵服务、文艺家深入群众向工农兵学习的观点奠定了理论基础。

为了召开延安文艺座谈会，毛泽东不仅进行了深入的调查研究工作，而且同大批文艺家进行了恳切的谈话或者信件上的沟通。在《讲话》的引言中，毛泽东提出了文武两条战线，并且通过引用列宁的观点论证了文化战线的必要性和重要性，这就为大量吸收知识分子提供了逻辑基础。[6] 接下来通过辩证地分析和解决文艺工作中文艺工作者的立场问题、态度问题、工作对象问题、工作问题和学习问题这五大问题，就明确地提出了知识分子的改造办法、革命文艺工作者的学习和工作方法以及革命文艺工作者如何对人民进行教育的方法。从影响上看，《讲话》在文化方面整合了革命队伍，净化了革命文艺工作者的思想，这就使知识分子有机化的塑造过程跃进了一大步，从而在决定意义上完成了建立中国共产党文化领导权的关键一步。

正是因为以毛泽东为代表的中国共产党人在长期的革命实践过程中积累了丰富的经验，认清了文化在革命运动中的地位，掌握了文化发展的规律，才使得文化战线发展壮大，为革命胜利做出了巨大贡献，并且对中国共产党执政以来中国的文化发展道路指明了方向。所以，文化自觉是一个政党、一个民族崛起的必备的素质和任务，只有有了充分的文化自觉，才能有对于本党、本民族的文化的自信，从而做到文化的自强，最终就是取得并且长期掌握文化领导权。[7]

三、《在延安文艺座谈会上的讲话》的文化观对当今中国共产党的启示

葛兰西指出，一个社会集团在最终成了统治者以后即使该集团牢牢地掌握了政权也必须继续以往的领导。所以，工人阶级无论是在革命斗争阶段还是在长期的执政阶段都要把社会主义文化领导权的问题放在重要位置。对于中国共产党来说，国家政权来之不易，因此在长期执政过程中，必须牢牢把握社会主义文化领导权，不仅要警惕西方的"和平演变"的战略和依托强势文化的文化霸权对社会主义的强势攻击，还要坚决抵制资产阶级自由化和其落后腐朽的文化在中国的滋生和蔓延。文化领导权问题与当代社会主义事业命运攸关，中国共产党只有保持高度的文化自觉，与时俱进，构建一个科学的社会主义文化领导权的运作机制，才能有效地抵御西方文化霸权、捍卫中国的文化安全。

参考文献：

[1] [意] 葛兰西．葛兰西文选（1916—1935）[M].北京：人民出版社，1992：421.

[2] 任洁．葛兰西的文化领导权思想研究 [J].东岳论丛，2008（3）.

[3] 云杉．文化自觉 文化自信 文化自强——对繁荣发展中国特色社会主义文化的思考(上)[J].红旗文稿，2010(15).

[4] 费孝通．文化与文化自觉 [M].北京：群言出版社，2010：195.

[5] 毛泽东选集（第二卷）[M].北京：人民出版社，1991：559—560.

[6] 费虹寰．毛泽东《在延安文艺座谈会上的讲话》与"文化领导权"问题 [J].党的文献，2011（6）.

[7] 刘邦凡．论历史分析、文化诠释与比较哲学 [J].世界哲学，2008（3）：90-93.

豫剧传承模式：戏曲类高校与河南省豫剧界专家
合作培养豫剧人才模式探讨

——以中国戏曲学院 2009 级豫剧本科班的培养成效为例

冯 波 ①

摘要： 优秀非物质文化遗产的传承在当代中国文化事业发展中居于重要地位。优秀非物质文化遗产的价值和保护能够在社会上形成高度共识，因为这直接关系到国家文化软实力的建设，但是优秀非物质文化遗产保护和传承的模式则是摆在相关学术界和业界的一大难题。豫剧作为我国传统优秀非物质文化遗产的组成部分，其保护和传承对于我国优秀传统文化的弘扬、社会主义文化建设意义重大。本文通过参与观察、访谈调查、文献法等方法，研究中国戏曲学院 2009 年首创的高校和业界专家联合培养豫剧人才的模式，发现这种模式对于豫剧的传承有明显的正功能，取得了可喜的成果，是值得推广的一种非物质文化遗产的传承模式。

关键词： 非物质文化遗产 豫剧 豫剧专家 中国戏曲学院 豫剧人才培养模式

文化是一个国家的软实力、民族的血脉、人民的精神家园，在中国特色社会主义建设中占有举足轻重的地位。2011 年 10 月 15—18 日在北京举行的中国共产党第十七届中央委员会第六次全体会议审议通过的《中共中央关于深化文化体制改革、推动社会主义文化大发展大繁荣若干重大问题的决定》指出："推动社会主义文化大发展大繁荣，进一步兴起社会主义文化建设新高潮，对夺取全面建设小康社会新胜利、开创中国特色社会主义事业新局面、实现中华民族伟大复兴具有重大而深远的意义。""文化建设是中国特色社会主义事业总体布局的重要组成部分。没有文化的积极引领，没有人民精神世界的极大丰富，没有全民族精神力量的充分发挥，一个国家、一个民族不可能屹立于世界民族之林。物质贫乏不是社会主义，精神空虚也不是社会主义。没有社会主义文化繁荣发展，就没有社会主义现代化。在新的历史起点上深化文化体制改革、推动社会主义文化大发展大繁荣，关系实现全面建设小康社会奋斗目标，关系坚持和发展中国特色社会主义，关系实现中华民族伟大复兴。我们要准确把握我国经济社会发展新要求，准确把握当今时代文化发展新趋势，准确把握各族人民精神文化生活新期待，增强责任感和紧迫感，解放思想，转变观念，抓住机遇，乘势而上，在全面建设小康社会进程中、在科学发展道路上奋力开创社

---

① 作者简介：冯波，1988 年毕业于北京大学哲学系，获硕士学位。1994 年 1 月起就职于北京广播学院（2004 年起学校更名为"中国传媒大学"），2005 年 12 月晋升为教授，2007 年起担任硕士生导师。2003 年起，因工作需要，负责社会学专业的整体工作。现为中国传媒大学社会学系主任、政治学理论专业政治与社会管理方向硕士生导师，教学、科研领域以宗教社会学、文化人类学、政治社会学、组织社会学为主，社会兼职为中国社会学学会、北京市社会学学会理事。主要研究成果包括《传媒社会学》（北京师范大学出版社 2009 年版）、《应用社会学专题研究》（中国传媒大学出版社 2007 年版）和数十篇包括社会管理、社会建设方面内容的学术论文。曾经承担过两项省部级科研项目和若干项校级项目，参与若干项省部级科研项目的研究。

会主义文化建设新局面。"这一"决定"还对"建设优秀传统文化传承体系"做了明确要求："优秀传统文化凝聚着中华民族自强不息的精神追求和历久弥新的精神财富，是发展社会主义先进文化的深厚基础，是建设中华民族共有精神家园的重要支撑。要全面认识祖国传统文化，取其精华、去其糟粕，古为今用、推陈出新，坚持保护利用、普及弘扬并重，加强对优秀传统文化思想价值的挖掘和阐发，维护民族文化基本元素，使优秀传统文化成为新时代鼓舞人民前进的精神力量……发挥国民教育在文化传承创新中的基础性作用，增加优秀传统文化课程内容，加强优秀传统文化教学研究基地建设。"

上述"决定"为豫剧的传承和弘扬提供了宏观的国家大政方针方面的环境、背景。文化中的优秀非物质文化遗产是传统文化的重要组成部分，在当代中国文化事业发展中居于重要地位。优秀非物质文化遗产的价值和保护是在社会上获得高度共识的文化建设导向之一。"豫剧"，原名"河南梆子"，是我国的一大剧种，拥有广泛的群众基础。有关豫剧的文字记载至今已有两千余年的历史，清代末年，它已唱响了河南全省的腹心地域。一个世纪内，在河南戏剧发展道路上留下了一座座历史的丰碑。到 20 世纪 80 年代中期，豫剧从演出团体、从业人数、观众数量等诸多方面跃居全国 300 多个地方剧种之首。在这期间河南走出过常香玉、陈素真、崔兰田、马金凤、阎立品代表五大风格流派的戏曲大师，并且他们的曲目至今在大街小巷广为传唱。[1]豫剧作为优秀非物质文化遗产，作为在河南拥有广泛受众的传统戏剧，作为具有中原特质的文化符号，是应该被重视和弘扬的中华民族的传统民族文化基本元素之一。包括豫剧在内的传统戏曲在中国的传统社会中有着不可替代的教化功能。在中国古代，读书人不多，不足百分之一二。在这种情况下，话本、戏曲有效地发挥了教化功能，使中国社会维持一种良好的社会秩序。地方戏曲生于乡野、演于民间，在愉悦观众心灵的同时，自古就凝聚着底层社会的道德伦理和价值取向。才子佳人、帝王将相是中国传统戏曲千年不变的母题，戏文演绎的儿女情长、家国关怀寄托了老百姓对正邪忠奸、善恶美丑的集体判断，这是中国戏曲特有的泥土气息和教化功能。

但是豫剧在当代社会的传承状况并不乐观，这使得豫剧的传承具有紧迫性。"据了解，目前河南豫剧正处于青黄不接，场面比较尴尬的地步。'我们现在在台上的顶梁柱都是像我年纪将近 50 岁的了，世界很大，年轻人都在追寻这自己的梦，戏曲演员工作很辛苦，东奔西走再加上工资比较低，很多人都不愿意依靠唱戏来谋生'国家一级演员陈利珉告诉记者。'戏比天大，戏就是我们的魂，是我们的生命，豫剧是河南的文化符号之一，我们戏曲人应该排出好的作品，把河南的亮点发扬光大，让更多的人了解河南，为中原经济区的建设做出我的微薄之力'，汪荃珍告诉记者。"[2]

豫剧的传承在当代中国社会有必要性和紧迫性，但是接下来的问题是：怎么办？有没有好的传承模式？这种传承模式是否具有推广价值？这是本文的研究目的。

2013 年 6 月 15 日晚上，应中国戏曲学院音乐系李晓天老师的邀请，我在北京长安大戏院观看了一场精彩的豫剧表演，该场演出是中国戏曲学院 2009 级豫剧本科班的毕业演出。演出结束后，带着对节目的赞赏，我在网上查阅资料，反推了该班的产生和成长历程，发现了中国戏曲学院与河南豫剧界专家联合培养豫剧人才、传承优秀豫剧传统、血脉的模式。接着，我于 2013 年 6 月 16 日上午又通过电话向李晓天老师访谈了一些相关问题。上述参与观察、访谈调查之外，结合 6 月 15 日观看演出时所获得的《青春国戏》宣传手册和中国戏曲学院网站上关于 2009 级豫剧班的内容，本文有以下研究发现。

一、中国戏曲学院 2009 级豫剧本科班的招生

中国戏曲学院长期以来以京剧教学为主。近年来，该学院以弘扬传统文化、提升国家软实力的国家文化建设方略为契机，本着传承中国传统戏剧艺术的责任感和使命感，为了使不少地方剧种由于缺乏后继人才、面临着失传的危机中走出来，从 2008 年开始招收多剧种专业本科班。2008 年，招收了多剧种

专业的第一个本科班——曲剧班①。2009年招收了豫剧班，2009级豫剧班本科班，是中国戏曲学院多剧种办学以来第一个京外多剧种班。关于多剧种本科班开办的意义，中国戏曲学院有如下的解释："在包括戏曲艺术在内的中国传统文化艺术整体受到当代多元文化冲击的今天，相比起京、昆大剧种受到的重视和扶持，各种地方戏曲的生存和发展状况更为艰难。不少地方剧种由于缺乏后继人才，面临着失传的危机。然而，这些有着鲜明艺术特色和文化底蕴的地方剧种，无不凝聚着中国优秀传统文化和民众智慧，怎能让它们就这样湮没或消失于历史当中？正是基于这样的危机意识，中国戏曲学院开创了'多剧种办学'的新教学模式，为地方剧种培养了高等艺术人才。"[3] 在河南，豫剧是最受观众欢迎的戏曲剧种。开设豫剧班可以满足河南广大受众对豫剧的欣赏需求，使豫剧艺术得以传承和发扬光大。

2009年，中国戏曲学院首届豫剧表演专业本科班学员历经层层选拔、从100余名报考者中脱颖而出。豫剧本科班招生的主要对象是全国艺术中专的毕业生、各剧团的青年演员。这批学生与普通招收的由高中直接考上大学的大学生不同，他们多是有豫剧学习和表演经历的，有的来自于河南的几个豫剧团。年龄最大的郭青峰34岁，已从事多年豫剧表演工作；年龄最小的郭晓鹏17岁，刚刚走出河南职业艺术学院的校门。豫剧表演专业按照豫剧行当招生，器乐演奏专业根据豫剧伴奏特色招生。为了办好首届豫剧本科班，中国戏曲学院给予豫剧本科班学生免交学费的政策。

中原网对该班的开班做了如下报道：中国戏曲学院2009级豫剧本科班正式开班，24名来自全国各地的莘莘学子满怀喜悦之情，踌躇满志地踏进了中国戏曲最高学府。这也标志着河南地方戏——豫剧教育从此改变了过去师徒之间口传心授的模式，在高校讲台上开始了她的现代化高等教育……中国戏曲学院曾举办过多届汇聚全国最优秀青年演员的中国京剧优秀青年研究生班，开辟了戏曲高层次表演人才培养的新途径，但地方戏演员进入中国戏曲学院往往编入京昆班学习。鉴于豫剧在全国的影响力，中国戏曲学院今年首次招收了豫剧表演专业本科生20名和豫剧器乐演奏专业本科生4名。所有考生通过网上报名、专业考试和2009年普通高等学校招生文化考试后，才有机会走进豫剧本科班，毕业后拿到本科文凭。[4]

北京市为弘扬民族优秀传统文化艺术，大力扶持戏曲艺术教育，自2009年起，针对戏曲传统专业，出台了减免戏曲表演及器乐专业学费的优惠政策，豫剧本科班也享同等待遇。豫剧班的招生工作得到了河南省文化厅、豫剧团的支持和配合。

2008年9月，获悉中国戏曲学院有意在全国招收多剧种校外班的消息之后，河南省豫剧二团团长李树建和党支部书记丁建英立即做出反应，觉得这是提高戏曲演员文化素质和专业素质、为戏曲事业储备人才的绝好机会。他们马上进京找中国戏曲学院领导进行协商。初次商谈，他们感觉中国戏曲学院的多剧种校外班要求条件较苛刻，招生工作很难开展。经过缜密思考，他们向中国戏曲学院领导提出了联合创办豫剧本科班的建议和可行性运作方案。中国戏曲学院领导对此十分重视，马上派出专家来河南调研，随后展开招生工作。当时高考报名已接近尾声，好多有培养前途的好演员报不上名。省豫剧二团领导多次到省教育厅和高招办做协调工作，使招生工作得以顺利进行。经过努力，省豫剧二团有5名青年演员顺利考上了中国戏曲学院首届豫剧本科班。豫剧二团领导为了解除考生的后顾之忧，让他们安心求学，针对他们5个人还专门制定了优惠政策：一是保留他们的户口，二是上学期间工资照发，并召开全团大会为他们送行。这五位同志感动地说：团领导和同志们对我们这么照顾，毕业以后，我们一定回来，用我们所学的知识为二团再创辉煌，为豫剧事业的传承和发展奉献我们的一生。[5]

---

① 和老舍先生有着不解之缘的北京曲剧，是北京土生土长的地方剧种，有着浓厚的北京味儿；北京曲剧团则是全国屈指可数的单一剧种、单一剧团。为了传承曲剧艺术，培养曲剧人才，中国戏曲学院和北京曲剧团联合办学，2008年曲剧表演班成为中国戏曲学院"多剧种办学"模式下的第一个教学班。学员只要顺利拿到毕业证和学位证，即可全部进入北京曲剧团工作。剧团还会采取各种方式，增加年轻演员演出实践机会，提高演员福利待遇，增强年轻演员的凝聚力。

二、中国戏曲学院 2009 级豫剧本科班的人才培养模式

豫剧本科班所在的中国戏曲学院表演系是该学院最具特色的教学机构之一，该系在昆曲教学基础上，以地方剧办学为主体，依照"教学、科研、创作、实践四位一体"的国戏人才培养模式，结合本科和研究生教育，肩负着面向全国培养高素质的应用型戏曲表演、戏曲器乐伴奏、戏曲形体教室及舞蹈人才的任务。表演系的办学理念是：立足首都、面向全国、依托地方、服务地方。本科教育层次主要培养昆曲表演、地方剧表演、戏曲形体教育、地方剧音乐伴奏及舞蹈专业人才。

为办好豫剧本科班，中国戏曲学院表演系专门成立了多剧种教研室，针对豫剧的特色，制定了严谨的、科学的、教学和实践相结合的、以人才导向为目标的培养方案和教学计划。教学内容方面，在学习经典豫剧剧目同时，还系统地学习了大量京昆剧目。在师资方面，聘请豫剧界著名表演艺术家、演奏家、艺校名师任教，将校内和校外优秀师资充分整合，特聘豫剧大师马金凤为名誉教授，张宝英、贾廷聚、王希玲、王清芬、冯炳恒、荆桦等豫剧表演艺术家、理论家等为客座教授，李金鸿、李维康、刘长瑜、李玉芙、李树建等京剧、豫剧名师担纲主讲教师。

豫剧班的办学形式是校内教学和校外实践基地教学相结合。在实践教学资源开发方面，中国戏曲学院与河南省豫剧二团共建了教学实践基地，为为豫剧本科班的实践演出提供了舞台，也提高了学员舞台实践能力。中国戏曲学院副院长周龙在谈到与剧种所属地文化、教育、艺术机构合作办学思路时说："'多剧种办学'的目的是为各地方剧种培养接班人，传承中华民族优秀传统文化。我们强调在办学中一定要保持地方特色，创新我们的培养模式非常重要。这就需要与剧种所属当地的文化、教育、艺术机构紧密联合，在一些院校、院团建立生源基地、教学实践基地，把部分教学环节放到基地完成，通过这样的模式，既保证了生源的数量和质量，又保证了地方剧种的艺术特色。"[6] 此外，中国戏曲学院的地方剧种教学实践改革项目还申请到一笔北京市科研项目经费的支持，豫剧班的毕业演出场地费用等花销就出自这笔经费，这也体现出北京市对地方剧种的大力支持。

三、中国戏曲学院 2009 级豫剧本科班的成效

中国戏曲学院首届豫剧本科班今年迎来了收获时节，人才培养的成效卓著。该班同学曾代表学院、系承担了多项重大演出任务，如学院六十周年校庆"多剧种"折子戏专场、"亚太戏剧院校戏剧节"、京剧音乐史诗《长征组歌》、"心舞飞扬"2011 北京艺术院校成果展演"等演出活动。该班有 40 余人在全国各类戏剧、戏曲大赛中获得国家级、省部级奖。例如，该班国家二级演员、著名豫剧表演艺术家马金凤的弟子、豫剧阎派传人刘雯卉 2012 年荣获第 26 届中国戏剧梅花奖①、中央电视台全国豫剧青年演员"十佳优胜奖"、"商丘杯"河南省第五届黄河戏剧节表演一等奖，2011 年荣获河南省第十二届戏剧大赛文华表演一等奖、河南省广播电台"优秀十佳青年演员"奖。吕军帅 2012 年 5 月拜著名豫剧表演艺术家贾文龙先生为师，曾荣获河南省曲剧大赛二等奖、第二届中国曲剧艺术节"十大新秀"提名、中央电视台戏曲频道举办的全国豫剧青年演员电视选拔活动"一战成功"十佳优胜奖。吴素真曾荣获第九届香玉杯艺术奖第一名，河南省第三、五、六届青年演员戏曲大赛一等奖。2013 年 6 月 15 日晚上，她主演的《断桥》是压轴戏，她的唱功、念功俱佳，把白娘子对许仙的怨怼和爱惜表现得淋漓尽致，赢得了现场观众多次热烈的掌声。《抬花轿·梳妆》、《西厢记·书馆》、《活捉三郎》、《蝴蝶杯·藏舟》、

---

① 中国戏剧梅花奖是戏剧表演艺术领域最高奖，每两年评选一次。2012 年 5 月 20 日，由中国文联、中国戏剧家协会主办的第 26 届中国戏剧梅花奖获奖名单在成都揭晓。共评选出 41 位梅花奖获得者（涵盖京剧、秦腔、越剧、豫剧等全国多个剧种），其中，一度梅 34 名，二度梅 6 名，梅花大奖 1 名。

《萧何月下追韩信》等折子戏中，各位同学也有精彩的表现。我作为外行，也充分领略了同学们唱、念、做、打方面的高超功夫。戏曲表演与影视表演等专业的艺术特点不同，对专业基础要求比较高。学生要肯下苦功夫才能学好。我和另一位也是教师的观众都为豫剧专业的毕业演出而赞叹：一台非常专业、精彩的演出，老师该多么有成就感啊！李晓天老师介绍，豫剧专业的学生毕业，要求每个学生要能演一折戏、一个角色。此外也要写一篇毕业论文，把他（她）塑造角色的思路、感想写出来。

大型原创豫剧《天颜》是 2009 级豫剧本科班的毕业大戏。该戏讲述了一个发生在中国传统式大家庭中的故事。在何家老爷去世的那一天，远走他乡二十年未归的何家长子何守义一家突然归来。这一状况不仅打破了何家二儿媳钱氏女在何家树立起的掌家"大奶奶"形象，也让这个家开始面临着重新选择当家人的局面。何家二公子天赐恶疾突发，在治疗问题上，何钱氏意识到长兄的"险恶"居心。为了不让掌家实权落入他手，为了保护儿子天赐的性命，何钱氏就此一步步踏上了不归路，让这个原本和美的大家庭在一夜之间血流成河，家破人亡。如此大手笔的作品作为毕业答卷，2009 级豫剧班可谓效果卓著。

四、结　　论

中国戏曲学院豫剧专业本科班的人才培养模式充分对接了当代中国社会的弘扬传统文化需求和传承豫剧艺术的需要，此为天时。同时，河南省豫剧团提供的实习基地、北京市教委提供的实践教学改革项目经费等条件为该班高素质的人才培养模式奠定了充分的基础，此即地利。河南省豫剧界艺术家的大力支持、中国戏曲学院表演系教师的通力合作，为学生培养创造了直接的、优秀的师资条件，此即人和。天时、地利、人和，这些外在因素加上同学们的努力、奋进，使 2009 级豫剧班的培养模式获得了很大的成功。豫剧班的成效体现了中国戏曲学院多年来人才培养的成果，豫剧本科班成功"试水"后，中国戏曲学院又开拓了山西晋剧 ①、山东吕剧等其他地方戏本科班。这些专业的开设将为继承和发展这些地方剧种起到重要的作用。

豫剧本科班的培养模式在理论上说是值得推广的、保护和传承地方剧种的成功模式。但在操作层面，还是面临一些潜在的困难。周龙院长表示："从整体上来讲，中国戏曲学院多剧种班的招生情况还是让人乐观的。我们和教学实践基地展开的密切合作，不仅在人才培养方面探索出了一条道路，也为学生们的日后发展铺平了道路。但说到底，地方戏的生存和发展，仅依靠学校教育是远远不够的，需要整个社会、整个大环境的关心、重视和支持。"[7] 整个社会、整个大环境是否对发展地方剧种有利，这是个大问题。受众的流失、接班人的接续等方面，都是因社会环境而产生的问题。在这些方面，如果没有乐观的结果，地方剧种的传承也将面临发展困境。据李晓天老师介绍，戏剧艺术未来的发展困境之一是生源。现在每家都是一个独生子女，有意愿让孩子学戏的家长越来越少。学戏需要吃苦，下苦功，家长怕孩子受苦。不像过去，每家好几个孩子。孩子六七岁就被送到戏班，家长就不用管了，戏班管饭，还能学本事。此外，从事戏剧艺术的演员在当代市场经济的大潮面前，很难有很高的经济收入。学戏不像学电影表演，不会有太多回报。这个专业的人才，需要热爱这个专业、甘于清贫，要有担当传承传统文化责任的使命感。真正能做到这一点的年轻人难能可贵，弥足珍贵。另一方面，这也暗含着戏剧艺术人才流失的风险。

---

① 晋剧是山西的重要剧种之一，2010 年，中国戏曲学院多剧种专业也开办了第一个晋剧本科班，包含晋剧表演与晋剧器乐演奏两个专业，其中表演专业 26 人，器乐专业 4 人。根据该班的具体情况与培养要求，学院对 2010 级晋剧本科班实行了 "2＋1＋1 教育教学模式"，也就是将本科四个学年划分为 2 年、1 年、1 年三个教学阶段：第一、二学年在京学习，聘请晋剧界著名表演艺术家、演奏家和艺校名师进行教授；第三学年教学将在教学实践基地学习剧种剧目；第四学年在学院与基地完成毕业创作剧目、传统剧目展演及毕业论文撰写工作。以双方名义联合推出的毕业展演在北京、山西举行。毕业创作成果可以转化、纳入到山西文化艺术创作活动之中。

附录：大型原创豫剧《天颜》演职人员表

何钱氏——吴素真　朱旭光　刘　媛

何守义——李多伟　吕军帅

何守孝——吕军帅　李多伟

董三娘——李庆杰

何天佑——李朋杰

郎　中——孙　洋

何天赐——赵　岩

众龙套——豫剧本科班学生

《天颜》主创人员

艺术总监：周　龙

编　　剧：齐　飞（特邀）

　　　　　王　强　张　婧（2011 级戏曲文学专业研究生）

　　　　　殷　娇（2009 级戏曲文学专业）

导 演 组：刘小军　苏东花　王绍军　李永志　蒋洪广

执行导演：李永志

作　　曲：赵国安（特邀）

舞美设计：曹　林　刘　鹏

配　　器：蔡书志（特邀）

服装设计：刘小庆

灯光设计：马　路

化妆造型设计：龚　元

指　　挥：姜景洪

音乐设计：许　笛

副 导 演：黄玉洁（导演系 2012 级研究生）

舞蹈设计：董梦克

剧　　务：李多伟　吕军帅（2009 级豫剧班）

场　　记：孙　洋　陈婷婷　任天娇（2009 级豫剧班）

司　　鼓：悦韶杰　朱　熙（2009 级豫剧班）

板　　胡：陈建国　刘鹏飞（2009 级豫剧班）

琵　　琶：刘静宇

二　　胡：任艳丽

唢　　呐：张长平（河南豫剧院二团）

新伴奏模式小组：（2009 级、2010 级音乐制作专业）

董晓茜　梁　峰（教师）　罗　曼　陈若东　张雅娟　刘婉秋　申笑柯　吴雪霏

大　　锣：林凡华

铙　　钹：林　森

小　　锣：范宣堂（河南豫剧院二团）

参考文献：

[1] [2] 李晓光，霍亚平.豫剧：弘扬传统文化 塑造文化河南 [DB/OL].人民网河南分网，2011-11-10.

[3] [6] [7] 王润.中国戏曲学院"多剧种办学"模式拯救地方戏 [N].北京晚报，2012-04-20.

[4] 左丽慧.国内首个豫剧本科班昨在中国戏曲学院开班 [DB/OL].中原网（www.zynews.com），2009-09-13.

[5] 河南省文化厅.中国戏曲学院首次设立豫剧本科班 [DB/OL].河南省政府门户网站（www.henan.gov.cn），2009-09-22.

素质拓展训练创新高校思政教育方法的几点思考

李鹏昊[①]

摘要：素质拓展训练是通过创造一个典型的情景，让学生亲身参与实践，启发学生获得知识和受教育的体验式学习方式。这种方式对培养学生的合作、信任、自信等品质有着特殊的意义，对于高校辅导员创新思想政治教育方法同样具有广泛的应用价值。

关键词：素质拓展训练　创新　思政教育

在当今复杂多变的社会中，激烈的竞争、繁复的人际关系、多元的价值观都在冲击着当代大学生的思想认识，如何更有效更贴近大学生的生活，帮助学生树立正确的世界观、价值观和人生观，成为高校辅导员进行思想政治教育工作的新挑战。素质拓展训练以其全新的教育形式和方法深受大学生的欢迎，近年来很多高校都开始尝试素质拓展训练的应用性教育，高校辅导员同样可以利用素质拓展训练来创新高校思政教育的新方法。[1]

一、素质拓展训练的概念及特点

（一）素质拓展训练的概念

素质拓展训练是通过专门设计具有针对性和挑战性的课程，利用典型的场景和活动方式，让团队和个人经历一系列的考验，磨炼毅力，增强自信心，培养健康的心理素质和积极进取人生态度的一种体验式学习方式。素质拓展训练起源于第二次世界大战期间的英国，当时大西洋商务船队屡遭德国人袭击，许多年轻海员葬身海底。人们发现，那些生还者并不一定都是体能最好的人，却多是年长的水手，都是求生意志最顽强的人。后经专家的反复研究，终于得出了结论：原来，当遇到灾难时，年轻的水手很容易被恐惧所吓倒慌了手脚，心理上的绝望，让他们丧失了求生的能力；而富有经验的年长者却能临危不惧，积极地面对现实，调整心理，发挥自身潜能，最终获救。于是，一个叫汉思的德国教育家和他的朋友劳恩斯于1942年创办了"阿德伯威海上训练学校"，训练年轻海员在海上的生存能力和船触礁后的野外生存技巧，结果在敦刻尔克战役中发挥了重要作用，可以说阿德伯威是拓展训练的雏形。[2]生活教育、情商教育、成功教育、磨难教育、发现教育等。拓展训练的独特创意和训练方式逐渐被推广开来，训练对象由海员扩大到军人、学生、工商业人员等群体，训练目标也由单纯体能、生存训练扩展到心理训练、人格训练、管理训练等。

---

① 作者简介：李鹏昊（1981—　），女，黑龙江省大庆市人，汉族，硕士研究生，燕山大学外国语学院辅导员，研究方向：思想政治教育。

（二）拓展训练的特点

拓展训练的理论依据主要是努力/放弃（积极/消极）的心理力学模型，以及"体验、了解、控制、超越"的心理适应规律。其基本原理为：通过户外体验活动中的情境设置，使参加者充分体验他们所经历的各种情绪，尤其是负面情绪，从而深入了解自身（或团队）面临某一外界刺激时的心理反应及其后果，进而学会控制，实现超越。[3] 与以往课程不同的是，拓展训练是一种突破传统教育思维和教学模式的全新教育和学习模式，用逆向思维的方式，一改往日灌输式、讲授式的方法。它通常在设定的陌生情景或特定的环境条件下，以身体活动为主要载体，以团队为组织形式，以游戏为主要活动形式，利用独特的自然环境和教学器材设备，通过精心设计的活动，让学生先体验再回顾而后总结提升，达到"磨炼意志、陶冶情操、完善人格、熔炼团队、愉悦身心"的学习目的。现代拓展训练的发展侧重于对学生生理与心理健康和社会适应能力的培养，更加注重对将学生所学知识转化成为职业能力的训练。由于课程的独特创意和训练方式，近些年来逐渐被推广，深受大学生和学校教育人士的推崇和喜爱，目前国内包括一流大学在内的 300 多所高校已经开设相关课程。

二、素质拓展训练的教育功能

（一）素质拓展训练能够内化体验者的道德认知

从认知结构看，习惯的形成过程是一个新旧认知相互作用，通过同化和顺化方式，构建新结构图式的过程。审视整个认知过程，终极目标是相容的，而拓展训练正是介入与认同的过程。因此，拓展训练是认知内化的催化剂，它能将体验者已有的经验与新知衔接、贯通，并帮助其完成认识的升华，它引领主体从物境到情境再到意境，有所感悟。如"胜利墙"项目中，要求所有的体验者不借助任何器械翻越4 米高的墙。在活动中，当他们踩着由同伴的身体搭出的人梯，一个个顺利完成任务时，真正让参与者体验到了"奉献"、"团队合作"的内涵。

（二）素质拓展训练增强体验者的道德意志

道德意志表现在两方面：①道德动机战胜非道德动机；②排除内外障碍，坚决执行道德动机引发出的行为。生活中常有许多的诱惑。随着实践活动的展开，主体将在自身所处的认知情境或操作活动中产生的心理激活状态及其产生的相关效应，诸如情绪感受、意义体悟、价值判断等体验，加以整合后做出道德选择。在素质拓展训练中，个体学会克制自我，在战胜自我和超越自我中锻炼道德意志，增强抗诱惑能力。

（三）素质拓展训练体验明确了道德选择

在道德实践中，道德主体的选择活动实质上是主体的结构图式外向施展和内向调适的双重建构，而这种结构图式是在个体的道德实践中形成的。[4] 所以，拓展训练的过程也包含道德主体选择的过程，在体验者与自然、他人和群体的互动交往和道德实践中，又生成了这种选择意义上的新的境界，这才是对人类道德本意的有效探索。有效的德育不但要解决知不知、懂不懂的问题，而且还要解决信不信、行不行的问题，而素质拓展训练把德育目标与德育过程连接起来，把道德过程中的知、情、意、行的各个环节有机统一起来，通过调动学生的主观能动性，把德育内容变为学生自身的需要；通过学生乐于接受的、富有情趣的方式，使德育内容真正进入学生的心灵；通过学生在亲身实践中的感悟，使他们健康的心理品格外化为良好的道德行为习惯。

由此可以看到，素质拓展训练是高校辅导员开展学生综合素质教育的有效手段，这种以学生为主体的教学方式，教师在学习过程中扮演着所谓促导者的角色，透过教师引导的过程，使学生反思、内省及批判，从而学到新的知识及概念，并内化于自我中。让学生在活动中有真切情感，能积极参与，体现了学生的德育主体地位，改变了德育被动的灌输局面，并把这一观念贯彻于教育全过程，使学生在自主活动中体验、感悟道德境界，提高分析、判断能力，主动遵循道德规范。

三、素质拓展训练创新高校思政教育方法的建议

（1）在开展学校拓展训练教学工作中，辅导员一定要注重专业化水平的提高，将安全和教育放在首位考虑，要以培养目标为出发点，为目标而设定项目，为目标而选择方法，切不可生搬硬套他人课程模式，以免流于形式。拓展训练是一门专业性很强的交叉学科，特别是对安全尤为重视，建议开设专业的辅导员拓展训练师资培训班，通过专业化的培养使其获得拓展训练师就业能力和资格，从而科学规范地运用拓展训练辅导学生成长成才。

（2）拓展训练作为辅导员教育管理学生的新方法，需要建立相应的效果评价体系。拓展训练教学应与学生综合素质教育结合，应与学生职业软能力训练结合，应与学生专业特点结合，应与学校总体培养目标结合，不能一套课程全部使用，要具有针对性。同时，要通过课前课后的调查，进行量化比较研究来分析评价学习效果，提高教育实效性。

（3）相关高校要重视拓展训练对学生综合素质培养的作用，从专业的角度重视学生软能力培养工作，建设完善的素质拓展训练设备场地，便于辅导员开展学生群体的素质拓展训练活动。

参考文献：

[1] 教育部社政司.《中共中央国务院关于进一步加强和改进大学生思想政治教育的意见》学习辅导读本 [M]. 北京：中国人民大学出版社，2005.

[2] 钱永健. 拓展训练 [M]. 北京：企业管理出版社，2006.

[3] 王河，薛保红. 拓展训练及其在高校辅导员工作中的应用 [J]. 高校辅导员学刊，2009（5）.

[4] 刘大伟. 高校拓展训练的德育功能探析 [J]. 甘肃联合大学学报（自然科学版），2010（11）.

燕山大学文法学院"燕鸣论坛"纪实

万长松 ①

一、由　　来

在清华大学做博士后期间，我就参加过"科学技术与社会研究所"的各种学术沙龙活动，比如经常性的"科学哲学与技术哲学沙龙"、"科学技术史沙龙"、"科学社会学与政策学沙龙"，至今 200 余场，上述学术沙龙已发展成为学界具有重要影响力的学术活动。自 2005 年起，作为哲学博士后流动站"STS 小组"组长，我又主持多场"清华大学 STS 博士论坛"（至今也有 50 多场），并不定期参加了科技传播与普及沙龙、非典型学术沙龙、前沿论坛等学术活动。受邀来沙龙讲座的有来自美国、加拿大、俄罗斯、英国、法国、德国、墨西哥、日本、韩国等国家的知名学者专家。论坛学术水平之高，参加人数之多，组织之规范，交流之广泛，给我留下了深刻印象。

出站来到燕山大学文法学院工作以后，发现学院尽管也有许多文科硕士点，但纯学术性的沙龙几乎没有，遂与北京大学毕业的刘叶涛博士商议举办学术沙龙一事，二人一拍即合，共同发起了民间学术活动——"燕鸣论坛"，取"燕园学子、百家争鸣"之意。凡真正喜好求知、热衷学术者，皆可参与论坛活动，发表个人见解，争论学术观点。该论坛内容包括：教授主要讲自己研究的最新成果，博士主要介绍自己的学位论文，优秀的研究生可以举办预答辩。每次活动都将围绕一个主题进行，设有主讲、评论和讨论等环节。"燕鸣论坛"秉持"思想自由，学术自由"的原则和坚持走高端的学术路线。"燕鸣论坛"自 2007 年底开坛迄今，已成功举办活动 27 期，正成为我校纯学术论坛的一个品牌。

二、内　　容

由于"燕鸣论坛"的发起者都是哲学专业的博士、教授，加上后来燕山大学成立了"哲学与社会发展文科梯队"，论坛变成了梯队的学术基地，有了经费支持，因此论坛的大部分内容都属于文史哲方面特别是属于哲学学科（27 期论坛中有 17 期属于哲学内容）。主要包括马克思主义哲学、逻辑学、中国哲学、外国哲学和科学技术哲学。

闫顺利教授主讲的《本体论争辩及其超越——实践过程视域下的马克思主义哲学本体观》一期论坛主要向大家介绍了本体论的问题现状和嬗变，指出："唯物主义与唯心主义之争内源于人性结构，表征着人们探索自我在宇宙中的地位及其生活合理性的两种不同的心路历程。"在另一期主题为《以哲学的

---

① 作者简介：万长松（1969—　　），黑龙江省呼玛县人，毕业于东北大学文法学院，获哲学博士学位。现为燕山大学研究生院院长助理、教授，从事马克思主义哲学、科学技术哲学、行政管理等研究。

方式理解哲学和进行哲学教育》论坛上，闫顺利教授以哲学在改革开放三十年中的作用为切入点，系统严格地探讨了如何理解哲学以及哲学教育中应该坚持的原则，批判了把哲学政治化、知性化、功利化的倾向，提倡回归哲学的本来面目；确立一种纯粹的理性态度，以辩证法的方式理解哲学，倡导以哲学的方式进行哲学教育，培养受教育者的献身精神和批判精神，提升受教育者的精神境界。杨文华教授主讲的《意识形态的文化研究》则从文化的角度研究意识形态，讲述了五个方面的内容，包括：①什么是文化；②文化研究的意识形态征象，具体有精英主义的文化、人本主义的文化、新马克思主义的文化、后现代主义的文化；③在讨论意识形态终结论的基础上讨论了新意识形态理论，提出当代意识形态理论发生转向的结论；④意识形态的文化形构，讨论了意识形态的外部结构和内部结构；⑤得出意识形态向文化复归的基本结论。

"燕鸣论坛"的发起人之一、北京大学逻辑学博士刘叶涛教授主讲的《分析哲学及其基本特征》对于分析哲学的历史发展进程和基本特征做出了精辟独到的分析，旁征博引，语言幽默诙谐，情绪高昂。通过列举罗素、弗雷格等哲学大家所做出的探索和贡献，论证了对现代逻辑学的正确理解，启发我们以一种明晰、精确、严谨的诉求对哲学问题进行分析。在另一期题目为《克里普克的语言哲学》论坛上，刘叶涛教授就当今世界顶尖的逻辑学家与哲学家克里普克（S. Kripke）的语言哲学理论与思想进行了系统阐释，并就个人观点进行了论证，特别强调了开展语言学和逻辑学交叉研究的必要性与重要性。

惠吉兴教授是我校的中国哲学知名专家，他主讲的题目是《中国哲学中的"天人合一"学说》。惠吉兴教授以两个有关国人观念中"天人合一"之重要性的例子引出话题，具体阐释了天人关系从古到今在中国哲学中的地位，从人的来源、天人一道、人在宇宙中的地位等角度阐发了宇宙论视野下的天人关系，并详细阐述了道家、儒家的命运观，展示了个人生活层面的天人关系，为我们勾勒了一幅生动的"天人合一"理论图景。

科技哲学既是我校哲学学科的后起之秀，也是论坛的发起人万长松教授的专业，因此得到格外青睐。第一期"燕鸣论坛"就由万长松教授就《关于产业哲学研究的几个问题》为主题进行了一个半小时的演讲，他在自己博士后工作的基础上，向燕山大学师生介绍了产业哲学兴起的历史背景、发展现状，分别从研究对象、学科界定、现有成果、主要问题、未来发展等方面进行了介绍。后来，万长松教授又利用一期论坛，对上述内容进行了扩展和深化。谢中起教授主讲的《传统生产力理论的现代性困惑及其消解》基于对生产力的演变史的梳理，阐述了历史上具有代表性的生产力观念，评述了生态生产力的概念以及若干具有重要启发价值的新型概念，如"理性生态人"、"生态型政府"、"绿领阶层"、"绿色技术"等。刘伟博士主讲的《当代哲学的相对主义思潮》先是阐明了相对主义的基本特征，继而从文化进化主义、阿赞德人的逻辑、亨廷顿的文明冲突论以及费孝通的文化自觉说几个角度阐释了文化相对主义的基本思想；基于波普尔猜想与反驳的模型、库恩的范式革命以及科学知识社会学的"强纲领"的考察，阐释了科学相对主义的理念；在此基础上就相对主义思潮进行了评析，特别就其所倡导的理论思维、开放思维、批判思维与历史思维等进行了深度概括与评价。

除了利用文法学院现有资源外，"燕鸣论坛"还积极聘请国内高水平大学的知名学者讲学。第 23 期"燕鸣论坛"就邀请了中国科学院大学人文学院的孟建伟教授担任主讲，主题是《弘扬科学精神与人文精神》。孟建伟教授结合社会热点和日常生活，从"关于'科学精神与人文精神'的讨论"、"如何理解科学精神与人文精神"、"弘扬科学精神与人文精神的意义"三方面论述了将科学精神与人文精神结合起来的重要性。孟建伟教授深入浅出的论述使同学们深刻认识到科学精神与人文精神之间的关系，认识到文化生产力的重要性。孟建伟教授提出，既不能照搬西方的"人文主义"，也不能套用中国儒家的"人文精神"，而应当取其精华，剔其糟粕，大胆超越，综合创新，在吸取人类的一切优秀的文化成果及其精神的基础上，提炼并塑造一种符合中国国情并具有强烈的时代气息的人文精神，以推动社会的全面进步和人的全面发展，他的观点得到了在场同学的广泛认可。

"燕鸣论坛"还邀请了东北大学的宋兆杰教授和杨渝玲教授担任主讲，宋兆杰教授的主题为《从瓦维洛夫兄弟看苏联生物学与物理学的不同命运》，他以前苏联两位著名科学家尼古拉·瓦维洛夫和谢尔盖·瓦维洛夫兄弟的不同命运为主线，系统地阐述了生物学和物理学在前苏联的不同命运，深刻分析了背后的原因，从中揭示了科学与政治需要等社会层面之间存在的关系，描绘了一幅关于前苏联科学史的生动画面。杨渝玲教授的主题为《经济学、科学与情境——当代西方经济学方法论论争的哲学审视》，她对当代西方经济学方法论论争、经济学假说进行情境分析之可能性、必要性及现实性进行了详细的解析，并介绍了自己对情景因素研究的心得与体会。

除了根据研究者的学术兴趣自由选题以外，"燕鸣论坛"又组织了两个系列讲座："文学系列讲座"和"科技哲学系列讲座"。两个系列讲座集中优势资源，在一个较为集中的时间段内向听众介绍了两个学科的基本内容和发展前沿，收到了良好的效果。此外，论坛还邀请了政治学、国际政治和行政管理方面的教授和博士，同样带来了他们在各自学科内潜心研究的成果，将论坛从文史哲为主的人文科学领域扩展到政经法为主的社会科学领域。

三、反　　响

"燕鸣论坛"活动自始至终都得到了文法学院领导的大力支持，学院前党委书记朱广荣教授不仅出席了开坛仪式并致辞，而且在百忙之中经常参加论坛活动直至病故。学院院长刘邦凡教授多次询问论坛的举办情况并给予硬件条件的支持，主讲人和点评人都做了精心的准备。论坛参与者涵盖了教师、研究生和本科生；争取各学科教师参与活动是本论坛的一个重要特色。从参与者的反映看，普遍认为本论坛的设立具有非常重要的意义，对于我校文科建设工作、人文精神的培养和校园文化建设会产生深远影响。正如因明学专家张忠义教授所言，"这是一件功德无量的好事"。但是，由于各种原因，真正让更多的人特别是不同学科的教师和研究生关注并积极参与本论坛的活动，尚有更多工作要做。但我们深知，人文精神的培植绝非一朝一夕之功可以完成。万事开头难，到目前已取得的成绩无疑为今后论坛活动的更深入和更广泛的开展奠定了良好的基础。按照发起人最初的构想，燕鸣论坛向不同学科研习者开放，向文法学院内外人士开放，向燕山大学内外人士开放，借此机会我们诚挚地邀请各方人士予以关注并积极参与！

附录：

"燕鸣论坛"历次活动情况一览

期	题 目	学科	主讲人	点评人	时间
1	《关于产业哲学研究的几个问题》	哲学	万长松	赵春然	2007-12-03
2	《分析哲学及其基本特征》	哲学	刘叶涛	张忠义	2008-03-19
3	《本体论争辩及其超越——实践过程视域下的马克思主义哲学本体观》	哲学	闫顺利	李景春	2008-04-16
4	《崛起的中国应如何面对世界》	政治学	何 强	王爱东	2008-05-15
5	《经济学、科学与情境——当代西方经济学方法论论争的哲学审视》	经济学	杨渝玲	沈晓梅	2008-10-14
6	《传统生产力理论的现代性困惑及其消解》	哲学	谢中起	朱广荣	2008-11-18
7	《多层次治理架构下欧盟电子政务软政策的实施》	公共管理	迪莉娅	吴 勇	2008-12-10
8	《我国责任政府建设研究》	公共管理	韩兆柱	吴 勇	2009-03-19
9	《意识形态的文化研究》	哲学	杨文华	李景春	2009-04-15
10	《中国哲学中的"天人合一"学说》	哲学	惠吉兴	李景春	2009-05-20
11	《中国主权国家地位的最终确立》	国际政治	吴 勇		2009-06-19
12	《论科学精神与人文精神》	哲学	万长松	谢中起	2009-09-16
13	《以哲学的方式理解哲学和进行哲学教育》	哲学	闫顺利	李景春	2009-10-21
14	《当代哲学的相对主义思潮》	哲学	刘 伟	赵春然	2009-11-18
15	《从瓦维洛夫兄弟看苏联生物学与物理学的不同命运》	科技史	宋兆杰	万长松	2009-12-16
16	《看槐花直掉在你的杯中——张爱玲传记文本研析》	文学系列	朱旭晨	王清学	2010-03-18
17	《谁为书痴——中国现代书话研究》	文学系列	徐 敏	王清学	2010-04-14
18	《网络诗歌略谈》	文学系列	王 永	李福亮	2010-05-20
19	《南北朝时期汉语词汇的南北差异》	文学系列	李 丽	王清学	2010-06-17
20	《产业哲学的兴起及研究现状》	哲学	万长松		2010-12-01
21	《克里普克的语言哲学》	哲学	刘叶涛		2011-06-14
22	《风险社会理论视域下的信任危机及其消解》	哲学	闫顺利	刘 伟	2011-11-03
23	《弘扬科学精神与人文精神》	哲学	孟建伟		2012-06-13
24	《在反思生态危机中追寻生态智慧》	科技哲学系列	谢中起	万长松	2013-05-30
25	《科学划界问题——从一元标准到多元标准》	科技哲学系列	刘 伟	万长松	2013-06-06
26	《技术哲学的前世今生》	科技哲学系列	万长松	刘叶涛	2013-06-20
27	《科学技术与社会（STS）的基本内涵和历史发展》	科技哲学系列	张亚娜	万长松	2013-07-04

探求行政活动中的认识反思

——评何颖教授的《行政哲学研究》

詹国辉　　刘邦凡[①]

行政哲学在我们国家还是属于新兴学科，对行政哲学的发展研究还是比较缓慢的，学术科研成果还是比较少的。黑龙江大学的何颖教授是一位博学者，在行政哲学的研究领域独领风骚。其在行政哲学领域进行多年研究之后，终将行政哲学这一问题研究集成了专著性出版物——《行政哲学研究》。该书的出版，有条理地对行政哲学一系列问题进行了梳理和甄别。何颖教授对行政哲学的基本问题和内涵做出了自己独特的见解，而这也恰恰反映了作者对行政哲学这个领域的深度化反思活动。同时该书的出版对我们国家建构行政理论体系和丰富国家哲学社会科学都有所帮助，有助于构建起一门复合交叉性的学科，进而推动地方乃至国家行政体制的改革。

一、丰富了行政哲学独特界定的内涵

对于行政哲学的内涵，何颖教授主张以哲学的高度和视野来研究和探索行政这个主体和人类的所特有的社会活动。作者在书中，从哲学的维度上合理阐释了行政的哲学解释。这表明何颖教授找准了行政和哲学的合理接洽点，从而为行政哲学的内涵奠定了基石。何颖教授在文中，就对行政哲学的内涵进行了论述，是对行政理念和认识的反思性活动。从这个表述中可见，行政哲学是要具有一定的思辨性，是要对行政理念的思想上的追问和认识反思，最终是要对行政价值、精神、目的、本质进行思辨性的反思与批判，而在思辨之后，就需要对行政哲学进行创造和重构，而这就更加体现了何颖教授更为深层次地站在哲学维度上对行政哲学内涵的思考。通过对行政哲学的特征以及所研究内容分析来看，也在一定程度上凸显了行政哲学这个领域的深度和广泛性，进而充实了行政哲学的内涵。

何颖教授正是基于中国目前行政管理实践，运用哲学所特有的探本究原的思考方式对行政理念、行政价值、行政方法论、行政伦理、公共行政理论人性观、行政人格、行政发展、政府公共问题、政治哲学以及对新公共管理理论的反思等重大问题进行了深入哲学思考，运用哲学的分析视角来深化在行政实践过程中本原问题的认识，从而为当前中国行政改革和行政发展奠定了方法论基础。比如，何颖教授在书中就从政府视阈来审视政府公共性问题，进而立足于现实，从而把握公共理论的现实问题，这为政府公共性的重构进行了丰富社会价值的探索，有利于政府公正制度体系的构建，同时也是对"行政活动"领域的行政转型的理论概括，更为对今后的公正性行政改革提供了方向。

---

① 作者简介：詹国辉（1989—　），男，江西省婺源县人，汉族，燕山大学文法学院在读硕士研究生，研究方向为政府管理；刘邦凡（1967—　），男，重庆市涪陵区人，汉族，博士，燕山大学文法学院教授，东北大学博士生导师，主要从事公共管理、哲学、政治学等研究。

二、构建了一个比较完善的行政哲学框架和理论体系

何颖教授以其特有思想来建构行政哲学研究的框架。《行政哲学研究》的研究作为何颖研究行政哲学的阶段性学术专著，同时也是一部创新性哲学社会科学的力作，其具体表现为：①《行政哲学研究》将行政哲学的研究对象界定为行政生活，这是对研究对象的最为根本性的阐释，进而是人类行政活动中的本质化反思；②《行政哲学研究》将研究逻辑起点定位为行政活动，可见要求行政哲学也需要坚持实践性；③《行政哲学研究》将行政哲学的基本功能概括为从思想层面上为行政实践提供理论基础及决策智慧，为行政现实所服务；④《行政哲学研究》将行政哲学的研究内容具体化为行政理念问题、行政作用问题、行政方法问题、行政价值问题、行政伦理问题以及行政发展问题等，构建了行政哲学研究的基本框架。

何颖教授以开阔的研究视野、扎实的理论功底和丰厚的学术素养，通过对行政实践活动中一般问题的哲学反思，构建了一个内容相对完备、结构比较严谨的行政哲学理论体系。该书十二章，内容主要分为三个部分：第一部分即第一章（行政哲学的图景），是对行政的哲学阐释、内涵和特征、学科定位、研究内容、研究价值等基础性问题的理论探讨，构成了全书的逻辑起点；第二部分（第二章至第六章）这部分主要阐述了从行政理念、行政价值、行政方法论、行政伦理、公共行政理论人性观等方面构建行政科学的哲学体系；第三部分（第七章至第十章）主要探讨了行政哲学中的行政人格问题、行政发展问题、政府公共问题以及政治哲学问题等行政实践活动中的基本问题，从而构建了行政活动的哲学体系；第四部分（第十一、十二章），这部分主要论述了行政哲学对新公共管理理论的反思以及对行政现实问题的理性化研究。第二部分和第三部分之间存在某种关系：从逻辑上看，对行政科学的哲学研究是对行政活动研究的"二次"研究，是对行政问题研究的再研究，具有元研究的性质；从历史分析角度来看，行政科学的哲学是在出现了独立的行政学学科之后才出现的，是行政问题研究发展到一定阶段的必然结果。

三、以新视角来研究行政哲学的本土化现实问题

以实践的需要拓展行政哲学应用的空间。单纯的理论研究缺乏生命的活力，任何知识、任何理论都必须与实践相结合才能发挥其作用，行政哲学研究最终的目的在于服务于行政活动实践的需要。何颖教授始终保持着对行政哲学及相关领域理论最新进展的敏感和对公共行政实践的密切关注。因此，何颖教授的《行政哲学研究》特色之一就在于根据实践的需要探讨了行政哲学的应用拓展，在著作中探讨了行政哲学视野中对公共行政理论人性观的研究。但是公共行政理论中对人性观的认识和理解是存在着偏差的，因此何颖教授认为对人性的认识及其研究往往需要运用实证性的研究方法从多个维度上来解读。因而，作者通过对西方公共行政理论中的人性观反思，进而提出了"总体性"人性观的观点，这表明了何颖教授已从行政哲学视野下凸显了在公共行政过程中人的主体性，这包括了政府决策、非理性因素在行政决策中的作用、公共行政的价值选择与观念转型、善治理论在我国地方公共管理中的适用性等实践性很强的选题。何颖教授在跟踪国际行政学术前沿进行全球化理性思考的同时，将研究的兴奋点集中在当代中国行政管理过程中的重点、难点和热点现实问题，通过对当前中国政治职能转变、全球化与我国政府职能的重构、行政改革与行政权力重构、行政价值观念的转变、政府公共性与和谐社会的构建、中国政府机构改革三十年等国内的本土行政管理实践过程中一些特殊现实问题的深入探讨，提出了许多极有见地的新观点、新见解，为行政哲学实现"由外而内"本土化和"由内而外"本土化的有机统一指明了逻辑进路，为当代中国行政学研究的本土化提供了新的视角，为拓展当代中国行政管理研究的新的生长点提供了现实的可能，必将大大推进中国行政管理理论和实践的发展。比如，作者在准确全面把握行政

价值范畴并考察西方社会行政价值的历史嬗变及当代中国行政价值的异化问题的基础上，对当代中国行政价值体系的核心特征和层次体系提出了具有理论创新意义的观点，指出行政价值体系是由基础性价值（秩序与效率）、扩展性价值（公平与正义）和终极性价值（以人为本，促进人的全面发展）三者构成，从而为当代中国的行政改革和行政发展提供了价值观的参照。

参考文献：

[1] 何颖. 行政哲学研究 [M]. 北京：学习出版社，2011.